Estudio-Vida
de
Génesis

Mensajes 37-55

Witness Lee

Living Stream Ministry
Anaheim, CA • www.lsm.org

Primera edición: septiembre de 1995.

ISBN 978-0-7363-1420-6
(juego de 7 tomos)
ISBN 978-0-87083-931-3
(mensajes 37-55)

Traducido del inglés
Título original: *Life-study of Genesis*
(Spanish Translation)

Publicado por
Living Stream Ministry
2431 W. La Palma Ave., Anaheim, CA 92801 U.S.A.
P. O. Box 2121, Anaheim, CA 92814 U.S.A.

Impreso en los Estados Unidos de América
08   09   10   11   12   13   /   12   11   10   9   8   7   6   5   4

CONTENIDO

LA ALEGORIA DE LAS DOS MUJERES

LA CIRCUNCISION CONFIRMA EL PACTO DE DIOS

LA REVELACION DEL TITULO DIVINO Y EL CAMBIO DE LOS NOMBRES HUMANOS PARA CUMPLIR EL PROPOSITO DE DIOS

camino de Dios — d) Su relación con Dios era afectada por otros — e) Dejó
la influencia espiritual de los demás por los bienes materiales — f) Cayó
en una situación perversa y pecaminosa delante de Dios — g) Fue amones-
tado providencialmente al ser capturado — h) Fue rescatado por el
vencedor del Señor, pero eso no le ayudó a volver al camino de Dios —
i) Volvió a vivir en la ciudad inicua que fue condenada por Dios y que
había de ser destruida por el juicio de Dios — j) Sus hijos se corrompieron —
k) El mismo se salvó a duras penas por medio de la intercesión del vence-
dor — l) Su esposa fue librada de la destrucción, pero se convirtió en
columna de sal — m) Su vida produjo a los moabitas y a los amonitas

ESTUDIO-VIDA DE GENESIS

MENSAJE TREINTA Y SIETE

EL SIGNIFICADO DEL LLAMADO DE DIOS

V. EL LLAMADO DE DIOS

INTRODUCCION

En este mensaje llegamos a la sección más maravillosa del libro de Génesis: la sección sobre el llamamiento que Dios hace (11:10—50:26). Génesis, un libro de cincuenta capítulos, se divide en tres secciones. La primera sección (1:1—2:25) trata de la creación, la segunda (3:1—11:9) narra la manera en que la serpiente corrompió a la humanidad, y la tercera presenta el llamado de Jehová. Cada sección empieza con una frase especial. La primera sección empieza con las palabras: "En el principio creó Dios". La segunda sección empieza con la frase: "Pero la serpiente". La tercera sección empieza con las palabras: "Pero Jehová" (12:1). En estas tres secciones vemos tres títulos: Dios, la serpiente y Jehová. Estos títulos tienen mucho significado para nosotros. Dios creó, luego la serpiente se infiltró para corromper, y luego Jehová vino e hizo un llamamiento. Por tanto, el libro de Génesis narra primordialmente tres eventos.

La Biblia revela que *Elohim,* la palabra hebrea que se traduce Dios en 1:1, es un título relacionado principalmente con la creación. No obstante, el título Jehová tiene que ver particularmente con la relación que Dios tiene con el hombre en cuanto a la vida. Jehová forma una parte esencial del maravilloso nombre de Jesús, pues Jesús significa "Jehová el Salvador". Puesto que el nombre Jesús incluye a Jehová, podemos decir que Jesús es el Jehová del Nuevo Testamento y que Jehová es el Jesús del Antiguo Testamento.

En estas tres secciones de Génesis vemos que Dios creó, la serpiente, Satanás, corrompió, y Jehová hizo el llamamiento.

ESTUDIO-VIDA DE GENESIS

Por consiguiente, en estas secciones tenemos la creación, la corrupción y el llamamiento. ¿Cuál de éstas le agrada más a usted? A mí me gusta el llamamiento de Dios. No somos solamente los seres creados sino también los llamados.

1. La creación revela el propósito y el procedimiento de Dios

La creación revela el propósito eterno de Dios. El propósito eterno de Dios consiste en que el hombre lo exprese a El con Su imagen y lo represente con Su dominio. Nosotros, el linaje humano, estamos destinados a expresar y representar a Dios. El primer capítulo de Génesis revela esto claramente. En el segundo capítulo vemos el procedimiento que Dios sigue para cumplir este propósito divino. Su procedimiento se efectúa por la vida divina. Dios debe forjarse en nosotros como nuestra vida para que cumplamos Su propósito eterno. Así que, en el capítulo uno, vemos el propósito de Dios, y en el capítulo dos, el procedimiento que El usa para cumplir este propósito.

2. La serpiente corrompió al hombre y provocó su caída

En la segunda sección (3:1—11:9), vemos que la serpiente, Satanás, se infiltró para causar la caída del hombre. La serpiente corrompió al hombre y lo hizo caer en lo más vil. El hombre cayó cada vez más hasta que tocó el fondo. En aquel tiempo, Satanás estaba contento y podía celebrar su éxito. Toda la humanidad se había rebelado contra Dios. En cierto sentido, Dios fue expulsado de la tierra.

3. Jehová hace un llamado, lo cual cumple el propósito de Dios por Su procedimiento

Aparentemente Satanás había expulsado de la tierra a Dios obrando en el hombre caído, pero Dios es soberano y no puede ser vencido ni estorbado por ningún tipo de ataque. Todo lo que hace Satanás le proporciona a Dios una excelente oportunidad de exhibir Su sabiduría. Aunque a veces quizá me lamente por ser una persona caída, la mayor parte del tiempo me regocijo, porque fui redimido, regenerado y ganado nuevamente. Nuestra relación con Dios el Padre es más grata y más significativa que si no se hubiera producido la caída. Si usted se detiene a examinar su vida, creo que llorará, no de tristeza, sino de contemplar la hermosura de la obra de Dios, tan llena de sabiduría y de gracia. Cuando entremos en la eternidad, ejercitaremos nuestro espíritu y recordaremos el tiempo que estuvimos en la tierra, y la memoria de ese tiempo será hermosa, agradable y significativa. Dios es sabio. El permitió que interviniera la serpiente. Dios observó a la serpiente y parecía decirle: "Pequeña serpiente, ¿qué estás haciendo? Sigue adelante y sigue obrando. Cuanto más trabajas, más oportunidad tengo de manifestar Mi sabiduría. Pequeña serpiente, haz cuanto puedas. Sigue adelante hasta que quedes satisfecha y ya no puedas hacer nada más". Finalmente, Satanás tuvo que decir: "Hice cuanto pude. Me he agotado incitando a la humanidad a caer cada vez más. No puedo hacer más. Ya no pueden caer más bajo. He terminado". Cuando se llegó a este punto, Dios vino, no como *Elohim,* sino como Jehová, la simiente prometida en 3:15. Nada puede estorbar a Dios, ni vencerlo, ni obligarlo a renunciar a Su propósito eterno. El concluirá lo que se propuso. Nada puede cambiarle. Cualquier interrupción sólo le proporciona la oportunidad de expresar más de Su sabio consejo.

Si Dios no hubiera sido tan sabio, el libro de Génesis habría sido muy corto. Pero Génesis contiene cincuenta capítulos que exhiben la sabiduría de Dios. Los últimos treinta y nueve capítulos y medio son un resumen de todo el Nuevo Testamento. ¿Sabe usted cómo empieza el Nuevo Testamento? Empieza con las palabras: "Libro de la genealogía de Jesucristo, hijo de David, hijo de Abraham" (Mt. 1:1). Según la genealogía presentada en Mateo, el evangelio empieza con Abraham. El Nuevo Testamento empieza con las generaciones de Abraham. Esto corresponde a Génesis 12. Casi todo lo que encontramos en el Nuevo Testamento está sembrado como semilla en Génesis. Por consiguiente, los treinta y nueve capítulos y medio que componen la tercera sección de Génesis constituyen la síntesis de todo el Nuevo Testamento.

Como hemos dicho en otras ocasiones, el Nuevo Testamento empieza con la predicación del evangelio del reino. Cuando

Jehová llamó a Abraham en Génesis 12, le dio una promesa, y esa promesa era la predicación del evangelio. Gálatas 3:8 lo comprueba: "Y la Escritura, previendo que Dios había de justificar por la fe a los gentiles, anunció de antemano el evangelio a Abraham, diciendo: 'En ti serán benditas todas las naciones'". La primera predicación del evangelio no se encuentra en Mateo sino en Génesis 12. Cuando se le predicó el evangelio a Abraham, el punto central fue la nación. La nación es el reino. En el próximo mensaje veremos que Dios prometió que haría de Abraham una gran nación, y esa nación es el reino de Dios, que se compone de Israel en el Antiguo Testamento, de la iglesia en el Nuevo Testamento, del reino milenario en la era venidera, y también del cielo nuevo y la tierra nueva. Este es el reino y éste es el evangelio del reino.

Gálatas 3:14 habla de la bendición de Abraham: "Para que en Cristo Jesús la bendición de Abraham alcanzase a los gentiles, a fin de que por medio de la fe recibiésemos la promesa del Espíritu". ¿Qué es la bendición? Es el Espíritu. ¿Quién es el Espíritu? El Espíritu es Jesús (2 Co. 3:17). El Espíritu es Jesús, Jesús es Jehová, y Jehová es Dios. Por consiguiente, esta bendición es Dios mismo. Al predicarle el evangelio a Abraham, Dios le prometió que se les daría a Sí mismo como bendición. Esta bendición es Jehová mismo. Jehová es Jesús, y Jesús es el Espíritu que recibimos por medio de la fe en Cristo. Este es el evangelio. Recuerde, Génesis es un libro que nos da un resumen de todo el Nuevo Testamento. ¡Cuánto debemos adorar a Dios por Su sabiduría soberana!

Esta larga sección de Génesis abarca las vidas de tres personas solamente: Abraham, Isaac y Jacob. Cuando Dios se reveló a Moisés, le dijo: "Yo soy el Dios de tu padre, Dios de Abraham, Dios de Isaac, y Dios de Jacob" (Ex. 3:6). Más adelante veremos que esto se relaciona claramente con el Dios Triuno. El Nuevo Testamento es simplemente una autobiografía del Dios Triuno: el Padre en Abraham, el Hijo en Isaac, y el Espíritu en Jacob. Quizás algunos preguntarán acerca de José. Ya veremos que José no queda aislado; él forma parte de Jacob. En el libro de Génesis, la historia de los llamados es la historia de estas tres personas, y todo el Nuevo

Testamento es un relato de la Trinidad divina: el Padre, el Hijo y el Espíritu, experimentados por todos los creyentes neotestamentarios.

A. El significado del llamado de Dios

1. El nuevo comienzo de Dios

Ahora examinaremos el significado del llamamiento que Dios hace. Primero, el llamado de Dios era un nuevo comienzo. Cuando Dios creó al hombre, hubo un principio. Pero ese hombre se corrompió y se arruinó. El hombre que Dios había creado para Sí cayó y rechazó a Dios. Así que, Dios vino y llamó al hombre caído para tener un nuevo comienzo con él. Inclusive en nuestro caso, el llamamiento de Dios ha sido un nuevo comienzo. Todos nosotros tuvimos un nuevo principio. Le doy gracias a Dios porque, después de vivir más de diecinueve años en la vieja creación, tuve un nuevo comienzo antes de cumplir los veinte años de edad. El llamado de Dios es un nuevo comienzo que Dios mismo proporciona. Dios no quería abandonar al hombre. Por el contrario, El vino y llamó al hombre para darle un nuevo comienzo.

El hombre a quien Dios llamó era Abraham. Cuando Dios creó Adán, no creó un hombre solo sino un hombre corporativo. Cuando Dios llamó a Abraham, en cierto sentido, llamó a un hombre corporativo, pero en otro sentido, llamó a una sola persona. Aunque todos los descendientes de Adán fueron creados en Adán, no podemos decir que todos los descendientes de Abraham fueron llamados en Abraham. Aunque ése parece ser el caso, en realidad no lo es, porque Romanos 9:7-8 revela que no todos los descendientes de Abraham son hijos de Dios. El mero hecho de ser judío de nacimiento no significa que una persona tenga un nuevo comienzo con Dios. También los judíos de nacimiento necesitan un nuevo comienzo. Todos nosotros, seamos judíos o gentiles, somos hijos de Abraham, si hemos experimentado un nuevo comienzo por la fe en Cristo (Gá. 3:7). La mayoría de nosotros no somos judíos, pero todos somos descendientes de Abraham por la fe en Cristo. Somos la simiente de Abraham porque tuvimos un nuevo comienzo. Cuando Dios llamó a Abraham, éste tuvo nuevo comienzo, y ahora todos hemos entrado en este nuevo comienzo por medio de la fe. Cuando se habla del llamado de Dios, debe entenderse que Su llamado significa un nuevo comienzo. Nunca podré olvidar esa tarde de 1925 cuando Dios me llamó. Inmediatamente tuve un nuevo comienzo y toda mi vida, mi ser y mis conceptos cambiaron. Este es el llamado de Dios.

2. El cambio de linaje

Cuando Dios hizo el llamamiento, el nuevo comienzo de Dios para con el hombre constituyó el traspaso a otro linaje. Al llamar a Abraham, Dios indicaba que abandonaba el linaje de Adán y que escogía a Abraham y sus descendientes como el nuevo linaje para que fueran Su pueblo a fin de cumplir Su propósito eterno. Este fue un traspaso de linaje, del linaje adámico, el género creado, al linaje de Abraham, el linaje llamado (12:2-3; Gá. 3:7-9, 14; Ro. 4:16-17). Cuando decimos que el llamamiento de Dios es un nuevo comienzo, debemos entender que este nuevo comienzo es un traslado de linaje. Todos fuimos trasladados del viejo linaje creado al nuevo linaje llamado. Aunque nacimos en un linaje específico, cuando fuimos llamados, fuimos trasladados a otro linaje, el de los llamados.

3. El cambio de vida

El traslado de linaje en el llamamiento que hizo Dios es, en realidad, un traslado de vida. Usted puede declarar con certeza que ha cambiado de linaje, pero ¿puede afirmar que ha experimentado el cambio de vida? Aunque tuvimos el traslado de linaje, seguimos en el proceso del traslado de vida. No me atrevo a decir que he tenido un pleno traslado de vida. Tampoco podría decir que no tuve ningún traslado de vida. He tenido cierta medida de traslado de vida, pero este proceso todavía no se ha completado. Todos estamos en el proceso del traslado de vida.

Necesitamos un traslado interior de vida. Aunque fuimos trasladados de linaje, la vida que hay dentro de nosotros también debe ser cambiada. Sin este traspaso interior de vida, seguiremos siendo idénticos al linaje caído. Si pasamos simplemente de una posición a otra, en realidad seguiremos iguales en vida.

El traslado en sí no puede cumplir el propósito que Dios tuvo al llamarnos. También debe haber un traslado de vida. El traslado de vida nos pasa de la vida de Adán a la vida de Cristo; por esta razón, se trata de un traslado de la vida de la vieja creación a la vida de la nueva creación. Debido a la caída del hombre, la creación original de Dios se envejeció y dejó de cumplir el propósito de Dios. Por tanto, Dios necesita una nueva creación, una creación con una vida más fuerte y mejor que la vida creada de Adán. Esta vida más fuerte es la vida increada de Dios, la vida de Cristo. El traslado de vida en el llamado de Dios se efectúa de la vida caída de la vieja creación a la vida más fuerte y mejor de la nueva creación.

4. Como se ve en los llamados

Vemos claramente el significado del llamamiento de Dios en los llamados de Dios. En Abraham, Isaac y Jacob, y en los creyentes del Nuevo Testamento podemos ver el nuevo comienzo que Dios provee, el traspaso de linaje y el traslado de vida. Sus vidas pueden ser consideradas cuadros vívidos de lo que significa el llamamiento de Dios.

a. En Abraham

El cuadro descrito en el caso de Abraham es muy claro. El tuvo el nuevo comienzo, el traslado de linaje, y el traslado de vida, lo cual fue un gran problema para él y para Dios. El nuevo comienzo y el cambio de linaje en él se produjeron inmediatamente cuando fue llamado, pero el cambio de vida en él requirió muchos años. El traslado de vida le llevó varias décadas, y aun en aquel entonces no fue totalmente terminado.

1) Primero contó con Eliezer

Cuando Dios llamó a Abraham a salir de la tierra corrupta, Abraham no tenía ni hijo ni heredero. Dios era soberano. El no permitió que Abraham tuviera un hijo antes de ser trasladado a otro linaje. Por no tener hijo, Abraham contaba con Eliezer, su servidor, y lo hizo mayordomo de su casa, y le dijo al Señor: "Señor Jehová, ¿qué me darás, siendo así que ando sin hijo, y el mayordomo de mi casa es ese damasceno Eliezer? Dijo también Abram: Mira que no me has dado prole, y he

aquí, que será mi heredero un esclavo nacido en mi casa"
(15:2-3). Abraham llamó a Eliezer esclavo de su casa y pensaba
que él sería su heredero. Abraham tenía un entendimiento
muy natural, así como nosotros hoy. A pesar de haber recibido
la promesa, él la interpretó de manera natural. Dios rechazó
a Eliezer, y dijo a Abraham: "No te heredará éste, sino un
hijo tuyo será el que te heredará" (15:4). Dios le dijo a
Abraham que Eliezer no sería el heredero de la promesa que
El había dado. Un descendiente de Abraham, nacido de Sara,
sería su heredero.

2) Engendró a Ismael con la fuerza de su carne

Después de que Dios rechazó a Eliezer como heredero,
Abraham hizo caso a la sugerencia de Sara de tener un hijo
con Agar, y él ejerció la fuerza de su carne para cumplir la
promesa de Dios. Así engendró a Ismael. La esposa lo propuso,
y con el tiempo fue ella quien se molestó con el resultado de
su propuesta. El hecho de que Sara se hubiese enfadado de
esa manera fue algo providencial. Por una parte, la propuesta
de Sara de pedir que Abraham tuviera un hijo con Agar era
de la carne. Por otra parte, su petición de expulsar a Ismael
concordaba con la providencia de Dios. Ella le dijo a Abraham
que debía echar a Ismael, quien había nacido de la esclava
(21:9-10). Esta petición le dolió mucho a Abraham; y le turbó
bastante. Entonces Dios le dijo a Abraham: "No te parezca
grave a causa del muchacho y de tu sierva; en todo lo que te
dijere Sara, oye su voz, porque en Isaac te será llamada
descendencia" (21:12). Esto significa que Dios le dijo a
Abraham que hiciera ir a Ismael, pues no era éste quien
había de heredar la promesa que le había hecho a Abraham.
Isaac había de ser su heredero. Todos debemos entender que
en el llamamiento de Dios no puede prevalecer nada de
nuestra vida natural. El cambio de linaje no es suficiente.
Necesitamos un traslado completo de vida.

3) Su nombre fue cambiado
y su carne circuncidada

Primero, Dios prometió a Abraham que tendría prole y que
ésta heredaría la tierra prometida (12:7; 13:15-16). Más

tarde, cuando le dijo a Abraham que Eliezer no sería su heredero y que sólo el que naciera de él sería su heredero, confirmó con solidez Su promesa según la cual Abraham tendría descendencia propia (15:2-5). Después Abraham intentó cumplir la promesa de Dios usando su fuerza carnal y produciendo a Ismael. Como respuesta, Dios le dijo: "Yo soy el Dios Todopoderoso; anda delante de mí y sé perfecto" (17:1). Aparentemente Dios le decía a Abraham: "Lo que hiciste al engendrar a Ismael no es perfecto delante de Mí. Ahora debo transformarte. Tu nombre será cambiado de Abram, que significa padre exaltado, a Abraham, que significa padre de una gran multitud (17:5). Por eso debes circuncidarte (17:10-14) para que tu fuerza carnal sea cortada, a fin de que Yo cumpla Mi promesa, y tú seas fructífero". Aquí Dios le prometió a Abraham que haría de él un gran padre, el padre de una gran multitud. Esto indicaba que Abraham sería el padre no solamente de sus descendientes según la carne, sino también de los creyentes neotestamentarios conforme a la fe (Ro. 4:16-17). Nosotros los cristianos nos hemos convertido en la simiente de Abraham por la fe en Cristo. Aunque habíamos nacido del linaje de Adán, nacimos de nuevo en el linaje de Abraham.

4) Engendró finalmente a Isaac
por la fuerza de la gracia de Dios

Cuando Dios cambió el nombre de Abraham y le mandó circuncidarse, le dijo en 17:21: "...Isaac, el que Sara te dará a luz por este tiempo el año que viene". Aquí vemos que Dios hizo una cita, estableciendo así el tiempo para el nacimiento de Isaac. En Génesis 18:14 el Señor aludió a este versículo: "Al tiempo señalado volveré a ti, y según el tiempo de la vida, Sara tendrá un hijo". El tiempo señalado, el tiempo establecido para el nacimiento de Isaac, era "el tiempo de la vida". La expresión "el tiempo de la vida", tiene mucho significado. En esta expresión, la palabra "vida" es la misma palabra hebrea usada para aludir al árbol de la vida en 2:9. El tiempo en que Isaac había de nacer era "el tiempo de la vida". Esto sucedió después de la circuncisión de Abraham, lo cual indica que "el tiempo de la vida" en que Cristo es vida para nosotros viene después de que nuestra fuerza natural es aniquilada.

a) Después de poner fin a la fuerza de su carne

Antes de que naciera Isaac, Abraham y Sara estaban prácticamente muertos. El vientre de Sara estaba muy muerto, y el cuerpo de Abraham podía considerarse como muerto (Ro. 4:18-19). Lo que él tenía, Eliezer, y lo que intentaba conservar, Ismael, fue rechazado, y su capacidad natural fue aniquilada. Entonces ¿qué podía hacer? Quizás Abraham y Sara hayan tenido alguna conversación desagradable. Tal vez Abraham le haya dicho a su esposa: "Querida, mírate a ti misma. Tu capacidad de engendrar está muerta". Quizás Sara le haya contestado: "Querido, mírate tú. ¡Qué viejo estás!". Ambos se encontraban en una condición de muerte. Tal vez Sara haya dicho: "Eliezer es bueno, pero Dios lo ha rechazado". Abraham pudo haber contestado: "Ismael es mejor, pero Dios tampoco lo ha aceptado. Puesto que Eliezer fue eliminado e Ismael rechazado, todo depende de nosotros, y nos encontramos en una situación lamentable. ¿Qué haremos?". Pero cuando vino "el tiempo de la vida", Isaac nació de estos dos seres casi muertos, como por el poder de la resurrección. La vida de ese nacimiento era "el tiempo de la vida". En términos espirituales, el nacimiento de Isaac fue un nacimiento de vida.

b) Por la visitación de Jehová

El nacimiento de Isaac se produjo por la visitación de Jehová, por la venida del Señor (18:14). El nacimiento de Isaac no fue un simple nacimiento humano. En ese nacimiento vino Jehová, porque el Señor dijo que en el tiempo señalado volvería, e Isaac nacería y eso sería "el tiempo de la vida". Cuando se agotó la fuerza natural de Abraham, Jehová vino y produjo el nacimiento de Isaac en "el tiempo de la vida". Este fue el traslado de la vida. Todo lo que pertenece a la vida natural debe desaparecer. Incluso la capacidad de engendrar debe ser aniquilada. Todo lo que pertenece a nuestra vida natural o a nuestro ego queda excluido de participar en la economía de Dios. Todo lo natural debe ser aniquilado hasta que muramos, seamos aniquilados y nos convirtamos en nada. Entonces, cuando lleguemos a nuestro fin, Jehová vendrá. La venida de Jehová significa vida. Este es "Isaac". Por consiguiente, el nacimiento de Isaac es la venida de Jehová, y es la vida, el nuevo comienzo, y además es el traslado de la vida. Este es el significado del llamamiento que Dios hace.

Es muy bueno ver que todos nosotros fuimos llamados y tuvimos un nuevo comienzo y un cambio de linaje. Sin embargo, todos debemos reconocer que todavía estamos en el proceso del traslado de vida. Es probable que todavía algunos de nosotros nos aferremos a Eliezer, algunos queramos asirnos de Ismael, y otros hayamos quedado totalmente desilusionados. No obstante, entre nosotros otros han llegado al "tiempo de la vida". En el caso de ellos, "Isaac" nació. Entre nosotros algunos han experimentado la venida de Jehová, Su visita. Esto es el traslado de la vida. Todos necesitamos este traslado.

Debemos olvidar las enseñanzas superficiales y naturales, como por ejemplo, la de mejorarnos y comportarnos bien. No se trata de conducta, sino de un cambio de vida. Todos debemos cambiar no solamente de linaje sino también de vida.

Cuando Abraham fue llamado a salir de la tierra corrupta, no tenía ningún hijo. El envejeció y todavía no tenía hijo. Por consiguiente, puso su confianza en Eliezer, el hijo de sus posesiones. Dios rechazó a Eliezer. Entonces Abraham ejerció la fuerza de su carne para engendrar a Ismael. Abraham amó a Ismael y quería conservarlo, pero Dios no lo aceptó. El hijo prometido había de nacer de la venida de Jehová, de la fuerza de la gracia de Dios en el tiempo señalado. Cuando llegó el tiempo señalado, Jehová vino a Sara, e Isaac fue producido. En cierto sentido, Jehová entró en Sara, y luego Isaac brotó de ella. Este fue "el tiempo de la vida". Fue todo un traslado de vida.

b. En Isaac

En cierto sentido se cumplió el traslado de vida en Isaac, pero no se completó. Lo sabemos por el hecho de que Isaac engendró a Esaú, a quien Dios aborreció (Ro. 9:13). Esto significa que dentro de Isaac todavía permanecía la vida natural.

Por consiguiente, podemos decir que en Isaac el traslado de vida no fue completado. Se completó en Jacob.

c. En Jacob

1) Primero Jacob es el suplantador

Al principio, Jacob era el suplantador. Su nombre significa suplantador. Suplantar significa tomar el lugar de otro, u obtener algo, por astucia. Jacob hurtaba secretamente. Por ejemplo, le robó a su tío Labán. Labán pensaba que Jacob lo ayudaba con sus rebaños, pero mientras Jacob le ayudaba se apartaba un rebaño para sí. Este es un ejemplo de la manera en que Jacob suplantaba. Al principio, Jacob no había sido trasladado en vida.

2) Transformado finalmente en Israel, el príncipe de Dios

Dios sabía qué hacer con Jacob. El transformó a Jacob, el suplantador, y lo hizo príncipe de Dios. Aunque le tomó mucho tiempo llevarlo a cabo, en cierto momento El dijo a Jacob que su nombre ya no era Jacob sino Israel (32:27-28). De ahí en adelante, Jacob se llamó Israel. Dios hizo con Jacob lo mismo que hizo con Abraham: le cambió el nombre y la fuerza. Cuando Dios vino a transformar a Jacob, éste era todo un suplantador. Inclusive peleó con Dios. El tenía tanta fuerza natural que hasta a Dios le costó trabajo someterlo. No debemos burlarnos de Jacob, pues somos iguales a él. Somos tan fuertes que Dios mismo tiene dificultad para someternos. Cuando Dios viene a transformarnos, luchamos contra El. Aunque a Dios le resulte difícil someternos, al final lo logrará. La lucha de Jacob obligó a Dios a tocar su muslo, la parte más fuerte de su ser, después de lo cual Jacob quedó cojo. A partir de aquel momento Jacob dejó de suplantar. El suplantador se había convertido en un príncipe de Dios. En todos los años que le quedaron, no volvió a robar. Sus manos suplantadoras se convirtieron en manos de bendición. Dejó de suplantar y sólo bendecía. El extendía sus manos para bendecir a quienes venían a él. Incluso bendijo a Faraón, el soberano más grande de la tierra en aquel entonces (47:7, 10).

El suplantador llegó a ser el que bendecía, el príncipe de Dios. Aquí tenemos el traslado completo de linaje y de vida. Este es el llamamiento de Dios. Este llamamiento empezó en Génesis 12:1 y seguirá hasta la venida de la Nueva Jerusalén. Todos los suplantadores llegarán a su fin y se convertirán en príncipes de Dios. La Nueva Jerusalén vendrá, no sólo como un traslado de linaje, sino también como un traspaso de vida.

d. En los creyentes

1) Empieza con la regeneración

Al principio, la experiencia es la misma en el caso de los creyentes hoy. En ellos, el traslado de vida empieza con la regeneración (Jn. 3:3, 5). Después de ser regenerados, estamos en el proceso del traspaso de vida.

2) Efectuado por la experiencia de la circuncisión espiritual

En el caso de los creyentes, el traslado de vida es llevado a cabo por la experiencia de la circuncisión, por el despojo de la carne (Col. 2:11; Gá. 5:24). Hoy en día, Dios nos circuncida, y esta circuncisión dura bastante tiempo. Creo que entre nosotros muchos todavía están bajo la mano circuncidante de Dios. Es posible que usted se aferre a su fuerza natural o a su hombre natural. Esto requiere que Dios venga y corte o circuncide esa parte. Por consiguiente, todos estamos en el proceso de circuncisión. En otras palabras, estamos en el proceso de transformación.

3) Se completa en la redención y transfiguración de nuestro cuerpo

El traspaso de la vida se completará cuando el Señor vuelva. En ese entonces, nuestro cuerpo será plenamente redimido y transfigurado (Ro. 8:23; Fil. 3:21). Entonces seremos los llamados, no sólo por haber sido trasladados de linaje, sino por haber experimentado un traslado completo en vida. En aquel tiempo disfrutaremos de todas las bendiciones que Dios prometió a nuestro padre Abraham. Este es el llamamiento de Dios. El llamamiento de Dios no está dirigido a los descendientes de Abraham en lo natural, sino a los que siguen a Abraham en el ejercicio de la fe que han obtenido, en vivir por Dios y en El, y en experimentar el traslado de la vida por la obra de Dios. Como resultado de este proceso, seremos un nuevo pueblo, un pueblo de llamados de Dios. Entonces disfrutaremos de todas las bendiciones de la promesa de Dios. Todo lo que Dios prometió a Abraham vendrá a ser las bendiciones del evangelio neotestamentario del cual todos participaremos mediante la fe en Cristo.

ESTUDIO-VIDA DE GENESIS

EL TRASFONDO Y EL ORIGEN
DEL LLAMAMIENTO DE DIOS
Y LA EXPERIENCIA DE LOS LLAMADOS

Génesis es un libro extenso, pero contiene solamente tres secciones: la creación (1:1—2:25), la corrupción introducida por la serpiente (3:1—11:9), y el llamamiento de Jehová (11:10—50:26). En el mensaje anterior vimos el significado del llamamiento de Dios. El llamado de Dios denota el nuevo comienzo que El establece, el traslado de linaje, y el traslado de vida. Por nuestra parte, el llamado de Dios es un traslado de linaje y de vida, pero por el lado de Dios es un nuevo comienzo. Dios tuvo un nuevo comienzo al crear al hombre, pero éste se corrompió. Por tanto, Dios vino a iniciar algo nuevo al llamar a Abraham. En realidad, este nuevo comienzo es el traslado del linaje de Adán al de Abraham, un traslado del linaje creado al linaje llamado. El llamamiento de Dios significa que somos llamados a salir del linaje original creado para pasar al linaje actual llamado. Este traslado de linaje no es solamente un asunto de posición, sino también de disposición, pues se trata en realidad de un traslado de vida.

Abraham experimentó el traslado tanto de posición como de disposición. Fue trasladado del antiguo país de Caldea a la buena tierra de Canaán. Este fue un traslado de posición. No obstante, Dios se forjó en él y también obró en él. En cierto momento, Dios le dijo que su nombre debía ser cambiado (17:5). La Biblia enseña que el cambio de nombre siempre indica un cambio de vida. Cuando el nombre de Abraham fue cambiado, su disposición, su vida, también cambió. Dios parecía decir a Abraham: "Sigues en el viejo hombre. Estás demasiado enfrascado en tu vida natural. Aunque fuiste llamado a salir del viejo linaje, todavía permanecen en ti la naturaleza y la vida del viejo linaje, y todavía vives por esa vida. Es necesario que Yo obre en ti. Debo cortar esa vida". La extirpación de la vida vieja estaba representada por la circuncisión. La circuncisión de Abraham se produjo cuando Dios cambió su nombre. Exteriormente, su nombre fue cambiado e interiormente Dios tocó su disposición, su naturaleza y su vida. Después de que la fuerza de la vida natural de Abraham hubo sido cortada, nació Isaac en "el tiempo de la vida". En realidad, Isaac no nació de la fuerza natural de Abraham; nació de la venida de Dios, pues Dios había dicho: "Al tiempo señalado volveré a ti, y según el tiempo de la vida, Sara tendrá un hijo" (18:14). La venida del Señor fue el nacimiento de Isaac. Esto significa que Isaac no fue producido por la fuerza natural de Abraham sino por una vida sometida a Dios. Con eso vemos que Abraham no sólo fue trasladado de posición, sino también de disposición.

Aparentemente Isaac no necesitaba un traslado de vida. No obstante, Esaú, el primero de los gemelos nacidos de Isaac y Rebeca, estaba centrado en lo natural. Dios nunca acepta nada de lo natural. Puesto que el primer hijo de Isaac era muy natural, Dios escogió al segundo. El primogénito representa la vida natural. Por esta razón, Dios quitó la vida a todos los primogénitos de Egipto la noche de la Pascua. Por el contrario, el segundo representa la vida trasladada. Jacob, por ser el segundo, fue escogido.

Aunque Jacob fue escogido, su naturaleza no fue cambiada. Por tanto, en cierto momento, Dios vino y tocó la fuerza natural de Jacob. En aquel tiempo, su nombre fue cambiado de Jacob, suplantador, por Israel, príncipe de Dios. De ahí en adelante, Jacob quedó cojo. Esto constituyó una señal de que Dios lo había tocado, de que su fuerza natural había sido anulada y de que había llegado a ser un príncipe de Dios. Este es el verdadero significado del llamamiento de Dios.

¿Fue usted llamado? Si tal es el caso, entonces debe salir de Caldea, de Babel, el antiguo linaje y de su vida natural. Debe salir de su vida natural y extirparla. En el llamado de Dios, se necesita el nuevo comienzo, el traslado de linaje y el traslado de vida. Todos debemos ser trasladados. En todos los años en que he estado con los santos, he observado el proceso de este traslado. Me he regocijado al ver que tantos santos han pasado por el traslado de vida. A veces este proceso no es agradable, pero después uno puede ver en los santos el verdadero traslado de vida. Este es el significado del llamado que Dios hace.

B. El contexto del llamamiento de Dios: Babel

1. Rechazaron a Dios

Ahora en este mensaje, debemos ver la experiencia de los llamados. Pero antes de llegar allí, debemos considerar el trasfondo y el origen del llamamiento de Dios.

Cuando Dios se apareció a Abraham, éste tenía un trasfondo muy oscuro. Sus antecedentes eran bastante negativos. El primer aspecto de este trasfondo fue el rechazo de Dios por parte del hombre. Este rechazo estaba representado por la construcción de una ciudad. Lo vimos en el caso de Caín en el capítulo cuatro. El hombre construyó una ciudad porque había perdido a Dios como protección. Al dejar de tener a Dios como salvaguardia, el hombre construyó una ciudad para protegerse. Por tanto, la construcción de la ciudad fue la señal de que el hombre había rechazado a Dios. El hombre parecía decir: "Que se vaya Dios. Yo construiré un ciudad para protegerme". La construcción de la ciudad fue la declaración de que el hombre había rechazado a Dios.

2. Exaltaron al hombre

El hombre rechazó a Dios, y además construyó una torre para exaltarse a sí mismo. La torre fue un indicio de la exaltación del hombre. Cuando el hombre rechaza a Dios, se exalta automáticamente a sí mismo. Cada vez que el hombre construye una ciudad, edifica también una torre para hacerse un nombre.

3. Negaron el derecho de Dios

Además, en Babel el hombre también negó el derecho de Dios sobre Su creación. El hombre y también la tierra eran parte de lo que Dios había creado. Sin embargo, el hombre no quería reconocer el derecho de Dios; y más bien estableció las naciones. El establecimiento de las naciones significaba que el hombre había negado el derecho y la autoridad de Dios. Como ya vimos, después del diluvio Dios le dio al hombre la autoridad de regir a otros, pero Satanás incitó al hombre a abusar de la autoridad que Dios le había dado y a formar naciones para que el hombre tuviera su propio dominio, negando el derecho y la autoridad de Dios sobre sí.

4. Sirvieron a los ídolos

Finalmente, Josué 24:2 nos muestra que en Babel el hombre se volvió de Dios a los ídolos, a otros dioses. Detrás de todos los ídolos se encuentran los demonios. Cuando un hombre adora a un ídolo, adora a los demonios. Aparentemente adora ídolos, pero en realidad adora a los demonios.

El contexto en el que Dios hace el llamamiento es la ciudad, la torre, las naciones y los demonios. El hombre había rechazado a Dios, se había exaltado a sí mismo, había negado el derecho y la autoridad de Dios, y se había alejado de El para servir a los ídolos. ¿Cree usted que la situación es mejor ahora? No lo creo. Es tan mala como en aquel entonces. Es exactamente la misma situación.

C. El origen del llamado de Dios es Dios

¿Quién inició este llamado? No fue Abraham. Aunque él fue el padre del linaje llamado, el llamamiento no fue iniciado por él. Creo que Abraham era idéntico a nosotros hoy en día. El nunca se imaginó que Dios lo llamaría. De repente, mientras él y sus parientes estaban en Caldea, adorando a otros dioses (Jos. 24:2), Dios se le apareció. Dios fue el iniciador de este llamamiento.

1. Dios se apareció a Abraham

Aunque el llamado de Dios se lleva a cabo en el tiempo, algo se produjo en la eternidad pasada antes del llamamiento de Dios, a saber, la elección de Dios. Dios escogió a Abraham en la eternidad pasada. Además, todavía en la eternidad pasada, Dios predestinó, marcó de antemano, a Abraham. Antes del nacimiento de Abraham, incluso antes de la fundación del mundo, cuando sólo existía Dios, El escogió a

Abraham y lo predestinó. Un día, ya en el tiempo, mientras Abraham adoraba a otros dioses, sin pensar que iba a ser llamado, Dios lo visitó. Dios vino a él como el Dios de gloria. Abraham quedó sorprendido. El Dios de gloria no sólo fue a Abraham, sino que se le apareció.

Debido al trasfondo tan oscuro de Abraham, Dios tuvo que aparecerse a él de un modo contundente. Muchos de nosotros también hemos experimentado este profundo llamado de Dios. Puedo testificar que un día, cuando yo era un joven lleno de ambiciones, Dios vino a mí de una manera intensa. Esa fue la visitación que El me hizo. No lo puedo negar. Muchos de nosotros hemos experimentado lo mismo. Habíamos caído en lo más bajo, y jamás habríamos respondido a una predicación casual y pobre. Necesitábamos que el Dios viviente, el Dios de gloria, nos visitase. He oído muchos testimonios al respecto.

Dios se apareció dos veces a Abraham. La primera vez fue en Ur de Caldea (Hch. 7:2; Gn. 11:31). Si estudiamos detenidamente la Biblia, veremos que en Ur de Caldea, Dios no se apareció al padre de Abraham sino al propio Abraham. Sin embargo, Abraham no aceptó inmediatamente ese llamado, y Dios, por Su providencia, hizo que su padre Taré mudara a su familia de Ur a Harán. Ellos se quedaron allí hasta la muerte de Taré. Abraham no respondió inmediatamente al llamado de Dios, y su indecisión causó la muerte de su padre. Dios se llevó a su padre. Luego, en Harán, Dios se apareció a Abraham por segunda vez (12:1). Allí podemos ver que Dios tiene un propósito específico al relacionarse con el hombre. No creo que ninguno de ustedes los lectores responderían inmediatamente si Dios los visitara. Todos somos hijos de Abraham, y los hijos siempre se parecen a sus padres. Abraham tardó en seguir a Dios y eso llevó a Dios a aparecérsele por segunda vez.

2. *El llamado de Dios*

Dios no sólo se apareció dos veces a Abraham, sino que lo llamó dos veces. El primer llamado lo hizo Dios a Abraham cuando éste estaba en Ur (Hch. 7:2-4). Hechos 7 revela que Dios llamó a Abraham a salir de su tierra y de su parentela. Sin embargo, en el segundo llamado, en Harán, Dios llamó

a Abraham a salir de su tierra, de su parentela y de la casa
de su padre (12:1). Así que Dios se apareció dos veces a
Abraham y lo llamó dos veces. La primera vez, lo llamó a
salir de su tierra y de su parentela, mas no mencionó la casa
del padre. Por tanto, la familia del padre también salió de
Ur. No obstante, cuando Dios llamó a Abraham por segunda
vez, no sólo le pidió que saliera de su tierra y su parentela,
sino también de la casa de su padre. Abraham recibió de Dios
dos apariciones y dos llamados. Estas apariciones y llama-
mientos de Dios muestran que Dios mismo fue el origen del
llamado.

D. La experiencia de los llamados

1. Los tres son uno

Al leer el libro de Génesis, usted observará que los relatos
de Adán, Abel, Enoc y Noé difieren bastante entre sí. No
obstante, los relatos de Abraham, Isaac y Jacob se superponen.
Génesis habla de ellos y los considera un solo hombre
corporativo. La historia de la vida de Isaac empieza en el
capítulo veintiuno, y la historia de la vida de Abraham acaba
en el capítulo veinticinco. La historia de la vida de Jacob
empieza en el capítulo veinticinco, y la de Isaac termina en
el capítulo treinta y cinco. La historia de la vida de Jacob,
completada por la de José, termina en el capítulo cincuenta.
Esta superposición significa que según la experiencia de vida,
estas tres personas son un solo hombre, un hombre corporativo. Cuando Dios creó la humanidad, El creó al hombre
colectivamente, porque Adán era un hombre corporativo (5:2).
Entender eso no es algo insignificante. No se imagine que
usted, por haber sido llamado, es un individuo completo.
Ninguno de nosotros constituye una unidad completa e
individual por sí solo. Todos nos necesitamos los unos a los
otros. Usted me necesita a mí, y yo lo necesito a usted. Del
mismo modo, Abraham necesitaba a Isaac y a Jacob; Isaac
necesitaba a Abraham y a Jacob; y Jacob necesitaba a
Abraham, a Isaac y a José. Todos ellos necesitaban a los
demás para tener la plenitud del llamamiento de Dios.

Al leer esto, algunos preguntarán: "¿No cree usted que Abraham era un individuo?". Por supuesto que sí, del mismo modo que usted lo es. Sin embargo, la Biblia nos dice que somos miembros [los unos de los otros] (Ro. 12:5; 1 Co. 12:27). Un miembro nunca puede ser una unidad separada y completa. Cuando un miembro llega a sentirse completo individualmente, eso significa muerte. Por ejemplo, mi dedo pulgar es un miembro de mi cuerpo. No está completo si se separa; tampoco es individual, pues si lo fuese, eso significaría su muerte.

a. El Dios de Abraham, el Dios de Isaac, y el Dios de Jacob son un solo Dios

El Dios que vino a llamar a esta persona corporativa y que se relacionó con este hombre corporativo era el Dios Triuno: el Padre, el Hijo y el Espíritu. Cuando Dios habló a Moisés desde la zarza ardiente, le dijo: "Yo Soy el Dios de tu padre, Dios de Abraham, Dios de Isaac, y Dios de Jacob" (Ex. 3:6). En Exodo 3 vemos que Moisés fue llamado por el Angel de Jehová, que el Angel de Jehová era el propio Jehová, y que Jehová era el Dios de Abraham, el Dios de Isaac, y el Dios de Jacob (vs. 2, 4, 6). Dios no dijo: "Yo soy el Dios de Abraham, de Isaac, de Jacob, de José y de Moisés". ¡No! El dijo que era el Dios de Abraham, el Dios de Isaac y el Dios de Jacob. Este Dios es Jehová y también el Angel de Jehová. ¿Puede usted entender eso? Si lee Exodo 3, verá que el versículo 2 habla del Angel de Jehová y que el versículo 4 habla de Jehová. Luego en el versículo 6, el Angel de Jehová, quien es Dios mismo, le dijo a Moisés: "Yo soy el Dios de tu padre, Dios de Abraham, Dios de Isaac, y Dios de Jacob". ¿Cree usted que son tres dioses? Aquí son tres y otros dos: el ángel de Jehová y Jehová. ¿Son cinco seres, cinco dioses? Ciertamente el Angel de Jehová y Jehová son dos. ¿Podemos decir que el Angel de Jehová es el mismo Jehová? Sí podemos, porque la Biblia así lo dice. Nadie puede agotar el estudio de Exodo 3. Finalmente, en Exodo 3:14, Dios dijo a Moisés: "Yo soy el que soy". Dios parecía decir: "Soy el Angel de Jehová. Soy Jehová. Soy el Dios de Abraham. Soy el Dios de Isaac. Soy el Dios de Jacob. Yo soy el que soy. No me importa que lo entiendas o no; Yo soy el que soy". El es nuestro Dios, el Dios que obró en el hombre corporativo. Este Dios era el Angel de Jehová, Jehová mismo, el Dios de Abraham, de Isaac, y de Jacob, y el gran Yo Soy.

1) El Dios de Abraham: el Padre

El llamado de Dios a Abraham fue obra de Dios el Padre. El nombre original de Abraham era Abram, que significa "padre exaltado", y el nombre Abraham, que lo sustituyó, significa "padre de una gran multitud". Ambos nombres tienen la idea fundamental de padre. En el Dios Triuno, el primero es el Padre, y Abraham fue el primero de los llamados. Abraham fue el padre de los llamados, y el primero del Dios Triuno es también el Padre. El Padre es la fuente de la vida. El también es quien planea y propone. Dios el Padre tenía un plan, un propósito. Por tener un propósito, Dios nos eligió y predestinó en la eternidad pasada. Finalmente, en el tiempo, el Padre vino para llamar, justificar, aceptar y cuidar a los llamados. La obra de Dios el Padre consiste en elegir, predestinar, llamar, justificar, aceptar y cuidar a los llamados. La selección y la predestinación preceden el llamamiento. Al leer Romanos 9:11, vemos que estos dos puntos se encuentran en Jacob. No obstante, en Abraham vemos casi todas las experiencias relacionadas con Dios el Padre. Esto es muy significativo.

2) El Dios de Isaac: el Hijo

Isaac era el hijo. Es interesante observar que el segundo del Dios Triuno también es el Hijo. ¿Qué es un hijo? Es alguien que procede del padre, que hereda todo lo que el padre es y tiene, y que cumple todo lo que el padre desea. Al observar la historia de Isaac, encontraremos que él era tal persona. El procedió del padre, heredó todo lo del padre, y trabajó para cumplir el propósito de su padre. Esta es la experiencia de Isaac, la experiencia que corresponde al segundo del Dios Triuno, Dios el Hijo. El Señor Jesús, como Hijo de Dios, procedió del Padre (Jn. 16:28), heredó todo lo que el Padre es y tiene (Jn. 16:15), y cumplió toda la voluntad del Padre (Jn. 6:38). La vida de Isaac corresponde a la Suya.

3) *El Dios de Jacob: el Espíritu*

Ahora llegamos a Jacob. Jacob, el que suplantaba con astucia, necesitaba más que la simple experiencia de ser llamado y recibir la herencia; necesitaba principalmente ser quebrantado para ser transformado y pasar de vivir en la carne a vivir en el Espíritu. Por tanto, es bastante significativo ver que el tercero del Dios Triuno es el Espíritu que obró en Jacob, el que suplantaba con sutileza, para disciplinarlo y transformarlo en un príncipe de Dios. En Jacob vemos la regeneración, la disciplina, la transformación y el crecimiento y la madurez en vida. Todo eso es obra del Espíritu. Por tanto, el Dios de Jacob debe ser Dios el Espíritu.

b. *Las experiencias respectivas de Abraham, Isaac y Jacob son tres aspectos de una unidad completa*

Así como el traslado de linaje empezó con Abraham, pasó por Isaac y se completó en Jacob, sus experiencias también deben ser consideradas como una sola experiencia completa. Queda implícito que los tres eran uno. El Dios Triuno los consideraba miembros de un hombre corporativo en Su relación con ellos y en Su deseo de ser su Dios de esta manera. Los últimos treinta y nueve capítulos y medio de Génesis constituyen una biografía de una persona corporativa compuesta de tres más uno. Si añadimos los diferentes aspectos de las experiencias de Abraham, Isaac y Jacob junto con José, vemos un cuadro claro de la experiencia completa de los llamados.

1) *La experiencia de Abraham*

Cuando Abraham fue llamado, tuvo un buen comienzo, pero no se nos relata en ninguna parte que haya sido elegido ni que haya llegado a la madurez. Para ser completo, Abraham necesitaba que Jacob fuese escogido y tuviese madurez al final. ¿Cree usted que, según el relato de Génesis, Abraham obtuvo la madurez de vida más elevada y consumada? No hallamos tal evento. Cuando Abraham ofreció a Isaac sobre el altar, llegó a la cumbre de su vida espiritual (cap. 22). Sin embargo, no llegó a la madurez. En el capítulo veinticuatro, vemos que él hizo algo maravilloso al conseguir esposa para su hijo Isaac. Pero después, se casó otra vez (25:1). Esto nos muestra que Abraham no era maduro. Entonces ¿dónde está la madurez de Abraham? Su madurez se halla en la madurez de Jacob.

Usemos como ejemplo los viajes que hicieron Abraham y Jacob a Egipto. El viaje de Abraham a Egipto fue vergonzoso, pues él mintió acerca de su esposa (12:10-20). Pero Jacob hizo una visita gloriosa (47:7). El no fue a Egipto para aprovecharse de los demás. El fue allí con una mano de bendición, pues bendijo incluso a Faraón, el rey supremo de la tierra en aquel tiempo (47:10). Esto revela que la madurez de vida se encuentra en Jacob y no en Abraham. La Biblia enseña que el mayor siempre bendice al menor (He. 7:7). Ningún joven puede bendecir a una persona adulta. Si usted quiere bendecir, necesita la madurez de vida. ¿Dice la Biblia que Abraham bendijo a alguien? ¡No! Pero Jacob alcanzó tanta madurez en vida que podía bendecir a los demás. Cuando bendijo a sus nietos, lo hizo lúcidamente, y no a ciegas como Isaac. Cuando José intentó cambiar la posición de sus manos, Jacob se rehusó y dijo: "Lo sé, hijo mío, lo sé" (48:19). Jacob era plenamente maduro. Aunque Abraham se encontraba en un nivel elevado en la vida de la fe, no encontramos en él la madurez de vida que vemos en Jacob. Para madurar en vida, Abraham tenía que recurrir a Jacob. A pesar de ser el abuelo, Abraham necesitaba a su nieto para estar completo. Con eso, podemos ver que, conforme a la experiencia, Abraham, Isaac y Jacob no son individuos, sino tres miembros de todo el Cuerpo. Del mismo modo, somos miembros los unos de los otros (Ro. 12:5) y, en ciertos aspectos de la vida, debemos depender el uno del otro.

2) La experiencia de Isaac

Vemos otro ejemplo de eso en Isaac. La experiencia de Isaac no tuvo principio ni fin. El nunca fue llamado y nunca maduró. Aunque bendijo a sus hijos, lo hizo ciegamente (27:18-29), y no con la lucidez que lo hizo Jacob a sus nietos. Isaac necesitaba el comienzo contenido en las experiencias de

Abraham y Jacob y el fin contenido en la experiencia de Jacob para ser completo. Isaac estaba en el medio. El nunca pasó por la disciplina del Señor. No necesitaba experimentar la mano el Señor sobre sí, aunque sí la experimentaron su padre y su hijo. El estaba plenamente cubierto por estos dos lados en cuanto al quebrantamiento de parte de Dios. A menudo nos conviene estar en medio de otros miembros del Cuerpo, pues los que nos aventajan y los que vienen detrás se convierten en nuestro complemento. Esta es la coordinación entre los miembros del Cuerpo.

3) La experiencia de Jacob

Jacob en su experiencia tuvo el mejor final, el más elevado, y más maduro. El empezó como una persona que suplantaba con sutileza, pero después de que Dios obró en él, llegó a una madurez plena. El libro de Génesis habla de personajes muy buenos, como por ejemplo, Abel, Enoc, Noé y Abraham, pero ninguno de ellos es tan maduro como Jacob. Después de haber madurado, sus manos de suplantador se convirtieron en manos de bendición. Cuando alguien estaba bajo sus manos, no recibía ninguna condenación; sólo recibía bendiciones. El no sólo bendijo a los descendientes de la fe, sino también a la gente del mundo. El tenía un nivel muy elevado de madurez.

A pesar de haber madurado en vida, Jacob no tuvo ni la experiencia de ser llamado ni la vida de fe. Tampoco tuvo la experiencia de heredar la gracia. Para ser completo, Jacob necesitaba el llamamiento y la vida de fe que experimentó Abraham, y también la experiencia de Isaac de heredar la gracia. Jacob era pobre en fe. El no sabía cómo creer; sólo sabía suplantar. Abraham fue bendecido por Melquisedec después de haber dado muerte a los reyes. Más adelante se encontró con el rey de Sodoma. Este le dijo a Abraham, quien había obtenido la victoria para dicho rey, que tomara para sí el botín. Pero Abraham no quiso tomar ni un solo hilo de los despojos, pues creyó en la suficiencia de la provisión del Dios todopoderoso (14:19-23). Abraham había recibido la bendición de Melquisedec y no necesitaba ayuda del rey de Sodoma. Así fue cómo Abraham experimentó la fe. Pero la experiencia de Jacob fue muy distinta. Adondequiera que iba, él era el primero en suplantar. En medio de una vida de suplantador, Jacob hasta hizo un trato con Dios. Cuando Dios se le apareció en sueños en Bet-el, Jacob dijo al despertar: "Si fuere Dios conmigo, y me guardare en este viaje en que voy, y me diere pan para comer y vestido para vestir ... Jehová será mi Dios ... y de todo lo que me dieres, el diezmo apartaré para ti" (28:20-22). Jacob hizo un trato con Dios. Cuando Dios satisficiera sus necesidades, Jacob le daría a cambio el diezmo. Jacob parecía decirle: "Dios, si me provees el alimento, la ropa y las demás cosas necesarias, entonces te daré una comisión del diez por ciento". Según este negocio, Jacob recibiría el noventa por ciento y Dios solamente el diez. Así vemos que Jacob no tenía la fe de Abraham.

No obstante, al final Jacob llegó a la plena madurez. El alcanzó un grado de madurez tal que José, quien era parte suya, reinó sobre todo el mundo. En aquel tiempo, el mundo estaba bajo la mano de Faraón, y la autoridad de Faraón estaba totalmente con José. En realidad, José no reinó por Faraón sino por Jacob. Aquí vemos el reino. El Nuevo Testamento acaba con el reino. Después de que los llamados hayan completado sus experiencias con el Dios Triuno, vendrá el momento de reinar. Este será el milenio. José sólo reinó varios años, pero en el reino regiremos durante mil años.

Si añadimos las experiencias de Abraham, Isaac y Jacob, tenemos un cuadro vívido de la experiencia completa de los llamados. Como ayuda, consideremos el diagrama que aparece en la página 541. Abraham, Isaac y Jacob, quienes fueron llamados por Dios, fueron escogidos en la eternidad pasada. Entonces, en el debido tiempo, después de su nacimiento, fueron llamados. Muchos años después de ser llamado Abraham, fue circuncidado y su nombre cambiado. Esto es lo que indica la curva. Esta es una línea, o sea, un aspecto, de la experiencia de los llamados. Vemos en el diagrama que la experiencia de Isaac es una línea recta. Es como un insípido vaso de agua. Al llegar a la experiencia de Jacob vemos otra curva. Después de ser tocado y quebrantado el suplantador, llegó a ser un príncipe de Dios. Finalmente, los tres llamados convergen en una línea recta. Los tres estarán allí en la eternidad futura. Con este diagrama vemos que Jacob, o Israel, incluye a José. Como ya vimos, la razón es sencilla: José era la parte reinante de Jacob. Jacob era un príncipe de Dios, mientras que José reinaba sobre el mundo, con dominio sobre toda la tierra en lugar de Jacob. José fue el hijo reinante y Jacob el padre reinante.

Las experiencias de Abraham, Isaac y Jacob constituyen la experiencia completa del hombre corporativo que recibió el llamamiento. Si vemos eso, nos inclinaremos y diremos: "Oh Dios Padre, te necesitamos. Necesitamos Tu plan, Tu propósito, Tu elección, Tu predestinación, Tu llamamiento, Tu justificación, Tu aceptación y Tu cuidado. Oh Dios Hijo, Te necesitamos. Necesitamos que nos redimas para que podamos heredar. Necesitamos que cumplas todo lo que el Padre planeó, todo lo que el Padre determinó hacer. Oh Dios Espíritu, Te necesitamos. Necesitamos que nos regeneres, nos disciplines, nos transformes y nos hagas crecer hasta la madurez en vida. Necesitamos que hagas de nosotros los verdaderos Israel. Necesitamos que lleves a cabo todo lo que el Padre planeó y todo lo que el Hijo cumplió por nosotros. Nuestro Dios Triuno, ¡Nos inclinamos ante Ti, cuánto te adoramos, te alabamos y te agradecemos por todo lo que has hecho por nosotros y en nosotros!".

Después de ver esto, nos humillaremos al darnos cuenta de que toda la experiencia del hombre corporativo llamado es demasiado grande para vivirla individualmente. Yo no puedo ser Abraham, Isaac, y Jacob, además de José. Sólo puedo ser uno de los tres, y por eso debo aprender a depender de mis hermanos para lo demás. Aun si yo fuese tan maduro como Israel, seguiría necesitando que alguien fuese mi Abraham y mi Isaac. Todos debemos entender que no podemos ser más que un miembro del Cuerpo. Necesitamos a los demás miembros. Según nuestra tradición, todos ponemos a Abraham en primer lugar, con la idea de que él supera a los demás. Pero ése no es el caso. A pesar de superar a otros en la fe, no los superaba en madurez. Como vimos, Jacob fue el más maduro.

En la actualidad todos estamos en este proceso, en la experiencia de los llamados de Dios. Algunos de nosotros somos Abraham, otros Isaac, y otros Jacob. Ahora disfrutamos al Dios Triuno en nuestra experiencia, y no en teología. No lo consideramos a El como un concepto doctrinal, sino como un deleite que podemos experimentar. Estamos disfrutando a Dios el Padre, a Dios el Hijo y a Dios el Espíritu. Es muy bueno disfrutar del llamado, la justificación, la aceptación y el cuidado que el Padre nos da. ¡Cuán maravilloso es ver que el Hijo nos redime, nos salva y nos introduce en la herencia y cumple el propósito eterno de Dios! ¡Cuán excelente es experimentar la regeneración, la disciplina y la transformación del Espíritu que nos hace crecer y madurar. No sólo hablamos del Dios Triuno; lo experimentamos a El; participamos del Padre, del Hijo y del Espíritu. El Dios Triuno está con nosotros como nuestra experiencia. En la vida de iglesia, somos Abraham, Isaac y Jacob, e incluso José, pues experimentamos al Dios Triuno. Disfrutamos de la elección, la predestinación, el llamamiento, la justificación, la aceptación, el cuidado, la redención, la herencia y el cumplimiento del propósito de Dios, la regeneración, la disciplina, la transformación, el crecimiento, la madurez y, por último, el reinado. ¡Alabado sea el Señor! Este es el Dios Triuno y el hombre corporativo que ha recibido el llamamiento.

DIAGRAMA DE LA EXPERIENCIA DE ABRAHAM, ISAAC Y JACOB

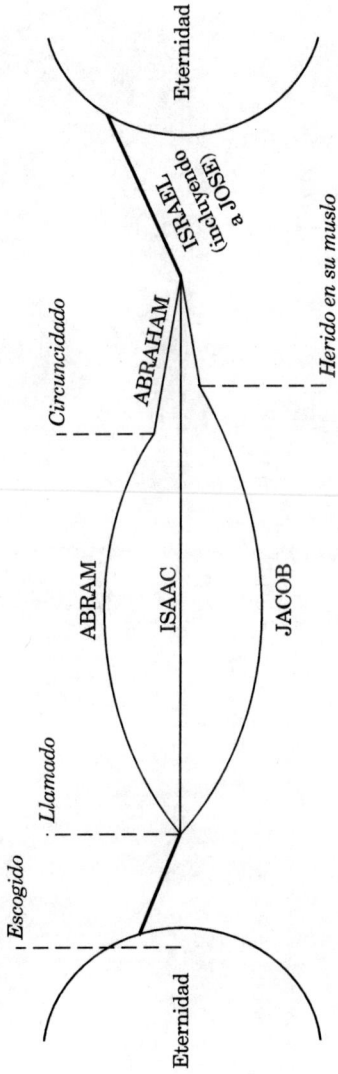

Eternidad

Circuncidado

ISRAEL
(incluyendo a JOSE)

ABRAHAM

Herido en su muslo

ABRAM

ISAAC

JACOB

Llamado

Escogido

Eternidad

ESTUDIO-VIDA DE GENESIS

MENSAJE TREINTA Y NUEVE

EL MOTIVO Y LA FUERZA DEL LLAMAMIENTO

En el mensaje anterior vimos que el Dios Triuno trató a Abraham, Isaac y Jacob como a un solo hombre corporativo y completo. Si queremos penetrar en la última sección del libro de Génesis, la sección sobre el llamamiento que Dios hace, debemos recordar que Abraham, Isaac y Jacob no son tres seres separados y completos como individuos, sino un solo hombre corporativo y completo, conforme a la dispensación de Dios. Dios se relacionó con cada uno de ellos, considerándolos parte de una unidad completa. Las experiencias de ellos no son experiencias separadas e individuales, sino aspectos de una experiencia completa.

2. El primer aspecto: la experiencia de Abraham

En este mensaje veremos el primer aspecto de la experiencia completa de los llamados de Dios. Vemos claramente este aspecto en la vida de Abraham (11:10—25:18). Esto es bastante fundamental. La vida de Abraham es un ejemplo del primer aspecto de la experiencia completa de los llamados de Dios. Su experiencia va del llamamiento, pasa por el vivir por fe en comunión, y llega al conocimiento de la gracia.

a. Llamado

En la experiencia de Abraham, primero Dios lo llamó. Como ya vimos, los llamados no iniciaron este llamado. Lo originó el Dios que llama. Dios fue el originador de Su llamamiento.

1) El motivo y la fuerza

Así como el llamado de Dios no lo originaron los llamados sino el Dios que llama, el motivo y la fuerza de recibir dicho llamado no se originaron en los llamados sino en el que llama. El motivo y la fuerza por los cuales Abraham pudo responder provinieron de Dios mismo. ¿En qué consistieron este motivo y esta fuerza? Si examinamos detalladamente la situación, podremos ver tres cosas que motivaron a Abraham a aceptar el llamado de Dios: la aparición de Dios, el llamado de Dios y la promesa de Dios. Ahora consideraremos cada uno de estos puntos.

a) La aparición de Dios

El primer aspecto del motivo y la fuerza para aceptar el llamado de Dios fue la aparición de Dios. Si usted tuviera que recibirme a mí, eso no significaría nada porque yo no soy nadie. Pero si el presidente de Estados Unidos lo visitara personalmente a usted, usted estaría muy emocionado. Probablemente no dormiría en toda la noche. Ahora bien, ¿quién vino a visitar a Abraham? ¡El Dios de gloria! (Hch. 7:2). Aparte de las palabras de Esteban en Hechos 7:2, donde dijo a sus perseguidores que el Dios de gloria se había aparecido a su padre Abraham, ningún otro versículo de la Biblia menciona la aparición del Dios de gloria a Abraham. Mientras Esteban hablaba, se le apareció el Jesús de gloria (Hch. 7:55-56). Se abrieron los cielos y él vio a Jesús en gloria, de pie a la diestra de Dios. Esteban se atrevió a morir por Jesús, porque vio al Señor Jesús mientras sus opositores le resistían. Estos lo apedrearon, pero Jesús le sonrió. Le resultó fácil, y hasta le causó mucha alegría, sufrir persecución, porque el Señor se le había aparecido. Esa persecución no se podía comparar con la aparición de Jesús en gloria. Al estar Esteban en esa situación, se le apareció el Jesús en gloria. Sin esa aparición, un ser humano difícilmente podría resistir semejantes circunstancias.

Sobre este mismo principio, el Dios de gloria se apareció a Abraham, visitándole con Su aparición personal, porque en aquel tiempo Abraham se encontraba bajo la influencia de su marcado pasado caldeo. Como veremos en el mensaje siguiente, en hebreo "Caldea" significa demoníaco. Caldea era un lugar demoníaco, un sitio lleno de demonios. Josué 24:2 dice que Abraham y su familia servían a dioses ajenos. Adoraban a los ídolos, detrás de los cuales había demonios.

Caldea se encontraba en una región llamada Mesopotamia. La palabra "Mesopotamia" significa "entre ríos". La geografía nos muestra que la región de Mesopotamia estaba rodeada de dos grandes ríos: el Eufrates (*Perat* en hebreo) y el Tigris (*Hidekel* en hebreo). Entre estos dos ríos había una gran llanura, la tierra de Mesopotamia. Caldea formaba parte de Mesopotamia. Esto significa que la morada de Abraham no sólo se hallaba en un lugar lleno de demonios sino también en un lugar rodeado por dos ríos grandes. A Abraham o a cualquiera le habría resultado muy difícil abandonar ese lugar, pues los demonios lo tendrían asido y los grandes ríos lo tendrían encerrado. Puesto que la gente carecía de medios modernos de transporte, tenía que caminar. ¿Cómo pudo Abraham salir de Caldea? Su trasfondo tan fuerte llevó a Dios a aparecérsele para que pudiera salir de ese lugar.

Este es un cuadro o un ejemplo de nuestra situación antes de ser salvos. Todos estábamos en alguna especie de Caldea. Los jóvenes deben ver que el colegio es una Caldea, un lugar lleno de demonios. Muchos estudiantes son pequeños demonios que venden estupefacientes e intentan desubicarlos, diciendo: "¿Cómo puedes ser diferente de nosotros? Si quieres ser diferente de nosotros, ¿adónde irás? Hay dos ríos grandes que te mantienen aquí. ¡Debes quedarte con nosotros!". A veces los maridos son demonios para las esposas, y éstas lo son para los maridos. En cuanto a la gente mundana, cuando un joven se casa, entra en un área demoníaca. Pasa lo mismo con toda joven que se casa. Considere el ejemplo de un joven que se enamora de una joven. Esta muchacha tiene un terrible trasfondo, compuesto de muchísimos parientes y amigos, todos los cuales son demoníacos. Si el joven se casa con ella, caerá en una región demoníaca. Si él viene a verme, le diría: "No pienses que esta mujer joven es muy bonita, simpática y amable. Debes ver su trasfondo. No te vas a casar solamente con ella; te casas con todo su trasfondo. Después de casarte con una muchacha que tiene un trasfondo tan demoníaco, te encontrarás en Caldea. Allí los demonios se asirán de ti". Sin embargo, Dios escogió a dicho joven. No se imagine que le resultará fácil creer en el Señor Jesús y ser salvo. No se trata de ser salvo y tener la esperanza de ir a los cielos. No, en la Biblia, ser salvo consiste en ser llamado a salir del trasfondo, la región y el entorno en el que uno se encuentra. Usted debe escaparse.

Como ya vimos, la promesa que Dios hizo a Abraham fue una predicación del evangelio (Gá. 3:8). Como parte de su predicación, Dios le dijo a Abraham que saliera de su tierra. ¿Qué habría hecho usted si fuese Abraham? Detrás de Sara, pudo haber muchos demonios, y estos demonios no querían aceptar la salida de Abraham de la tierra de Caldea. Esta fue la razón por la cual el Dios de gloria se apareció a Abraham. El que apareció a Abraham no fue ni un ángel ni un dignatario, sino el Dios de gloria. Esta aparición fue una gran atracción que impulsó Abraham a aceptar el llamado de Dios.

En Mateo descubrimos que Jesús llamó a Pedro, a Andrés, a Jacobo y a Juan, mientras andaba junto al mar de Galilea (Mt. 4:18-22). El Señor Jesús dijo simplemente a cada uno: "Sígueme", y ellos lo siguieron. Durante muchos años no pude entender eso. El pequeño Jesús de Nazaret pronunciaba la palabra: "Sígueme", y ellos lo seguían. Pude entender eso el día en que observé que el Jesús que caminaba por el mar de Galilea era una gran luz (Mt. 4:16). Pedro, Andrés, Jacobo y Juan fueron atraídos por esa gran luz. Cuando Jesús los miraba y los llamaba, eran atraídos a El. Aparentemente, el que los llamaba era un pobre nazareno; en realidad, era el Dios de gloria. Del mismo modo, el Dios de gloria se apareció a Abraham en aquella tierra de demonios, una región rodeada de muchas aguas. Creo que, en principio, todos hemos experimentado esta aparición. La salvación no consiste simplemente en oír el evangelio, inclinar la cabeza, y luego confesar que uno es pecador y que cree en el Señor Jesús. Aunque eso es correcto, debo decir que un verdadero salvo es aquel a quien Jesús se ha aparecido.

En nuestra conversión muchos parecían ver "la gloria de Dios en la faz de Jesucristo" (2 Co. 4:6). Esto se convirtió en un gran estímulo para muchos de nosotros.

Todos los salvos hemos recibido la aparición de Jesús. Esto no sucedió de un modo exterior, sino en lo profundo de nuestro espíritu. Aunque podamos olvidar el día y aun el año en que fuimos salvos, nunca podremos olvidar el momento cuando, en lo profundo de nuestro ser, vimos a Jesús. Jesús se apareció a nosotros y nos encontramos con El. Esta es la verdadera experiencia de la salvación. Ser salvo significa simplemente ser llamado. Antes de que el Señor se le apareciera, a usted le resultaba difícil ser un cristiano genuino. Su trasfondo y sus circunstancias no le permitían ser diferente de los demás. Pero un día El se le apareció a usted. El Jesús que vive en gloria se le apareció. Fue así como El lo llamó a usted. También fue así como lo separó y lo salvó. Al aparecerse a usted de ese modo, El lo llamó, lo salvó y lo separó. Abraham tuvo la misma experiencia. La aparición de Dios atrajo mucho a Abraham. Esta aparición fue lo que lo motivó y le dio fuerza para aceptar el llamado de Dios. Si usted considera el trasfondo y la situación de Abraham, se dará cuenta de que sin esta atracción y sin este estímulo, le habría sido imposible aceptar el llamado de Dios.

b) El llamamiento de Dios

El segundo factor del motivo y la fortaleza fue el llamado de Dios (Hch. 7:3-4; Gn. 12:1). Dios no se apareció a Abraham sin hablarle. Cuando fue a Abraham, lo llamó. Dios habló a Abraham. Llamar significa hablar. Oír lo que dice Dios no es algo insignificante. Cuando fuimos salvos, todos experimentamos la aparición de Jesús. Cuando El se nos apareció a nosotros, nos habló. Hubo un hablar divino, una especie de hablar en el espíritu.

Muchos de nosotros podemos atestiguar que cuando fuimos salvos, dentro de nosotros tuvimos la consciencia de que Jesús nos hablaba. Quizás el Señor Jesús vino a usted cuando era estudiante y le dijo: "¿Qué estás haciendo aquí?". Usted contestó: "Estudio para obtener mi diploma". Entonces el Señor preguntó: "¿Para qué?". Usted respondió: "Para vivir bien en el futuro". Después, el Señor preguntó: "¿Y después qué? ¿Qué piensas hacer en el futuro?". A otros el Señor Jesús habló de otra manera, diciendo: "¡Mira cuán pecaminoso eres, y en qué lamentable estado te encuentras!". Como respuesta, algunos le dijeron al Señor: "No me molestes". Luego el Señor dijo: "Te amo. Quiero salvarte. ¿No sabes que soy Jesús?. Quiero rescatarte de tu situación lamentable. ¿No estás dispuesto a recibirme?". A otros entre nosotros, el Señor Jesús dijo: "¿No sabes que soy Aquel que vive. Soy el único que puede darte vida eterna". Muchos de nosotros hemos oído estas palabras, no de la boca de los predicadores sino de la boca del Jesús viviente. ¿Recuerda usted lo que oyó del Jesús viviente cuando El se apareció a usted, lo llamó y lo salvó? Los que no son cristianos, incluyendo a los cristianos de nombre, no han tenido esta clase de experiencia y la consideran una especie de superstición. ¡Pero no es superstición! El Dios de gloria vino a nosotros y nos habló. Abraham pudo decir: "No me digan que esto es superstición. Yo lo oí hablar. El me dijo: '¡Sal de tu tierra!' Esto no vino de mi padre ni de mi esposa. Me lo dijo el Dios de gloria". Dígame francamente: ¿no ha oído usted la palabra de Jesús? Yo no creo que una persona salva se pierda otra vez. Aunque una persona salva caiga, nunca podrá olvidar la aparición de Jesús y lo que El dijo. Quizás pueda decir: "Ya no creo en el Señor Jesús", pero en lo profundo de su ser, el Señor dice: "¿Cómo puedes decir que ya no crees en Mí?". Usted nunca podrá olvidar la aparición del Señor ni lo que El le dijo.

Muchos jóvenes me han preguntado cuál es la diferencia entre un verdadero cristiano y un cristiano falso. Todos ellos afirman creer en Jesús. La mejor respuesta que yo puedo dar es que a un verdadero cristiano Jesús le habló, pero el cristiano nominal sólo ha recibido la predicación de una doctrina. Un verdadero cristiano ha oído por lo menos una vez el hablar de Jesús por el Espíritu viviente directamente en lo más recóndito de su ser. Este hablar es la fuerza que nos permite aceptar el llamado de Dios.

c) La promesa de Dios

El tercer aspecto del motivo y la fuerza que tenemos para aceptar el llamado de Dios es la promesa de Dios (12:2-3). La mayor parte de lo que Dios nos dice es Su promesa. Si Dios dice: "No quiero molestarte; quiero salvarte", eso es una promesa. Si dice: "Te amo" eso también es una promesa. La mayor parte de lo que El nos dice constituye una promesa.

¿Qué le dijo el Dios de gloria a Abraham? Primero el Dios de gloria dijo: "Vete de tu tierra y de tu parentela" (12:1). Usted pensará que esto no fue una promesa, pero en realidad sí lo era pues lleva una promesa implícita. Cuando Dios le dijo a Abraham que saliera de su tierra, quedaba implícito que Dios le prometía un lugar. De no ser así, Abraham habría dicho: "Si salgo de mi tierra, ¿adónde iré?". Dios tenía un lugar preparado para Abraham. Aun el mandato de salir de su tierra implicaba una promesa, la promesa de la buena tierra. Abraham pudo decir: "Dios me manda a salir de mi tierra; eso ciertamente significa que El tiene un lugar para mí". Dios le dijo a Abraham que saliera de su tierra, de su parentela y de la casa de su padre, para ir a una tierra que El le mostraría. Indudablemente eso era una promesa. La promesa de Dios fue una motivación para que él dejara su tierra.

(1) Hacer del hombre llamado "una gran nación"

En Génesis 12:2 Dios le dijo a Abraham: "Haré de ti una nación grande". Esta palabra contrastaba con el trasfondo de Abraham. En Babel había muchas naciones formadas por familias. Abraham vivía en ese ambiente. Cuando Dios fue a Abraham y le dijo que saliera de su tierra, Abraham quizás se haya dicho: "¿Y qué pasará con la nación de que hablaste?". Entonces Dios prometió que haría de él una gran nación. Dios también le dijo: "Te bendeciré, y engrandeceré tu nombre". Esto también estaba en contraste con Babel. Cuando la gente construyó una torre en Babel, intentó hacerse un nombre. Sin embargo, Dios, en Su promesa, parecía decirle a Abraham: "No debes hacerte un nombre. Engrandeceré tu nombre. No necesitas formar una nación. Yo haré de ti una nación".

Dios prometió a Abraham que haría de él "una nación grande". Esta "nación grande" es el reino de Dios, compuesto de la nación de Israel en el Antiguo Testamento, la iglesia en el Nuevo Testamento, el reino milenario en la era venidera y el cielo nuevo y la tierra nueva en la eternidad. (En el reino milenario habrá dos partes: la parte celestial y la parte terrenal. La parte celestial será el reino de los cielos. Los vencedores de las eras pasadas y la presente estarán en la parte celestial del milenio en calidad de correyes de Cristo. La parte terrenal es el reino mesiánico, el reino del Mesías, compuesto de la futura nación judía.) La nación de Israel en la era del Antiguo Testamento, la iglesia en la era del Nuevo Testamento, el reino venidero en el milenio, y el cielo nuevo y la tierra nueva en la eternidad, están incluidos en esta "nación grande" que Dios prometió hacer de Abraham. Así se engrandeció el nombre de Abraham. Aparte del nombre del Señor Jesús, ningún nombre en la tierra es más grande que el de Abraham. El es el padre de "una nación grande". El es el padre de la nación de Israel, el padre de la iglesia, y él será el padre del reino milenario y de todos los redimidos en la eternidad. ¡Qué "nación grande" y qué gran nombre!

(2) Bendecir al hombre llamado

Dios prometió bendecir a Abraham (12:2). ¿En qué consiste esta bendición? Es la obra creadora y redentora de Dios, incluyendo todo lo que Dios quiere dar al hombre, a saber: Dios mismo y todo lo que El tiene en esta era y en la era venidera. Gálatas 3:14 nos muestra que esta bendición es la promesa del Espíritu: "Para que en Cristo Jesús la bendición de Abraham alcanzase a los gentiles, a fin de que por medio de la fe recibiésemos la promesa del Espíritu". El Espíritu es Dios mismo, lo cual significa que Dios prometió que se daría a Sí mismo a Abraham como bendición.

(3) Hacer de aquel que fue llamado una bendición para todas las familias de la tierra

Dios no sólo prometió que El mismo sería una bendición para Abraham, sino también que Abraham sería una bendición para todas las familias, todas las naciones, de la tierra (12:3). Al hacer Dios este llamamiento, se volvió de Adán a Abraham. Esto significa que abandonaba el linaje adámico. Sin embargo, en Su promesa, Dios dio otro paso, de Abraham otra vez a todas las familias del género adámico por medio de Cristo, quien es la simiente de Abraham (Gá. 3:14). Esto es muy significativo. Primero, Dios se volvió de Adán a Abraham, y luego, regresó de Abraham al linaje creado, por

medio de Cristo. Con este nuevo viraje, todos fuimos captura-
dos. Aparentemente, Dios nos había dejado y se había vuelto
a Abraham. Luego Dios parecía decirle a Abraham: "No sólo
me daré a ti como bendición, sino que haré de ti una bendición
para toda la pobre gente del linaje de Adán. Abraham, ¡volva-
mos!". Podemos decir que Dios dio una vuelta completa.
Con ese viraje, todos los llamados de las naciones han sido
congregados.

Permítanme decir algo acerca de nuestra actitud hacia los
judíos. Nunca traten mal al pueblo judío. Dios dijo: "Bendeciré
a los que te bendijeren, y a los que te maldijeren maldeciré".
Si leen la historia, verán que durante los últimos veinticinco
siglos, desde que Nabucodonosor destruyó la ciudad de
Jerusalén hasta el presente, todos los países, pueblos, razas
o individuos que han maldecido al pueblo judío han recibido
maldición. Pero todos los que bendicen al pueblo judío reciben
una bendición. En la historia, ningún líder ha muerto de una
manera tan lamentable como Hitler. Este murió así, porque
fue maldecido por haber maldecido al pueblo judío. Los
Estados Unidos por ayudar a la nación de Israel están bajo
la bendición de Dios. Esta no es solamente mi opinión, sino
que concuerda con la promesa que Dios dio en Génesis 12:3.

(4) La promesa de Dios es el evangelio
que El le predicó a Abraham

Cuando leí Génesis 12:2-3 en mi juventud, estos versículos
no me inspiraban. Me daban la impresión de ser huesos secos.
No entendía lo que Dios quería decir cuando le dijo a Abraham
que haría de él una nación grande, y que lo bendeciría, y haría
de él una bendición. Después de muchos años volví a estos
versículos con la ayuda de Gálatas 3. Llegué a entender que
la promesa dada por Dios a Abraham en Génesis 12:2-3 fue la
predicación del evangelio. Los tres puntos de la promesa de
Dios —hacer de Abraham una nación grande, bendecirlo y hacer
de él una bendición para todas las familias de la tierra—
constituían el evangelio predicado a Abraham (Gá. 3:8). La
promesa de Dios tiene exactamente el mismo contenido que el
evangelio. Primero, la predicación del evangelio empieza con
estas palabras: "Arrepentíos, porque el reino de los cielos se ha

552 ESTUDIO-VIDA DE GENESIS

acercado" (Mt. 3:2). Como ya vimos, la "nación grande" se refiere
al reino. Segundo, la bendición que Dios prometió a Abraham
era el Espíritu, es decir, Dios mismo. En el evangelio, después
de arrepentirnos por causa del reino, debemos creer que
podemos tener la vida eterna, la cual es el Espíritu. La bendición
prometida a Abraham, que según Gálatas 3:14, es la promesa
del Espíritu, es la bendición del evangelio. Esta bendición, como
tercer punto, está destinada a todas las naciones, pues leemos:
"Serán benditas en ti todas las familias de la tierra".

(5) Tiene implícito el propósito eterno de Dios

La promesa que Dios hizo a Abraham tenía implícito Su
propósito eterno. El propósito eterno de Dios consiste en que
el hombre exprese y represente a Dios. Dios dijo que haría
de Abraham "una nación grande" y que lo bendeciría. Una
nación alude al dominio y se refiere a representar a Dios, y
la bendición se relaciona con la imagen en el Espíritu y se
refiere expresar a Dios. Todos seremos transformados a la
imagen de Dios por el Señor Espíritu (2 Co. 3:18). Esto
requiere que tengamos un espíritu regenerado. Algunos
preguntarán por qué Génesis 1:26, 28 menciona en primer
lugar la expresión de Dios con Su imagen y en segundo lugar
Su representación con Su dominio. La razón es sencilla: allí
vemos el propósito original de Dios. El hombre, por haber
caído, debe arrepentirse para volver al principio. Por consiguiente, en el evangelio, primero viene el dominio y luego la
imagen. En el propósito original de Dios, primero venía
la imagen y luego el dominio, pero en el evangelio, a causa
de la caída, se invirtió el orden.

(6) El contenido del propósito eterno de Dios, de Su promesa, de Su evangelio y del cumplimiento, es el mismo

El propósito eterno de Dios, Su promesa, Su evangelio y
el cumplimiento de ellos tienen el mismo contenido. Resulta
muy interesante ver eso.

(a) En el propósito eterno de Dios: con Adán

En el propósito eterno de Dios vemos dos puntos: la imagen
que expresa a Dios y el dominio que lo representa.

(b) En la promesa de Dios: a Abraham

Como ya vimos, en la promesa que hizo Dios a Abraham, la nación, que sirve para ejercer el dominio a fin de representar a Dios, se menciona primero, y en segundo lugar se menciona la bendición, que sirve para presentar la imagen de Dios a fin de expresarlo.

(c) En el evangelio: con los creyentes

En el evangelio (la salvación) dado a los creyentes, primero tenemos el arrepentimiento, que conduce al reino (Mt. 3:2). Este arrepentimiento tiene como fin el dominio, el cual representa a Dios. Segundo, tenemos el asunto de recibir la vida eterna (Jn. 3:16). El propósito de recibir la vida eterna es producir la imagen, la cual expresa a Dios.

(d) En el cumplimiento: en la Nueva Jerusalén

Vemos también el mismo contenido en el cumplimiento, en la Nueva Jerusalén. La Nueva Jerusalén en su totalidad tendrá la apariencia de Dios. La apariencia de Dios es semejante al jaspe. Apocalipsis 4:3 revela que Dios, quien está sentado en el trono, tiene la apariencia del jaspe. En Apocalipsis 21:11, 18b vemos que la Nueva Jerusalén brilla como jaspe. La apariencia del muro y de toda la ciudad de la Nueva Jerusalén será la misma que la apariencia de Dios: jaspe. Esto significa que en la eternidad toda la Nueva Jerusalén expresará a Dios. Además, en la eternidad todos los salvos en la Nueva Jerusalén reinarán como reyes juntamente con Dios (Ap. 22:5). Este será el dominio que representa a Dios.

Aunque no nos preocupaban ni el dominio ni la imagen de Dios cuando fuimos llamados y salvos, en lo profundo de nosotros, cuando Dios nos llamó y nos habló, nos dimos cuenta de que estos puntos estaban implícitos. Después de ser salvos, entendimos que debíamos estar bajo la autoridad de Dios. Este es el reino, el dominio. También en lo profundo de nuestro ser, tuvimos el sentir de que después de ser salvos, debíamos glorificar a Dios. Esto se relaciona con la imagen que expresa a Dios. Sin embargo, después de ser salvos, la mayoría de nosotros encontramos predicadores equivocados que nos dijeron muchos errores y nos alejaron del propósito de Dios. Alabado sea el Señor porque en el recobro de Dios El nos ha traído de nuevo a Su propósito original y nos ha vuelto al principio. Nosotros los verdaderos llamados, los hijos de Abraham, quienes recibimos el llamado de Dios, Su hablar y Su promesa, ahora estamos en Su reino para representarlo a El y tenemos Su imagen a fin de expresarlo a El.

ESTUDIO-VIDA DE GENESIS

EL PROGRESO OBTENIDO
AL RESPONDER AL LLAMADO DE DIOS

Como hemos recalcado reiteradamente, casi todos los puntos mencionados en el libro de Génesis son semillas. En este mensaje, llegamos a la semilla de cruzar el río, la experiencia del primer cruzador de ríos. ¿Qué significa cruzar ríos? Significa seguir verdaderamente al Señor. Seguir al Señor es un asunto de cruzar el río. Aunque resulta fácil hablar de cruzar ríos, no es fácil hacerlo, según lo experimentó Abraham. En este mensaje debemos ver cómo cruzó Abraham el río. Su experiencia es un ejemplo para todos nosotros y constituye otra semilla sembrada en Génesis. Esta semilla crece ahora en muchos de nosotros. ¡Cuánto necesitamos el crecimiento de esta semilla!

2) El progreso

a) Llamado la primera vez
en Ur de Caldea, en Mesopotamia

La mejor manera de estudiar la Palabra consiste en comparar pasajes afines. Podemos hacer esto con el llamado de Abraham, pues figura en Génesis 12 y también en Hechos 7. Con la ayuda del Señor, nos resulta fácil establecer una comparación entre estos dos pasajes. En estos dos pasajes de la Palabra, podemos ver que el Dios de gloria se apareció dos veces a Abraham. Dios no lo visitó una sola vez y para siempre. Esta no es una invención nuestra; lo podemos comprobar con Hechos 7:2 donde vemos que el Dios de gloria se apareció a Abraham antes de que éste morase en Harán, todavía estando en Mesopotamia. Luego, Génesis 12:1 indica que después de morar un tiempo en Harán, Abraham recibió una nueva aparición de Dios. En estos dos versículos descubrimos que Dios se apareció a Abraham en dos lugares diferentes: en Ur de Caldea y en Harán. Indudablemente estos dos llamados no ocurrieron al mismo tiempo. El primer llamado sucedió cuando el padre de Abraham todavía vivía, y el segundo ocurrió después de la muerte de su padre. Esto demuestra claramente que Dios se apareció dos veces a Abraham.

Existe una diferencia muy importante entre ambos llamados. En el primer llamado, Dios le pidió a Abraham que saliera de su tierra y de su parentela (Hch. 7:3). En el segundo llamado, Dios le pidió que saliera de su tierra, de su parentela y de la casa de su padre (Gn. 12:1). Cuando Dios llamó a Abraham por segunda vez, mencionó la parentela de Abraham en general, y la casa de su padre en particular. Dejar su parentela no era suficiente; tenía que salir de la casa de su padre. Más adelante veremos el por qué de eso. Por ahora podemos ver que Abraham experimentó dos llamados diferentes en dos lugares distintos. En el primer llamado, Dios le pidió que saliera de su tierra y de su parentela, y en el segundo llamado, que saliera de su tierra, de su parentela *y de la casa de su padre.*

Cuando vemos estos dos llamados, todo queda claro. Cuando yo era joven, algunos maestros me dijeron que Hechos 7 era una cita de Génesis 12. Estos maestros nunca hicieron notar claramente que Dios llamó a Abraham dos veces. Quizás algunos lectores todavía piensen que Hechos 7 es una cita de Génesis 12. Pero el llamado en Hechos 7 ocurrió antes de que Abraham fuese llevado a Harán, y el llamado en Génesis 12 se produjo después de que él había vivido allí durante un tiempo. El llamado mencionado en Hechos 7 precedió el llamado de Génesis 12.

b) No obedeció inmediatamente el llamado de Dios

¿Por qué tuvo Dios que aparecérsele a Abraham dos veces y llamarlo dos veces? ¿Por qué tuvo Dios que repetir Su llamado? Dios no tenía necesidad de repetir Su llamado. Abraham era el que necesitaba la repetición. Es difícil encontrar una persona que experimente un solo llamado de Dios y luego atraviese el río. Ninguno de nosotros ha respondido al llamado de Dios de buena gana. Difícilmente podríamos encontrar alguien que haya respondido inmediatamente al llamado de Dios. Usted dirá: "¿Y qué diremos de Pedro y Juan cuando fueron llamados por el Señor en la orilla del mar de Galilea? El Señor los llamó, y ellos lo siguieron inmediatamente". Si leen otros pasajes de la Palabra, verán que aun estos discípulos estaban indecisos. Resulta difícil responder de una forma definida al llamado de Dios. Siempre vacilamos y nos quedamos en el lodo y el agua. Nuestros parientes pueden ser el lodo y nosotros mismos el agua. A pesar de haber recibido el llamado de Dios, usted tal vez permita que sus parientes sean el lodo del cual usted no se atreve a salir. Y usted mismo es el agua, lo sucio y las aguas negras. Usted se detiene en este lodo y esta agua.

Mientras Abraham vivía en Ur, el Dios de gloria se le apareció repentinamente. Esta aparición trajo luz (el nombre Ur significa luz). En una tierra demoníaca, una tierra llena de demonios (Caldea significa demoníaco), el Dios de gloria apareció y trajo luz. Esto es muy significativo. Siempre que Dios llama a un hombre, hay luz. Cuando Saulo de Tarso estaba en camino a Damasco para perseguir a los cristianos que estaban allí, resplandeció una luz desde los cielos sobre él (Hch. 9:1-3). En aquel momento, Saulo estaba en Ur. El estaba bajo la luz. Cuando usted fue llamado, también estaba bajo la luz. Usted entendió que su tierra, su entorno y sus circunstancias no eran el lugar adecuado para pasar más tiempo. Usted fue llamado estando en Ur, el lugar de luz.

c) Su padre lo llevó a Harán
después de la muerte de su hermano

Creo que Abraham recibió el llamado de Dios en su juventud. Es posible que les haya dicho a su padre Taré y a sus parientes cómo Dios se le había aparecido y le había dicho que saliera de su tierra y de su parentela. Abraham probablemente no tuvo el valor de hacerlo por sus propios medios. En 11:28 descubrimos que "murió Harán antes que su padre Taré en la tierra de su nacimiento, en Ur de los Caldeos". Tal vez Harán era el hermano mayor de Abraham y quizá se haya opuesto al llamado que éste había recibido de Dios. Es posible que Dios haya esperado cierto tiempo.

Cuando Abraham todavía no se movía, Dios quitó de en medio a Harán, el opositor. Tal vez Harán haya sido el hijo mayor de Taré. Para el padre, la muerte del hijo mayor quizás le haya advertido que no debía permanecer más tiempo allí. El nombre Taré significa demora, atraso o ser rezago. Taré tomó toda su familia, salió con ella de Ur de los caldeos y moró en Harán (11:31; Hch. 7:4a). Abraham no fue el que tomó la iniciativa de salir de Ur; fue su padre.

Tal vez Taré y su familia hayan viajado hacia el norte a lo largo del río Eufrates. Finalmente, después de un viaje de por lo menos ochocientos kilómetros, llegaron a Harán. Según la antigua manera de viajar, seguramente se necesitaban más de quince días para viajar de Ur a Harán. A pesar de haber emprendido un viaje tan largo, no cruzaron el río como Dios lo quería. ¿Cuántos años ha andado usted a lo largo del río sin cruzarlo? Usted dirá: "Alabado sea el Señor porque ya no estoy en Ur". Es cierto que no está en Ur, pero todavía está al otro lado del río. Inclusive en la vida de iglesia, usted ha viajado a lo largo del río sin cruzarlo. Entre ustedes muchos han viajado hacia el norte pero todavía están al otro lado. Sin embargo, aun este viaje hacia el norte fue provocado por Dios.

En Ur había una persona llamada Harán, y ahora vemos una ciudad con el mismo nombre. Esto significa que dejaron a un Harán y llegaron a otro. A los ojos de Dios, ambos eran idénticos. Harán sigue siendo Harán, ya sea una persona o un lugar. El nombre Harán significa seco. Cuando el hermano mayor se opuso al llamado de Dios, debió de haberse secado. Cualquier pariente que le impida a usted aceptar el llamado del Señor es una persona seca, y cualquier lugar que le impida responder al llamado de Dios es un lugar seco. Usted nunca podrá recibir riego allí. En tal sitio, usted sólo halla sequía. Muchos de nosotros hemos experimentado eso.

d) Llamado por segunda vez en Harán
después de la muerte de su padre

Los cristianos acostumbran exaltar a Abraham. El es considerado como una persona muy prominente. Sin embargo, Abraham no era tan sobresaliente; él era igual a nosotros. Cuando Dios vino a Abraham, éste no tuvo el valor de actuar.

Fue su padre quien actuó, y llevó la familia a Harán donde
moraron hasta la muerte del padre (11:32). Entonces Dios se
apareció a Abraham y lo volvió a llamar (11:32—12:3; Hch.
7:4b). La demora de Abraham en responder al llamado de
Dios causó dos muertes: la muerte de su hermano en Ur y
la de su padre en Harán. Abraham dio dos pasos, y cada uno
de ellos fue causado por la muerte de un pariente cercano.

La segunda vez que Dios llamó a Abraham, añadió otro
punto, pues le dijo que no sólo saliera de su tierra y su
parentela sino también de la casa de su padre (12:1). Esto
significa que él sólo podía llevar consigo a su esposa, pero no
a ningún miembro de la casa de su padre. El llamado de Dios
fue más estricto la segunda vez. Si usted examina el
significado de todos los nombres, verá que, aparte del nombre
Abram, que significa padre exaltado, el único nombre con una
connotación positiva era Sarai, que significa mi princesa. El
padre exaltado era el marido, y la princesa era la esposa. En
Harán Dios llamó solamente a estos dos. No obstante,
Abraham volvió a quedarse rezagado en el lodo, pues tomó
consigo a su sobrino Lot.

En el segundo llamado, Dios fue más estricto, pero también
le dio a Abraham la promesa del evangelio como motivación
para que respondiera a Su llamado (12:2-3). El recibió un
llamado más estricto pero con una gran motivación.

e) Obedeció de mala gana al llamado de Dios

Esta vez Abraham obedeció al llamado de Dios, pero no
lo hizo de una forma muy definida. El seguía indeciso. Lo
sabemos porque no tomó consigo a su esposa Sarai solamente,
sino también a su sobrino Lot (12:4). Lot era miembro de la
familia de su padre. ¿Acaso no oyó Abraham a Dios cuando
le dijo que saliera de la casa de su padre? Entonces ¿por qué
trajo consigo un miembro de la casa de su padre? Creo que
puedo explicar eso. En aquel entonces Abraham era bastante
viejo; tenía setenta y cinco años de edad. A pesar de su edad
avanzada, él todavía no tenía hijo. Para emprender un viaje
tan largo, ciertamente necesitaba un joven que le ayudara.
Este fue su pretexto. Quizás Abraham se haya dicho: "Dios
me llamó, pero ¿habré de dejar a mi sobrino? ¿Acaso no

debería amarlo?". Desde el punto de vista humano, todos dirían que Abraham tuvo razón al llevar consigo a Lot.

¿Qué significa el nombre Lot? Significa velo, envoltura. Los amados parientes que usted tiene, que ama tanto y que tomaría consigo al responder al llamado de Dios, siempre representan velos. Considere su situación. Muchos de nosotros hemos respondido al llamado de Dios de tal manera que hemos tomado un velo con nosotros. Lot no ayudó a Abraham en nada. Por el contrario, le causó problemas. Cuando lleguemos a Génesis 13, veremos que Lot causó muchísimos problemas a Abraham y que finalmente él tuvo que separarse de Abraham. Si usted examina su propia situación, verá que probablemente a usted le ha sucedido lo mismo.

En la predicación del evangelio hoy en día, se le dice esencialmente a la gente que si ellos creen en el Señor Jesús, serán salvos del infierno e irán al cielo algún día. Esto es cierto, pero es superficial. Desde el punto de vista de Dios, ser salvo significa ser llamado. Dios no se preocupa por el infierno, sino por la tierra de usted, por su parentela y por la casa de su padre. Dios se preocupa por las circunstancias de usted, por su medio ambiente y por su situación. Ser salvo significa ser llamado a salir de su trasfondo, de sus circunstancias actuales y de su situación. Ser salvo no consiste simplemente en que sus pecados sean perdonados, en ser rescatado del infierno, y en estar calificado para ir a los cielos. Ser salvo significa ser llamado a salir de su trasfondo y ambiente.

Ser salvo también significa emprender un viaje, andar por el camino y correr la carrera. *El progreso del peregrino,* un libro muy famoso escrito por John Bunyan, recalca que la salvación es un viaje. Ser salvo significa ser llamado y emprender un viaje. La gente habla mucho de la justificación por fe, y usa a Abraham como ejemplo. Sin embargo, Abraham emprendió un viaje antes de ser justificado. Su justificación se produjo en Génesis 15:6. No obstante, antes de Génesis 15, tenemos por lo menos tres capítulos que nos muestran que este hombre justificado estaba viajando.

Espero que todos los jóvenes vean eso. El lugar donde se encuentran hoy los jóvenes es peor que Caldea. Pero alabado sea el Señor, su Ur tiene más resplandor y más luz. Hoy en día, el llamado de Dios a los jóvenes es más claro y más firme que el de Abraham. ¡Jóvenes, ustedes deben salir de la tierra, del pueblo y de sus parientes! Ser salvo significa emprender un viaje para cumplir el propósito de Dios. Dios llamó a Abraham con un propósito. Si usted es llamado por Dios conforme a Su propósito, su salvación está garantizada por este llamado. Usted no debe preocuparse por su salvación, pues si usted se ocupa del propósito de Dios, indudablemente El se ocupará de su salvación.

Ser salvo significa ser llamado a cumplir el propósito de Dios. Cuando Dios vino para llamar a Abraham, no lo hizo con el propósito de salvarlo del infierno ni de llenarlo de gozo; lo llamó a cumplir Su plan. Dios llamó a Abraham para cumplir Su propósito. Todos debemos oír este llamado.

Dios tiene un plan y un propósito. El tiene una buena tierra en la cual podemos entrar. Abraham entró en la buena tierra de Canaán (12:4-5). Ahora nuestra buena tierra es Cristo, la iglesia y el reino. Considere el caso de Saulo de Tarso, quien perseguía la iglesia con vehemencia. A los ojos de Dios, mientras Saulo perseguía la iglesia, vivía en "Caldea". En el camino a Damasco, el Señor se le apareció, resplandeció sobre él y lo llamó; entonces la Caldea de Saulo llegó a ser "Ur", el lugar de luz. El Señor no lo llamó para salvarlo del infierno y llevarlo a los cielos, y tampoco para justificarlo. Aunque todo eso está incluido en el llamado del Señor, El lo llamó a salir de una Caldea judía. El Señor llamó a Saulo a salir de esa religión para que entrara en Cristo, en la economía del nuevo pacto de Dios, en la iglesia y en el reino. Pablo entró en Cristo, en la economía del Nuevo Testamento, en la iglesia y en el reino de Dios.

Si respondemos al llamado de Dios y nos ocupamos de Su propósito a fin de entrar en Cristo, en la economía del Nuevo Testamento, en la iglesia y en el reino, El no nos dejará ir al infierno. No se preocupen por el infierno, ni piensen tanto en el cielo. Tenemos algo mejor que el cielo. ¿Acaso no es Cristo mejor que el cielo? ¿Acaso la economía de Dios, la dispensación del Dios Triuno en el hombre, no es mejor que los cielos? ¿Acaso no es la iglesia mejor que los cielos? Los cielos van a ser sacudidos. Hebreos 12:26 revela que Dios no sólo va sacudir la tierra sino también los cielos. Sólo Dios es inconmovible. Hemos recibido un reino inquebrantable, el cual es Cristo y la iglesia. No fije toda su atención en los cielos. En los últimos dos capítulos de la Biblia, vemos que la Nueva Jerusalén descenderá de los cielos. Dios va a dejar los cielos para morar en la Nueva Jerusalén, la cual es la consumación de la iglesia, por la eternidad.

Todos debemos ver que ser salvos significa ser llamados a cumplir el propósito de Dios. Ser salvos consiste en ser liberados de muchas situaciones negativas a fin de alcanzar la meta de Dios. Muchos cristianos han sido salvos, pero nunca han llegado a la meta de Dios. La primera meta de Dios es Cristo. Estamos en Cristo. Estamos en el disfrute de Cristo. Esto es la buena tierra de Dios. La segunda meta de Dios es la iglesia. Hace años no me di cuenta de que, en cierto sentido, la iglesia también es la buena tierra de Canaán. Además, la economía neotestamentaria de Dios, el reino y el reposo sabático, son la buena tierra para nosotros hoy en día. ¿Está usted en la buena tierra de Canaán? Si tal es el caso, eso significa que usted está en Cristo, en Sus riquezas y en Su deleite. También significa que está en la dispensación del nuevo pacto de Dios y en la vida de iglesia. Entre nosotros muchos fueron salvos desde hace muchos años, antes de cruzar el río. No estaban ni en la economía de Dios ni en la iglesia. Además, tampoco estaban en el reino de Dios. Algunos entre nosotros pensaban que el reino se había suspendido y que el reino milenario vendría en el futuro, pero jamás han entrado en la realidad de la vida del reino hoy en día.

Génesis 12 nos muestra que Abraham estaba indeciso, pero Hebreos 11:8 nos dice que él obedeció al llamado de Dios por fe y salió sin saber adónde iba. Cuando Dios lo llamó, le dijo claramente que debía marcharse, pero no le dijo claramente adónde debía ir. Abraham obedeció al llamado de Dios y salió de allí por la fe. Esto fue un gran paso. Por una parte, él estaba indeciso, y por otra, él dio un paso importante por la fe. El hecho de no saber adónde iba lo obligó a confiar en Dios y a acudir continuamente al Señor. Podemos decir que el Dios viviente fue el mapa para su viaje.

f) Dios lo trasladó a la tierra de Canaán

Por mucho que se haya demorado Abraham en responder al llamado de Dios, él no podía retrasar a Dios mucho tiempo. Para Dios, mil años son como un día. ¿Puede usted retrasar a Dios mil años? Nadie puede hacerlo. Cincuenta años, o sea, un poco más de una hora a los ojos de Dios, representan el retraso más largo que podríamos causarle a Dios. Dios es soberano y paciente. El pudo haber dicho a Harán y a Taré: "Todo lo que hagan es en vano. Después de su muerte, llevaré a aquel a quien llamé, a Mi tierra". Dios es Dios. Nadie puede estorbarlo. Cuando El lo escoge y lo llama a usted, nada lo puede detener. Tarde o temprano, El logrará Su propósito. El se le presentará a usted repetidas veces. Si una muerte no es suficiente para cumplir Su meta, se producirá otra. El logrará lo que desea. El es mucho más grande que usted. Hechos 7:4 revela que Abraham no entró por sus propios medios en la buena tierra sino que Dios lo trasladó allí. Hebreos 11:8 dice que Abraham salió por fe, pero Hechos 7:4 revela que Dios lo trasladó de Harán a Canaán. Todo lo que podemos hacer es retrasar al Señor durante un tiempo corto. Finalmente seremos ganados por El. Si nos demoramos, sólo perderemos tiempo. Dios le pidió a Abraham que saliera de su tierra. Abraham no lo hizo de inmediato ni con mucha decisión; por eso, Dios lo arrancó y lo trasladó a Su tierra.

g) Atravesó el país
y llegó al lugar que Dios confirmó

En Harán, Abraham cruzó el río. Después de cruzarlo, viajó por el país, hacia el sur, hasta un lugar llamado Siquem (12:6). La palabra Siquem significa un hombro que proporciona fuerza. En Siquem se encontraba More donde había un encino. El nombre More denota un maestro que proporciona conocimiento. Abraham viajó al lugar donde podía conseguir fuerza y conocimiento. ¿Fue éste el lugar donde Dios deseaba que Abraham se estableciera? ¡Sí! Lo sabemos porque Dios no volvió a aparecerse a Abraham hasta que éste llegó al encino de More. Allí Dios se le apareció nuevamente (12:7).

Cuando Dios vuelve a aparecérsele a usted, eso confirma que usted ha llegado al lugar adecuado. Puede ser que usted haya experimentado la aparición de Dios hace muchos años. Después de ese tiempo usted ha vagado, yendo de un lugar a otro sin que Dios se le haya vuelto a aparecer. Un día, después de llegar al encino de More, que es la iglesia, el Señor se le apareció nuevamente. Esta aparición confirmó que usted había llegado al lugar adecuado. Muchos de los que están en nuestro medio pueden testificar que después de ser salvos han viajado en el cristianismo sin que Dios les aparezca de nuevo. Se vuelve a producir la aparición interior sólo cuando llegamos al Siquem de hoy donde está el encino de More, es decir, la vida de iglesia. Muchos podemos atestiguar que después de entrar en la iglesia, sentimos que Dios se nos había aparecido nuevamente al decirnos: "Este es el lugar".

El encino es un árbol fuerte y duro que significa fuerza. Un encino también ofrece su sombra para proteger del calor del sol. Esto es muy significativo. Creo que en el simbolismo, esto representa la vida de iglesia que nos proporciona la fuerza y la sombra. La vida de iglesia nos fortalece y nos brinda su sombra para protegernos del calor del sol.

Cuando Dios se apareció a Abraham en More, le dijo: "A tu descendencia daré esta tierra" (12:7). Esta fue la primera vez que Dios prometió claramente la tierra. En 12:1 Dios sólo dijo a Abraham: "A la tierra que te mostraré"; Dios no le dijo dónde estaba esa tierra ni que se la daría. Sin embargo, aquí Dios le dijo claramente dónde estaba la tierra y le prometió que daría esta tierra a su descendencia. Cuando lleguemos al lugar que Dios confirma con Su nueva aparición, también recibiremos la promesa de la buena tierra de hoy: Cristo, la iglesia y el reino.

Abraham construyó un altar donde el Señor se le había aparecido nuevamente. Este altar fue un testimonio en contra de la construcción de la torre de Babel. En Babel los hombres construyeron una torre para hacerse un nombre. En Siquem Abraham no construyó nada para hacerse un nombre; él construyó un altar para invocar el nombre del Señor (12:8). Esto significa que cuando llegamos al lugar que Dios ha escogido, Dios se nos aparece, y tenemos una comunión más profunda, plena, rica e íntima con El al invocar Su nombre.

Todos podemos testificar que nunca hemos invocado tanto el nombre del Señor como desde que entramos en la vida de iglesia. Invocar el nombre del Señor viene después de construir un altar al Dios que se nos apareció. En la vida de iglesia, debajo del encino de More, tenemos la aparición íntima del Señor. ¿Qué haremos para responder a eso? Debemos construirle un altar y poner allí todo lo que somos y tenemos. Debemos decirle al Señor que todo lo que somos y tenemos es Suyo, y luego debemos invocar el nombre del Señor para mantener una comunión más profunda, rica e íntima con El.

Ya vimos la experiencia del primer hebreo, el primer cruzador de ríos. Abraham fue el primero en cruzar el río y en llegar al lugar donde Dios podía aparecérsele nuevamente, y donde él podía construir un altar e invocar el nombre del Señor. Este es el lugar adecuado; no es Ur, ni Harán, ni otro lugar aparte del encino de More. Aquí tenemos la aparición de Dios y Su presencia. Aquí recibimos la promesa de la buena tierra. Aquí podemos construir un altar al Señor, invocar a Su nombre y tener una comunión íntima con El.

ESTUDIO-VIDA DE GENESIS

VIVIR POR LA FE

En toda la historia humana, ningún libro ha sido tan maravilloso como la Biblia. El Génesis, el primer libro de la Biblia, no es un libro de doctrina, sino de historia. No es una historia de estilo humano, sino de estilo totalmente divino. Génesis usa las biografías de algunos santos antiguos para comunicarnos algo sumamente divino. La revelación divina está contenida en las vidas humanas, en las historias humanas, de la persona mencionadas en Génesis. En este mensaje veremos la revelación divina hallada en la experiencia de Abraham, quien vivió por la fe.

b. Vivir por la fe

En mensajes anteriores vimos que la experiencia de los llamados presenta tres aspectos: los aspectos de Abraham, Isaac y Jacob. La primera etapa del primer aspecto, el de Abraham, fue el llamado que éste recibió de Dios. Ya tratamos este punto detalladamente en los dos mensajes anteriores. Ahora llegamos a la segunda etapa de la experiencia de Abraham: vivir por la fe, o podemos decir, llevar una vida por fe. Cuando hablamos de una vida por fe, no nos referimos a la vida interior sino a la vida exterior, es decir, el vivir diario, el andar diario de los llamados. El andar diario no es conforme a la vista, sino que se lleva a cabo por la fe (2 Co. 5:7).

La historia de Abraham es una semilla. Toda la biografía de Abraham constituye una semilla. No se trata de una semilla doctrinal sino de la semilla de nuestra historia. La historia de Abraham es la semilla de nuestra historia porque nuestra historia se desarrolla a partir de su historia. En cierto sentido, nosotros y Abraham somos uno en la experiencia de vida. Nosotros los creyentes somos los verdaderos descendientes de Abraham, y él es el verdadero padre de todos los que han sido llamados por Dios. Cuando leemos su biografía, leemos también la nuestra. Su historia nos concierne a nosotros. Al leer todos los capítulos de Génesis acerca de Abraham, debemos leerlos teniendo en cuenta que su historia es la nuestra.

Necesitamos considerar los pasos que debemos dar para seguir al Señor. El primer paso es el llamado, y el segundo es el vivir por la fe. ¿Ha sido usted llamado? Usted debe responder con firmeza: "Amén, he sido llamado". Abraham fue el primero en ser llamado, y como ya vimos, él no respondió al llamado de Dios de una forma definida, sino con indecisión, deteniéndose en el lodo y en el agua. Nuestra historia es idéntica. Nuestra respuesta al llamado del Señor fue exactamente la misma que la suya. En principio, la semilla se encuentra en pequeña escala, el crecimiento está en una escala superior, y la cosecha en una escala aún mayor. Vimos ya que cuando Abraham salió de Harán, tomó consigo a Lot. ¿No trajo usted a Lot consigo? Si Abraham, la semilla, trajo consigo a un solo Lot, entonces es probable que cada uno de nosotros haya traído a muchos Lot. Me temo que algunos lectores se han llevado más de diez Lot con ellos. Con eso vemos que nuestra historia se encuentra en la biografía de Abraham.

Por mucho que Abraham se haya detenido en el lodo y en el agua, Dios de todos modos seguía siendo soberano. Dios es Dios. Abraham no sólo fue llamado, sino también capturado. El salió de su tierra, de su parentela y de la casa de su padre, y fue llevado a More, el lugar donde Dios quería que se estableciera y donde se le volvió a aparecer (12:6-7). La segunda aparición de Dios fue un sello para la respuesta de Abraham a Su llamado. El llamado de Dios fue claro, pero la respuesta de Abraham no lo fue. No obstante, Dios finalmente recibió una respuesta definitiva a Su llamado. No me preocupa lo mucho que los hermanos y hermanas jóvenes se detengan en su indecisión. Tarde o temprano serán totalmente cautivados. Los obreros cristianos y los hermanos que van delante deben tener una fe que nunca se desilusione de los hermanos y las hermanas. No piensen jamás que cierto hermano es un caso perdido. Por el contrario, debemos decir que ese hermano tiene mucha esperanza. Simplemente espere un tiempo y verá que todos irán a More.

1) La fuerza: la aparición de Dios

En More Dios se volvió a aparecer a Abraham y éste volvió a encontrarse con Dios (12:6). A usted que afirma ser llamado, quisiera preguntarle: ¿Cuál es el sello de su llamado? El sello de nuestro llamado es la nueva aparición de Dios. La segunda aparición de Dios, Su regreso a nosotros, es el sello de nuestra respuesta a Su llamado. La segunda aparición de Dios a Abraham fue la fuerza que lo capacitó para vivir por la fe.

Si usted lee el relato de Génesis, verá que en los días de Abraham, la humanidad construía una ciudad fuerte para su protección y erigía una torre alta para hacerse un nombre. En esto consistía el vivir de la humanidad en Babel. Pero Abraham vivió de manera totalmente distinta. Su vivir fue un testimonio en contra de la manera en que vivía la humanidad, la cual se manifestó plenamente en Babel. Como vimos en el mensaje treinta y seis, en Babel había una gran ciudad construida por los hombres. Esta ciudad no fue construida con piedras, las cuales Dios creó, sino con ladrillos hechos por los hombres. Estos ladrillos fueron hechos aniquilando el elemento de la tierra que produce vida. Sin embargo, Abraham, el llamado, no vivía así. Abraham no tenía ninguna relación con la ciudad ni con la torre. Después de la segunda aparición de Dios, lo cual sirvió como sello de la respuesta de Abraham a dicho llamado, éste construyó inmediatamente un altar, no para hacerse un nombre, sino para invocar el nombre del Señor. ¿Por qué hizo Abraham eso? Porque había recibido la segunda aparición de Dios. ¿Cómo pudo hacerlo? También por haber recibido la segunda aparición de Dios. Recuerde que el relato de Génesis acerca de Abraham constituye una biografía, y no una doctrina ni una religión ni una tradición. Abraham no construyó un altar por causa de la enseñanza ni de la tradición religiosa, sino porque Dios se le había aparecido. La segunda aparición de Dios lo fue todo para él. No sólo selló la respuesta de Abraham al llamado de Dios, sino que también le dio la fuerza para vivir de una manera totalmente distinta a esta humanidad. Lo hizo vivir como un testimonio en contra de su generación. El altar que Abraham construyó era un testimonio en contra de la torre de Babel.

a) Después de llegar a Canaán

Ahora debemos descubrir el momento en que Abraham experimentó la segunda aparición de Dios. Nuestro Dios no hace nada sin un propósito y nunca actúa de manera descuidada. Todo lo que hace tiene un propósito y un significado. Después de que Abraham respondió al llamado de Dios, creyó en El y le obedeció, llegó al encino de More (12:6-7). Cuando llegó a ese lugar, Dios se le volvió a aparecer porque había creído en Su llamado y lo había obedecido. Abraham, como persona que había creído en Dios y obedecido Su llamado, no tenía ninguna alternativa en cuanto al lugar donde debía morar. Dios volvió a llamar a Abraham en Harán, y éste después de cruzar el río allí, emprendió un largo viaje. Durante ese largo viaje, Abraham no tenía alternativa. Hebreos 11:8 nos dice que Abraham no estaba libre para elegir a su gusto. El no disponía de ningún mapa. Su mapa era una Persona viviente, el Dios viviente. Durante su viaje, tenía que acudir continuamente a Dios; no podía detenerse en ningún lugar que a él le pareciera. Mientras viajaba, la presencia de Dios era su guía, su mapa. El siguió a Dios de esta manera hasta llegar a More, donde Dios se le apareció. Esta aparición indicaba que Abraham había llegado al lugar que Dios había escogido para él. Allí Dios le dijo que daría esa tierra a sus descendientes.

La primera vez que Dios se nos aparece no depende de nosotros. Es Dios quien inicia ese llamado. No obstante, después del primer llamado, toda aparición adicional depende de nuestra condición. La primera aparición de Dios tiene su origen en El y no depende de nosotros, pero las apariciones siguientes dependen de nuestra condición. Si Abraham no hubiera llegado a More, no habría recibido la segunda aparición de Dios, la nueva aparición que le proporcionó la fuerza de seguir adelante con Dios. Esta continuación con Dios constituyó el vivir de Abraham por la fe en Dios.

b) Después de la partida de Lot

Génesis 13:14-17 relata la segunda aparición de Dios a Abraham. En este capítulo, vemos que Abraham tuvo dificultades con Lot. En la carne, Lot era sobrino de Abraham, pero delante de Dios era hermano de Abraham. Lot le causó dificultades a Abraham, pero éste no peleó con él. Por el contrario, le permitió escoger a dónde ir. Después de que Lot se separó de Abraham y lo dejó en paz, Dios volvió a aparecerse a Abraham. Esta nueva aparición se debía al hecho de que Abraham no peleó ni luchó por su propia cuenta, sino que le cedió siempre a su hermano Lot la alternativa de escoger. Esta segunda aparición de Dios también fortaleció la vida que Abraham llevaba por fe.

Después de ser llamados por Dios, debemos vivir por fe. Esto es lo que necesitamos hoy. Si usted fue llamado por Dios, debe vivir por fe. En la Biblia, la fe contrasta con la vista. Si usted fue llamado por Dios, debe vivir por fe, y no por vista. Considere el mundo actual; no es más que una cosecha del vivir humano sembrado en Babel. En Babel se sembró una semilla, y el mundo actual es la gran cosecha de esa semilla. La gente construye grandes ciudades para su supervivencia y erige torres altas para hacerse un nombre. Esta es la situación actual en la tierra. Pero nosotros fuimos llamados. ¿Qué haremos? Debemos vivir por fe. ¿Qué significa vivir por fe? Consiste en vivir confiando en Dios en todo. Abraham no declaró que vivía por fe. Tampoco predicó el vivir por fe. El simplemente vivía por la fe. Ahora debemos ver la manera en que Abraham vivía por fe.

2) El significado: el altar

a) El primer altar

Después de llegar a More y de haber recibido la segunda aparición de Dios, Abraham construyó un altar (12:7). Este fue el primer altar que construyó. Para vivir por fe, primero debemos construir un altar. En la Biblia un altar significa que lo tenemos todo por Dios y que le servimos a El. Construir un altar significa que ofrecemos todo lo que somos y tenemos a Dios. Debemos poner sobre el altar todo lo que somos y todo lo que tenemos. Antes de hacer algo por Dios, El nos dirá: "Hijo, no hagas nada por Mí. Te quiero a ti. Deseo que pongas todo lo que eres y todo lo que tienes sobre el altar para Mí". Esta es la verdadera comunión, la verdadera adoración. La verdadera adoración de los llamados consiste en poner todo lo que somos y todo lo que tenemos sobre el altar.

Según el punto de vista humano, la gente dirá que estamos locos si hacemos eso. Nos acusarán de desperdiciar nuestro tiempo y nuestras vidas. Si hubieran estado con Abraham, habrían dicho: "Abraham, ¿qué estás haciendo? ¿Estás loco? ¿Por qué construyes un altar, algo tan insignificante, y pones todo encima para quemarlo? ¿No es eso insensato?". Como llamados, todo lo que hagamos parecerá insensatez a la gente mundana. Muchos parientes nuestros dirán que es insensato asistir a tantas reuniones, y se preguntarán por qué no nos quedamos en casa a ver televisión con nuestra familia. La gente mundana no puede entender por qué asistimos a varias reuniones por semana. Piensan que estamos locos. Dirían: "¿Qué están haciendo ustedes allí en ese pequeño edificio? ¿Por qué van allí los miércoles, viernes, sábados, dos veces cada domingo, e incluso a veces los lunes, martes y jueves? ¿Están locos?". ¡Sí! Para la gente mundana, estamos locos. La aparición de Dios nos enloquece.

Un altar significa que no guardamos nada para nosotros mismos; significa que entendemos que estamos aquí sobre la tierra para el beneficio de Dios. Un altar significa que vivimos por Dios, que Dios es nuestra vida, y que el significado de nuestra vida es Dios. Por tanto, lo ponemos todo sobre el altar. No estamos aquí para hacernos un nombre; ponemos todo sobre el altar por causa de Su nombre.

Si usted considera su experiencia, verá que inmediatamente después de que Dios lo llamó, se le volvió a aparecer, y usted le dijo: "Señor, de ahora en adelante, todo es Tuyo. Todo lo que soy, todo lo que tengo, todo lo que puedo hacer y lo que voy a hacer es para Ti". Todavía puedo recordar lo que sucedió la tarde del día en que fui salvo. Al salir del local de la iglesia y al andar por la calle, miré al cielo y dije: "Dios, de ahora en adelante Te lo entrego todo". Esta fue una verdadera consagración. En un sentido espiritual, fue la construcción de un altar. Creo que muchos lectores han tenido esta experiencia. Cuando recibimos el llamado de Dios, estábamos locos, despreocupados por lo que podía suceder. En aquella ocasión, no nos dimos cuenta de lo que significaba, pero prometimos al Señor que todo lo que teníamos era para El. Cuando le dije eso al Señor aquel día en la calle, no entendía lo que eso implicaba. A los pocos años, me encontré en dificultades, y el Señor dijo dentro de mí: "¿No te acuerdas de lo que dijiste aquella tarde al andar por la calle? ¿No dijiste: 'Oh Dios, de ahora en adelante todo es para Ti'?". Al firmar el contrato, no sabía lo que ello implicaba. Pero era demasiado tarde para retractarme; el contrato ya había sido firmado. Decir al Señor que uno le entrega todo constituye la verdadera construcción de un altar. Todos podemos testificar de lo hermosa que es la sensación y de lo íntima que es la comunión cada vez que le decimos al Señor que se lo entregamos todo. En ese momento, penetramos profundamente en el Señor.

A pesar de decirle al Señor que todo lo que somos y tenemos es para El, podemos olvidarlo a los pocos días. Pero Aquel que nos llamó nunca olvida. El tiene una memoria excelente. A menudo El vendrá a nosotros y nos recordará lo que le dijimos. El podría decir: "¿No te acuerdas de lo que me dijiste aquel día?". No es una doctrina, sino una verdadera experiencia. A menos que usted no haya sido llamado, no será una excepción. Si usted es un llamado, tengo la plena seguridad de que ha tenido esta clase de experiencia. El Señor se le volvió a aparecer, y en esta nueva aparición usted se enloqueció, y prometió darle todo a El, y no consideró lo que ello implicaba. Usted simplemente se consagró al Señor. No entendía el significado de lo que prometió. Le damos las gracias a Dios porque no entendimos eso cuando lo hicimos. No entendimos cuánto nos comprometimos con Dios al pronunciar una sola frase. Ella nos ató. El es Dios. El es el que llama, y nosotros somos los llamados. Todo es Suyo. Aun cuando queremos enloquecernos por El, dentro de nosotros no tenemos ganas de hacerlo. Pero cuando El se nos aparece, nos enloquecemos y decimos: "Oh Señor, todo es Tuyo. Tómalo. Señor, haz lo que quieras. Te lo ofrezco todo". El momento en que nos ofrecemos al Señor es como un sueño. Más tarde nos despertamos y empezamos a entender las repercusiones que tiene.

Al principio de mi ministerio, sentía la carga de ayudar a la gente a consagrarse. Compartí mucho acerca de la consagración, pero no vi muchos resultados. Mi enseñanza no producía muchos resultados. Finalmente, me di cuenta de que no podemos ayudar a la gente a consagrarse enseñándole. La enseñanza no es lo que conduce la gente a consagrarse al Señor; es la aparición del Señor lo que motiva a hacerlo. Si podemos ayudar a la gente a encontrar al Señor y a venir a Su presencia, eso será suficiente. No necesitamos decirle que se consagre a Dios ni que se ofrezca sobre el altar. Cuando Dios se aparezca al pueblo, nada les podrá impedir consagrarse. Dirán espontánea y automáticamente: "Señor, todo es Tuyo. De ahora en adelante te lo entrego todo". ¿Ha tenido usted esta clase de experiencia? ¿Acaso no ha dejado todo lo que es y tiene sobre el altar para Dios y para Su propósito?

b) El segundo altar

Después de construir un altar al Señor en More, Abraham atravesó el país. Dios no le dio solamente una pequeña parcela, sino una tierra extensa. Abraham en sus viajes llegó a un lugar situado entre Bet-el y Hai. Bet-el estaba al occidente y Hai al oriente. Aquí, entre Be-tel y Hai, Abraham construyó otro altar (12:8; 13:3-4). Bet-el significa la casa de Dios, y Hai significa montón de escombros. Bet-el y Hai se oponen. ¿Qué significa este contraste? Significa que a los ojos de los llamados, sólo la casa de Dios vale la pena. Todo lo demás es un montón de escombros. Este mismo principio es válido con respecto a nosotros hoy en día. Por un lado, tenemos a Bet-el, la casa de Dios, la vida de iglesia. Al lado opuesto se encuentra un montón de escombros. Todo lo que es contrario a la vida de iglesia es un montón de escombros. A los ojos de los llamados de Dios, todo lo que no es la vida de iglesia constituye un montón de escombros, porque ellos miran la situación mundial desde el punto de vista de Dios. Este punto de vista es totalmente distinto del punto de vista del mundo. Según el mundo, todo lo mundano es elevado, bueno y maravilloso, pero desde la perspectiva de los llamados de

Dios, todo lo que se opone a la casa de Dios constituye un montón de escombros.

Primero nos consagramos en More. Luego nos consagramos en el lugar que se encuentra entre la vida de iglesia y el montón de escombros. Para nosotros, la casa de Dios es lo único que vale la pena. Todo lo demás es un montón de escombros. Entre la casa de Dios y el montón de escombros construimos un altar a fin de tener comunión con Dios, adorarle y servirle.

c) El tercer altar

Abraham construyó el tercer altar en Mamre de Hebrón (13:18). Mamre significa fuerza, y Hebrón significa comunión o amistad. Génesis 18:1 nos muestra que en Mamre Dios visitó a Abraham. En esa visita Dios no sólo se le apareció, sino que estuvo con él por mucho tiempo, y hasta tuvo un banquete con él. Veremos más sobre este tema al llegar a ese capítulo. Aunque More y el lugar entre Bet-el y Hai eran buenos, ninguno de ellos era el lugar donde Abraham había posado para tener comunión constante con el Señor. El lugar donde Abraham se estableció para tener una comunión constante con el Señor fue Mamre de Hebrón.

Todos debemos mantener una comunión constante con el Señor. Esto no sucede por coincidencia; tampoco debe producirse eventualmente. Debe ser constante. Tal vez usted haya construido un altar al Señor hace algunos años. Eso está bien, pero ¿qué ha sucedido desde entonces? Usted podrá decir que construyó un altar hace dos años, pero ¿y hoy qué? Muchos de nosotros tuvimos la experiencia de More pero no hemos tenido la experiencia en Mamre. Creo que Abraham vivía principalmente en Hebrón, el lugar donde podía tener una comunión constante con el Señor. Allí, en Hebrón, construyó el tercer altar. Todos debemos construir por lo menos tres altares: el primero en More, el segundo entre Bet-el y Hai, y el tercero en Mamre de Hebrón. Debemos construir un altar en Mamre de Hebrón para poder adorar a Dios, servirle y tener comunión constante con El. Esta es la experiencia del tercer altar, el altar de Hebrón.

3) La expresión: la tienda

a) Porque todo lo que tenía era para Dios y porque confiaba en Dios

Después de construir un altar, Abraham plantó una tienda (12:7-8). En Babel, el pueblo primero construyó una ciudad y luego erigió una torre. Pero Abraham primero construyó un altar y luego erigió una tienda. Esto significa que Abraham estaba consagrado a Dios. Lo primero que hizo fue ocuparse de la adoración de Dios, de su comunión con El. En segundo lugar, él se ocupó de su supervivencia. La tienda estaba relacionada con la supervivencia de Abraham. Abraham no empezó por su supervivencia. Esto era secundario. Para Abraham, la prioridad era consagrar todo a Dios, adorarle y servirle y tener comunión con El. Entonces Abraham plantó una tienda para su supervivencia. El hecho de que Abraham se haya establecido en una tienda indica que no pertenecía al mundo, sino que era un testimonio para la gente (He. 11:9).

b) En el lugar del testimonio

Primero Abraham plantó su tienda en el lugar que se encontraba entre Bet-el y Hai (12:8; 13:3). Este era el lugar donde estaba la casa de Dios y donde él empezó su testimonio expresando a Dios por la comunión que tenía con El. Su altar fue el comienzo del testimonio de Dios que presentó al mundo, y su tienda completaba dicho testimonio. Su tienda era una miniatura del tabernáculo que construirían sus descendientes en el desierto, y sería llamado el "tabernáculo del testimonio" (Ex. 38:21). Por haber sido plantada por Bet-el, su tienda, en cierto sentido, puede ser considerada la casa de Dios para el testimonio de Dios sobre la tierra.

c) En el lugar de comunión

Más tarde, Abraham trasladó su tienda a Hebrón, que significa comunión (13:18). Primero su tienda fue un testimonio de Dios al mundo y luego se convirtió en el centro donde tenía comunión con Dios. Lo vemos claramente demostrado con lo que sucedió en el capítulo dieciocho, donde Dios lo visitó en la tienda en Mamre de Hebrón. Al levantar una tienda, Abraham le proporcionó a Dios un lugar en la tierra donde comunicarse y tener comunión con el hombre. Su tienda trajo a Dios de los cielos a la tierra. Todos nosotros, los llamados de Dios, debemos erigir una tienda. Por una parte, esta tienda es un testimonio de Dios al mundo; por otra, es un lugar de comunión con Dios que trae a Dios de los cielos a la tierra.

No se imagine que este asunto de la tienda es algo insignificante. Más adelante, cuando los descendientes de Abraham fueron llamados a salir de Egipto y a entrar en el desierto, Dios les mandó construir una tienda y que frente a ella construyeran un altar (Ex. 26:1; 27:1). Allí en Exodo, vemos un altar con una tienda, un tabernáculo. Ese tabernáculo era la casa de Dios sobre la tierra. La tienda de Abraham también era la casa de Dios sobre la tierra. En Génesis 18 podemos ver que Dios vino y se quedó con Abraham en su tienda. En aquel tiempo Abraham era un sacerdote que ofrecía sacrificios a Dios. El hecho de que construyera un altar y ofreciera sacrificios a Dios demostraba que ejercía la función de sacerdote. Dios tiene la intención de que todos Sus llamados sean sacerdotes. Somos sacerdotes, y no necesitamos que otros ofrezcan sacrificios por nosotros. Debemos hacerlo nosotros mismos. Cuando Abraham cenaba con Dios en su tienda, él era el sumo sacerdote, y el interior de su tienda era el Lugar Santísimo. Dios estaba allí. Con eso podemos ver que la tienda de Abraham prefiguraba el tabernáculo que construirían los descendientes de Abraham en el desierto como morada para Dios y para los sacerdotes. Aquí en Génesis vemos a un sacerdote llamado Abraham, quien vivía con Dios en su tienda. Al lado de esta tienda había un altar.

d) Viajaba por la fe como en tierra extranjera

No olvide que la historia de Abraham es la suya. ¿Acaso no tiene usted una tienda donde siempre disfruta la presencia del Señor? La gente del mundo no tiene esa tienda. Ellos sólo tienen una gran ciudad. La única cosa que la gente mundana puede ver es su gran ciudad. Dicen: "Miren mi empresa, mi educación, mis logros. Miren cuántas cosas tengo". Sin embargo, podemos contestarle a la gente mundana: "Ustedes lo tienen todo, pero hay una cosa que no tienen: la presencia de Dios. Ustedes no tienen la tienda; tienen la ciudad de Babel. Todo lo que tienen forma parte de la gran Babilonia". Pertenecer a la clase alta o a la clase baja no significa gran cosa. Lo único que importa es que dondequiera que estemos tengamos una tienda con la presencia de Dios. Cuando tenemos una tienda con la presencia de Dios, sentimos en lo profundo de nosotros que aquí en la tierra nada es duradero. Todo es provisional. Ponemos los ojos en la eternidad. Los bancos, las empresas y los logros son temporales y no significan nada. No tenemos nada duradero sobre esta tierra. Sólo quisiera tener una tienda con la presencia de Dios. Me gusta vivir en esa situación. Podemos decir a la gente mundana: "Doctor fulano de tal, no tengo todo lo que usted tiene, pero sí tengo lo único que usted no tiene: la presencia de Dios. No tengo que esperar la eternidad para tener la presencia de Dios. Tengo la presencia de Dios ahora mismo en mi tienda. Mi entorno es una tienda, una miniatura de la Nueva Jerusalén. Tal vez eso no le parezca valioso a usted, pero a los ojos de Dios tiene mucha importancia". Esto es lo que significa plantar una tienda.

Cuando respondamos al llamado de Dios, y Dios se nos vuelva a aparecer y cuando construyamos un altar para Dios, diciéndole que todo lo que somos y tenemos es para El, erigiremos inmediatamente una tienda. Espontáneamente, la gente verá que es una expresión, una declaración, de que no pertenecemos a este mundo. Al plantar una tienda, declaramos que vivimos en tierra extranjera. No pertenecemos a esta tierra; buscamos una tierra mejor. No nos gusta este país, esta tierra, este mundo. Esperamos entrar en otro país. Vivimos por la fe como en tierra extranjera (He. 11:9).

e) Esperaba con anhelo una ciudad que tiene fundamentos

Hebreos 11:10 revela que Abraham "esperaba con anhelo la ciudad que tiene fundamentos, cuyo Arquitecto y Constructor es Dios". Indudablemente la ciudad que tiene fundamentos es la Nueva Jerusalén, la cual tiene fundamentos sólidos, establecidos y puestos por Dios (Ap. 21:14, 19-20). Mientras

Abraham vivía en una tienda sin fundamentos, miraba y esperaba una ciudad con fundamentos. Sin embargo, no creo que Abraham sabía que esperaba la Nueva Jerusalén. Incluso muchos cristianos no saben que esperan la Nueva Jerusalén. Sin embargo, debemos entender que vivimos en la tienda, la vida de iglesia hoy en día, esperando su consumación final, la cual será la Nueva Jerusalén: la ciudad de Dios, la cual tiene fundamentos.

f) Vivió en una sombra de la Nueva Jerusalén

La tienda de Abraham era una miniatura de la Nueva Jerusalén, que será el tabernáculo final de Dios en el universo (Ap. 21:2-3). Mientras vivía en esa tienda, vivía en una sombra de la Nueva Jerusalén. Mientras él vivía allí con Dios, esperaba una ciudad, una ciudad que finalmente sería la Nueva Jerusalén. La Nueva Jerusalén, el tabernáculo eterno, reemplazará esa tienda temporal en la cual vivía Abraham. La tienda de Abraham era una semilla de la morada eterna de Dios. Esta semilla creció en el tabernáculo erigido por sus descendientes en el desierto (Ex. 40), y su cosecha será la Nueva Jerusalén, el tabernáculo de Dios con el hombre. Dios sigue necesitando esa semilla en todos nosotros. Todos debemos vivir en una tienda y buscar una patria mejor, una tierra en la cual esté el tabernáculo eterno donde Dios y nosotros, nosotros y Dios, viviremos juntos por la eternidad. El interés de Abraham se centraba en una tierra mejor. Dios le había dicho a Abraham que daría la tierra a él y a sus descendientes, pero Abraham no se preocupó por eso. El buscaba una patria mejor y una ciudad con fundamentos. Por último, la Biblia nos dice que esta patria mejor es el cielo nuevo y la tierra nueva, y que la ciudad con fundamentos es la Nueva Jerusalén, la morada eterna para Dios y para todos Sus llamados.

Hoy en día estamos repitiendo la vida y la historia de Abraham. Antes había un solo Abraham; ahora hay muchos. En la actualidad la vida de iglesia es la cosecha de la vida e historia de Abraham. La vida por fe que llevaba Abraham se repite entre nosotros. Todos nosotros estamos aquí construyendo un altar y levantando una tienda. Considere la vida de iglesia: tenemos un altar y un verdadero tabernáculo. Este es un cuadro de la Nueva Jerusalén venidera donde pasaremos la eternidad con Dios.

La Biblia concluye con una tienda. La Nueva Jerusalén es la última tienda, el último tabernáculo del universo. Quizás un día Abraham se encuentre con Dios en la Nueva Jerusalén, y Dios le diga: "Abraham, ¿recuerdas aquel día en que comimos juntos en tu tienda? Tu tienda era una miniatura de este tabernáculo eterno". La tienda de Abraham era una semilla. El crecimiento de esa semilla está en Exodo y su cosecha en Apocalipsis 21. En principio, no existe ninguna diferencia entre la tienda de Abraham y la Nueva Jerusalén, la última tienda. Si yo fuese Abraham y me encontrara a Dios en la Nueva Jerusalén, le diría: "Señor, recuerdo el día en que Tú viniste a mi tienda. Ahora yo vengo a Tu tienda".

ESTUDIO-VIDA DE GENESIS

LA PRUEBA DEL LLAMADO

En este mensaje llegamos a la experiencia de Abraham al ser puesto a prueba. Ya vimos la manera en que Abraham fue llamado por Dios y cómo, por la aparición de Dios, recibió la fuerza de responder a ese llamado. También vimos que por la aparición de Dios Abraham fue conducido al lugar exacto donde Dios quería que estuviese. Primero fue llevado a Siquem (12:6) y luego al lugar que se encuentra entre Bet-el y Hai, entre la casa de Dios y el montón de escombros (12:8). Ese lugar ubicado entre la casa de Dios y el montón de escombros era la cumbre, y Abraham debió permanecer allí.

No obstante, de repente y después de este importante logro en la experiencia que Abraham tenía de Dios, continuó su viaje, y se dirigió al sur (12:9). Pasé mucho tiempo en el estudio de ese capítulo tratando de descubrir la razón por la cual Abraham continuó su viaje. ¿Por qué siguió viajando y no permaneció allí entre la casa de Dios y el montón de escombros? Abraham había llegado a la cumbre, al lugar donde Dios deseaba que estuviese. Por la misericordia de Dios, él debió haber permanecido allí. Sin embargo, Abraham viajó al sur. Esto significa que descendió. Después de un logro tan elevado en experimentar a Dios, cualquier viaje habría sido un descenso. La continuación del viaje de Abraham fue la causa del fracaso.

Vimos que en el principio Abraham se detuvo vacilando en el lodo y en el agua. Finalmente, él tuvo la victoria, por llegar a Siquem y después al lugar cerca de Bet-el. Esto era maravilloso. En ambos lugares él construyó un altar y en el lugar entre Bet-el y Hai también invocó el nombre del Señor y levantó su tienda como declaración al mundo entero de que él era un testimonio en contra de la situación de Babel. ¿No cree usted que al hacer eso Abraham había llegado a la cumbre de experimentar a Dios?

Quizás usted piense que si fuese Abraham, ciertamente se habría quedado allí. Pero no debemos pensar así, pues somos los Abraham de hoy. El antiguo Abraham se parecía exactamente a nosotros. Como ya lo hicimos notar, la experiencia de Abraham fue una semilla de nuestra experiencia personal. El relato de Abraham en Génesis constituye su biografía, pero también es nuestra autobiografía. Tal vez usted diga: "¡No! es la autobiografía de Abraham y una biografía mía". En realidad, este relato es la autobiografía de usted y no su biografía, porque la biografía de Abraham fue escrita por Moisés mientras que la biografía de usted es escrita por usted mismo. La experiencia de Abraham corresponde a la nuestra. Nosotros y él somos uno. ¿Acaso no ha pasado usted algún momento maravilloso con el Señor en el cual llegó a la cumbre y exclamó: "¡Aleluya! ¡Es muy bueno estar aquí! Ningún lugar es mejor. Este es el mejor lugar para mí". ¿No ha dicho usted eso? Pero, ¿qué sucedió al día siguiente? Usted empezó su viaje cuesta abajo. La noche anterior, usted dijo: "Aleluya, éste es el lugar para mí", y a la mañana siguiente empezó su descenso hacia la frontera de Egipto. Esto significa que usted viajó a un lugar muy cercano al mundo, a los cines. Una noche usted estaba en la cumbre de Canaán y a la mañana siguiente descendía a la frontera del mundo. ¿No le ha sucedido eso? Estoy muy contento y sorprendido por las maravillosas oraciones que ofrecieron los jóvenes de secundaria en las reuniones. Pero honestamente quisiera decirles algo: No confío en ustedes. Después de ofrecer una oración tan maravillosa una noche en la reunión, ustedes pueden descender a la frontera de las diversiones mundanas la mañana siguiente. Hoy dirán: "Aleluya, éste es el mejor lugar para mí", y el fin de semana siguiente descenderán al cine. Recuerde que usted es el Abraham actual. Resulta fácil llegar a la cumbre, pero no es fácil permanecer allí. No hay mucho espacio en la cumbre. Si usted se mueve un poco, caerá. Es muy difícil conservar la posición asignada por Dios. La cumbre está rodeada de abismos, y es fácil caer en uno de ellos. Generalmente los llamados no retroceden, pero les resulta fácil descender a Egipto. Abraham nunca volvió a Caldea, pero sí descendió a Egipto.

4) La prueba

En Génesis 12:9—13:18 vemos la prueba de Abraham. La palabra prueba no es un término agradable. A nadie le gustan las pruebas. ¿Le gusta a usted pasar por pruebas en su vida? A nadie le gustan las pruebas, pero son buenas experiencias. Poco tiempo después de ser llamado y empezar a vivir por fe, Abraham pasó por una prueba. No ore diciendo: "Señor, Tú eres tan bueno conmigo. No permitas que yo pase por alguna prueba". Esta clase de oración hará que las pruebas vengan más pronto. El Señor contestará a su oración de una manera opuesta. Si usted dice: "Señor, no me mandes pruebas", el Señor dirá: "Te mandaré una prueba muy pronto". Puedo asegurarles que nadie puede decir que por haber recibido el llamado de Dios, ha disfrutado de buenos ratos. Nadie puede decir semejante cosa.

Nuestro Dios no es solamente el Dios de amor sino también el Dios soberano. Nuestro Dios es soberano. Nuestro Dios no es solamente el Dios de amor, el Dios de luz y el Dios de vida, sino también el Dios soberano. Todo se encuentra bajo Su administración. El dirige el mundo entero para nosotros. Todos debemos creer que Dios dirige todo el universo para beneficio nuestro. Usted dirá: "¡Qué pequeño soy! ¿Cómo puede Dios dirigir el universo sólo para mi beneficio?". Sin embargo, El sí lo administra solamente por el bien suyo. Usted debe creerlo. Aunque usted sea muy pequeño, de todos modos Dios dispondrá las circunstancias por Su soberanía. Usted es tan importante que se puede beneficiar de la soberana disposición de Dios. He aprendido eso en mi propia experiencia. Hace cincuenta años no me gustaba esta historia de Abraham en camino a Egipto. No me alegraba con esa experiencia. En ese entonces leí algunos mensajes acerca de la experiencia del descenso de Abraham, pero no la entendía y no me sentía bien al respecto. Incluso cuestioné a Dios. Sin embargo ahora, después de muchos años de experiencia estoy muy contento. ¡Cuánto necesitamos oír este mensaje sobre la prueba de Abraham!

Es fácil llegar a la cumbre de nuestra experiencia con Dios, pero no es fácil mantenerse allí. Mire las circunstancias que lo rodean a usted. Fueron dispuestas por la providencia divina antes de que usted naciera. Dios es soberano. Usted quizás se considere insignificante, pero a los ojos de Dios, usted es muy importante. Antes de la fundación del mundo, Dios lo dispuso todo para el beneficio de usted. Inclusive, preparó este momento para que usted leyera este mensaje. Estamos bajo la administración de Dios. No intente escaparse. Si escapa a cierto lugar, se dará cuenta de que ese lugar es exactamente el lugar que Dios ha preparado para usted. Cuando usted alcance una edad avanzada, se postrará y dirá: "Señor, estoy plenamente convencido de que Tú lo dispusiste todo para mi bien antes de la fundación del mundo".

La prueba de Abraham tenía como fin que él aprendiera una lección. Todos debemos aprender algunas lecciones. No podemos aprender estas lecciones de nuestros padres ni de los hermanos y hermanas experimentados. Todos debemos aprender algunas lecciones de la soberanía de Dios.

a) El hambre

Como ya vimos, el segundo aspecto de la experiencia de Abraham fue el vivir por la fe. El tuvo que vivir confiando en Dios para la obtención de las cosas de primera necesidad. En Génesis 12:10 leemos que hubo una gran hambre en el país. Esta escasez de alimentos fue una prueba para ver si Abraham confiaría en Dios en relación con la obtención de su sustento, con su vida cotidiana.

Si examinamos 12:10-20, veremos que en esta situación Abraham fue débil y pusilánime. El fracasó al no mantenerse en la posición que Dios le había asignado, y descendió a Egipto. Detrás de Canaán estaba Babel, al lado de Canaán se encontraba Egipto, y cerca de Canaán se hallaba Sodoma. Abraham se desplazó gradualmente hacia el sur y bajó a Egipto. Como veremos, en Egipto pecó diciendo mentiras. Probablemente ninguno de nosotros podría creer que Abraham fuera tan débil y pusilánime. Dios se le había aparecido en Ur, en Harán y en Siquem. En Siquem Dios le dijo a Abraham: "A tu descendencia daré esta tierra" (12:7). Dios le dijo claramente a Abraham que iba a dar ese lugar a sus descendientes. ¿Quién era el Dios que habló a Abraham? Era el Creador, el dueño de los cielos y la tierra. Este era el Dios que se le había aparecido a Abraham. Cuando llegó el hambre, Abraham no debió dudar, y debió decir: "No me preocupo por el hambre pues tengo el Dios viviente. No me preocupa la escasez de alimentos porque fue el Dios Todopoderoso el que me llamó, me trajo aquí y se me volvió a aparecer como confirmación de mi viaje. He puesto mi confianza en El y ahora vivo confiando en El en cuanto a lo que necesito para subsistir. No me importa la falta de comida". Abraham debía haber orado de esta manera.

Ahora bien, ¿qué hizo Abraham cuando llegó el hambre? ¿Oró? ¿Le dijo a su esposa: "Querida, oremos"? No, Abraham pareció haberse olvidado de la oración. Cuando llegó este período de prueba, no oró. ¡No se burle de Abraham! Cuando todo va bien, a usted le resulta fácil orar. Pero cuando llega el hambre, olvida que es cristiano y sólo recuerda que es un ser humano. Usted se olvida del Dios viviente que se le apareció, y sólo se acuerda de que tiene estómago. Abraham se preocupaba por su estómago. El consideró su situación; en el país había hambre, y en Egipto había comida en abundancia. Abraham y su esposa no hablaron mucho. Inmediatamente se pusieron de acuerdo en ir a Egipto. Creo que aun antes de tomar esa decisión, ya iban en descenso. Tanto el marido como la mujer se olvidaron de Dios. No consideraron hacia donde quería Dios que fuesen. Fue como si no tuvieran a Dios.

(1) Pecó diciendo mentiras

Cuando Abraham y Sara llegaron a la frontera de Egipto, él le dijo: "Y cuando te vean los egipcios, dirán: Su mujer es; y me matarán a mí, y a ti te reservarán la vida" (12:12). Temiendo que los egipcios lo matasen y tomasen a su esposa, Abraham oró a Sara, y no a Dios, diciendo: "Ahora, pues, di que eres mi hermana, para que me vaya bien por causa tuya, y viva mi alma por causa de ti" (12:13). Abraham y Sara se pusieron de acuerdo para que ella mintiera acerca de su calidad de esposa. Abraham estaba dispuesto a sacrificar a su esposa para salvar su vida. Da la impresión de que no tenía ninguna moralidad. Entre los cristianos, Abraham ha sido elevado más de lo debido. El no fue tan prominente. Entre nosotros muchos no habrían hecho lo que hizo Abraham. Pero Abraham era tan débil que estaba dispuesto a sacrificar a su esposa, permitiendo que fuese dada como esposa a otro hombre a fin de salvar su propia vida. ¡Qué vergonzoso! ¿Cree usted que el llamado de Dios, el padre de la fe, pudo hacer eso? Con eso vemos que Abraham no era superior a nosotros. Cuando mucho, era igual a nosotros. Por el bien de su estómago, él estaba dispuesto a vender su esposa, y Sara consintió. Ciertamente ella era una esposa excelente, el modelo para todas las esposas. Era sumisa, aceptó la decisión de Abraham, y no le reprochó.

En este asunto, Abraham fue un buen profeta, pues en Egipto se produjeron los sucesos exactamente como él los había predicho. Los egipcios tomaron a su esposa y la llevaron al palacio de Faraón (12:14-15). En cierto sentido, Abraham vendió a su esposa. Faraón le dio muchos bienes a Abraham: ovejas, bueyes, camellos, siervos y criadas por Sara (12:16). Abraham se hizo rico. No entiendo cómo Abraham, al ver que tomaban a su esposa, fue capaz de recibir todas estas cosas de Faraón. Pero las recibió. No ayunó, ni dijo: "¡Oh no, no puedo aceptar eso. Quiero a Sara!". No, él dejó ir a Sara. Creo que Abraham estaba seguro de que su esposa estaba perdida, que se había ido. El había perdido a Sara. El recibió más o menos en compensación el ganado, los bueyes y los siervos por haber permitido que ella se fuese.

(2) Es preservado por Dios

Sin embargo, Dios no permitiría que Abraham se fuera. Dios intervino, no para juzgar a Abraham, sino para castigar a Faraón. Leamos el versículo 17: "Mas Jehová hirió a Faraón y a su casa con grandes plagas, por causa de Sarai mujer de Abram". La Biblia dice que llegaron grandes plagas sobre Faraón y su casa. No está escrito en la Biblia, pero creo que desde el momento en que Faraón tomó a Sara, él se enfermó de muerte. Vemos que cayeron grandes plagas sobre él y su casa. ¿Cuáles fueron estas plagas? ¿Se incendió el palacio? No lo creo. Después de mucha meditación, creo firmemente que las plagas fueron enfermedades que sufrieron Faraón y todos los que estaban en su casa, con excepción de Sara. Tal vez todos los del palacio hayan hablado de lo que sucedía, preguntándose por qué se habían enfermado todos, por qué Faraón estaba muriendo, y por qué sólo Sara había sido preservada. Quizás se hayan preguntado: "¿Quién es esta mujer? ¿Por qué no se ha enfermado?". Tal vez le hayan preguntado el por qué a Sara. Sara vio toda la situación y empezó a entender. Entonces le dijo a Faraón que ella era la esposa de Abraham. Creo que así sucedió. La mano de Dios estaba en contra de Faraón por causa de Sara. El intervino para preservar a Abraham y a su esposa.

Cuando nosotros los creyentes tenemos fe en Dios, todas las personas que nos rodean se benefician, pero cuando no tenemos fe en Dios, podemos perjudicar a los que nos rodean. Dios obró en Su soberanía, y Faraón sufrió. No estoy diciendo que Dios le quitó cosas a Faraón y se las dio a Abraham, pero el caso fue algo por el estilo. Finalmente, Abraham no perdió a su esposa y obtuvo muchas riquezas.

Mientras Abraham estaba en Egipto, experimentó la gracia preservadora de Dios. Sin esta gracia, ninguno de nosotros podría permanecer en la cumbre de nuestra experiencia. Todos necesitamos la gracia que preserva. No confíe en su experiencia; confíe en la gracia preservadora de Dios. En cuanto a esta gracia, Abraham todavía estaba en la cumbre cuando vendía a su esposa en Egipto. En la cima o en el valle, él siempre estaba en la gracia preservadora de Dios. En cierto sentido, Abraham nunca tocó a Egipto, porque la gracia preservadora lo acompañó constantemente. Aunque bajó a Egipto, permaneció en la gracia preservadora. Aun cuando usted cae, todavía está dentro de la gracia preservadora, y esta gracia lo llevará a la cumbre. La gracia preservadora podía decir a Abraham: "Abraham, deja de desobedecer. Me diste una oportunidad de mostrarte mi soberanía, pero es mejor que confíes en mí".

(3) Aprendió la lección
de que Dios lo cuida en todo,
y todo está en las manos de Dios

Con esta experiencia en Egipto, Abraham aprendió que el Dios que lo llamó también lo cuida y que todo está en Sus manos. Como veremos, el próximo capítulo demuestra que Abraham aprendió esta lección. Mediante esta experiencia, Abraham fue disciplinado no sólo para que confiara en Dios, sino también para que supiera que Dios es verdadero y fiel.

Mientras usted sea uno con los llamados de Dios, El lo cuidará a usted, crea usted en El o no, confíe en El o no. Si usted permanece en la cumbre, El lo alimenta. Si cae completamente, lo alimentará más todavía. El hecho de permanecer en la cima o de caer depende completamente de nosotros. Para El eso no es importante, pues aunque estemos en la cima o en valle, El nos cuida. Esta es nuestra historia así como la historia de Abraham. Les puedo atestiguar con mi experiencia que Dios es verdadero y fiel. Nuestro Padre es verdadero y fiel. Aquel que nos llamó es fiel y verdadero. Dios nos cuida, por muy mal que esté la economía mundial.

Nosotros los llamados podemos disfrutar a Dios. Aun cuando vendamos a nuestras esposas, Dios nos sigue cuidando. Aun cuando planeemos vender a nuestras esposas para salvar nuestras vidas, Dios preservará a nuestras esposas, nos dará muchas cosas, y nos traerá de regreso a Su lugar con todas las riquezas que hemos adquirido. Cuando leí esta historia por primera vez, no me agradó. Finalmente, me reí al ver que nuestro llamado es tan bueno. Cuando Abraham planeaba vender a su esposa, Dios se dispuso a bendecirle, a preservar su vida y a darle muchas riquezas. Si yo hubiera sido Abraham en aquel tiempo, habría dicho: "Dios, ¿qué puedo decir? No encuentro palabras para responderte". Si hubiera sido Abraham y hubiera mirado a mi esposa, mi ganado y a mis siervos, ni siquiera habría podido decir: "Padre, ¡gracias!". Le habría dicho a Sara: "Querida, volvámonos. No importa si los siervos quieren acompañarnos o no. No merezco ninguna de estas riquezas que Dios nos ha dado y me siento avergonzado por disfrutarlas. No las merezco, pero Dios da libremente. Sara, mientras yo te vendía, Dios nos dio todas estas cosas. Tal vez pienses que eso es bueno, pero me siento avergonzado. Sara, ora y da las gracias al Señor por mí. No puedo orar por mí mismo". Creo que eso le aconteció a Abraham.

En Génesis 13:1 descubrimos que Abraham "salió de Egipto". El regresó al mismo lugar donde se encontraba la cumbre, "hasta el lugar donde había estado antes su tienda entre Bet-el y Hai, al lugar del altar que había hecho allí antes; e invocó allí Abram el nombre de Jehová" (13:3-4). Abraham volvió al lugar donde había construido el altar y erigido su tienda. Cuando Abraham planeaba vender a su esposa en Egipto, no había altar ni tienda ni invocación del nombre del Señor. No había ninguna declaración de su testimonio en contra de Babel. Cuando él estaba en Egipto, había perdido todo eso. Pero Abraham volvió al principio, al lugar del altar, y allí volvió a invocar el nombre del Señor.

b) La contienda entre hermanos

Después de pasar por la experiencia del capítulo doce, podía ser fácil para Abraham o para nosotros decir: "¡Alabado sea el Señor, he aprendido la lección!". Pero algunas pruebas son necesarias para mostrar si verdaderamente hemos aprendido la lección. La contienda entre hermanos es una de ellas (13:5-13). Abraham se había enriquecido cuando trató de vender a su esposa, y estas riquezas le causaron algunos problemas. El se enriqueció demasiado. Lot también había adquirido riquezas, y la tierra no era suficiente para contenerlos a ambos. En Génesis 13:6 se nos dice que "la tierra no era suficiente para que habitasen juntos, pues sus posesiones eran muchas, y no podían morar en un mismo lugar". Por tanto, allí "hubo contienda entre los pastores del ganado de Abraham y los pastores del ganado de Lot" (13:7). Esto se convirtió en otra prueba para Abraham. A menudo la segunda prueba proviene de la bendición de la primera. Usted dirá: "¡Alabado sea el Señor! cuando salí de Egipto, no podía agradecer al Señor, pero ahora después de tres meses, lo puedo alabar por la bondad que me ha mostrado. El preservó a mi esposa y me dio todas estas riquezas". Al decir eso, pronto se enfrentará con problemas, pues la segunda prueba proviene de la bendición de la primera. Esta es nuestra experiencia.

El capítulo trece indica que Abraham había aprendido una lección. Esta vez no fracasó; él prevaleció porque había aprendido la lección en la primera prueba. Si usted lee con detenimiento, verá que en este caso la culpa no la tuvo Abraham sino Lot. Abraham aprendió la lección de no valerse de sus propios esfuerzos y de no tener otra alternativa que confiar en el cuidado de Dios. Sabía que estaba en las manos de Dios y bajo Su cuidado. El capítulo trece no indica ninguna falta de parte de Abraham. El tuvo un éxito completo. "Entonces Abram dijo a Lot: No haya ahora altercado entre nosotros dos, entre mis pastores y los tuyos, porque somos hermanos. ¿No está toda la tierra delante de ti? Yo te ruego que te apartes de mí. Si fueres a la mano izquierda, yo iré a la derecha; y si tú a la derecha, yo iré a la izquierda" (13:8-9). Parece que Abraham le dijera a Lot: "Lot, somos hermanos hebreos, los únicos hebreos del país. Todos los demás son gentiles y nos están observando. No debe haber contienda entre nosotros, pues eso sería una vergüenza para el Dios en quien confiamos. Lot, mira la tierra y escoge el lugar donde prefieras establecerte. No pelearé ni escogeré". Dentro de sí, Abraham debe de haber dicho: "Mi elección es Dios. Aprendí la lección al descender a Egipto. Ahora sé que estoy bajo el cuidado de mi Dios y que bajo Su autoridad todo es mío. No necesito escoger. Dejaré que Lot escoja". Lot escogió, se separó de Abraham, y "fue poniendo sus tiendas hasta Sodoma", sin preocuparse por la iniquidad de esa ciudad (13:12-13).

Para Abraham, la partida de Lot no fue algo insignificante. Abraham no tenía ningún hijo. Su sobrino Lot, un pariente muy cercano, era como un hijo para él. Creo que Abraham consideraba a Lot como su propio hijo. Por tanto, cuando Lot se fue, él se quedó solo. Pero en aquel tiempo, Dios se volvió a aparecer a Abraham. En Egipto, Dios castigó a Faraón con las plagas, pero no se apareció a Abraham porque éste se hallaba en una posición equivocada. En Egipto, Abraham estaba en la gracia preservadora de Dios, pero no tenía la aparición de Dios. Ahora en el capítulo trece, Abraham no estaba solamente en la gracia preservadora de Dios, sino que también estaba en la posición apropiada pues había vuelto al lugar original. Además, él no se esforzó ni escogió por su propia cuenta. Como resultado de la reprensión que experimentó en Egipto, aprendió que su futuro y todo lo demás se encontraban en las manos de Dios y que Dios lo cuidaba. Por tanto, Dios se le apareció y le dijo: "Alza ahora tus ojos, y mira desde el lugar donde estás hacia el norte y el sur, y al oriente y al occidente. Porque toda la tierra que ves, la daré a ti y a tu descendencia para siempre" (13:14-15). Abraham pidió a Lot que escogiera la tierra. Entonces Dios vino y parecía decir a Abraham: "No te permito escoger. Te doy todas las alternativas. Mira al norte, al sur, al oriente y al occidente: todo es tuyo. Tú le diste a Lot la libertad de escoger. Ahora Yo te lo doy todo". Con eso debemos aprender a no contender nunca por nosotros mismos en la vida de iglesia. Déjele a su hermano todas las alternativas. Si usted le deja la elección a su hermano, Dios vendrá y le dará a usted todas las alternativas.

Esta vez Dios en Su aparición confirmó la promesa de la buena tierra, dada en 12:7, y la promesa de que se multiplicarían los descendiente de Abraham, en 12:2. El hecho de que prevalecemos sobre cualquier prueba confirma siempre las promesas de Dios para nosotros. Esto le sucedió a Abraham. Además, el hecho de que Abraham prevaleciera sobre esta prueba lo condujo a la cumbre de su experiencia con Dios. El desplazó su tienda y fue a morar en Hebrón (13:18) donde vivió la mayor parte del tiempo que le quedaba en comunión con Dios (18:1).

ESTUDIO-VIDA DE GENESIS

LA VICTORIA DE LOS LLAMADOS

5) *La victoria*

En este mensaje llegamos a la victoria que experimentó Abraham (14:11-24). Si leemos detenidamente el libro de Génesis, veremos que aparte del capítulo catorce, no se menciona gran cosa acerca de los sucesos internacionales entre los gentiles. Sin embargo, el capítulo catorce nos presenta un relato acerca de una contienda internacional entre los gentiles. ¿Por qué figura este relato? La Biblia es muy concisa en palabras. No desperdicia ninguna palabra. No obstante, casi la totalidad del capítulo catorce se centra en el conflicto internacional entre los reinos gentiles. Ahora bien, los acontecimientos narrados en el capítulo catorce no se relacionan solamente con los asuntos internacionales, sino que están relacionados providencialmente con el pueblo de Dios. ¿Por qué dedica ese capítulo tantas palabras a la contienda internacional entre los gentiles? Aparentemente esta contienda era internacional, pero en realidad fue dispuesta providencialmente por el Señor. Dios es soberano sobre el entorno y sobre todos los eventos relacionados con Su pueblo. En la tierra de Canaán en aquel tiempo, sólo había dos familias de origen hebreo: la familia de Abraham y la de Lot. Los demás eran gentiles. En dicho capítulo, vemos que Dios actuó providencialmente, pues obró por el bien de Su pueblo.

El capítulo catorce de Génesis relata la contienda entre un grupo de cuatro reyes y otro de cinco reyes. Finalmente los cinco reyes fueron derrotados por los cuatro. Si usted lee esto detenidamente, verá que toda esta pelea estaba relacionada con Lot y con Abraham. En otras palabras, Lot y Abraham, que eran hebreos, fueron puestos a prueba por la soberanía de Dios. ¿Fue esta contienda buena o mala? Desde el punto de vista humano, ninguna contienda es buena. Sin embargo, en este capítulo la contienda fue buena para Lot y particularmente para Abraham. En este mensaje veremos los aspectos provechosos relacionados con el pueblo de Dios en esta guerra.

a) El cautiverio del hermano

La contienda se produjo principalmente en Sodoma. Sucedió mayormente en Sodoma porque allí vivía Lot, un hombre del pueblo de Dios. Antes de ese conflicto, Lot se había apartado de Abraham (13:11). ¿Cree usted que estuvo bien que se separaran Lot y Abraham? ¡No! No estuvo bien. A todos los jóvenes de hoy les gusta separarse de la generación anterior. No obstante, en la economía de Dios, no es bueno que los jóvenes se separen de la generación anterior. Si usted hace eso, errará al blanco y perderá la protección. En la época de Génesis 13, la meta de Dios y Su propósito eterno acompañaban a Abraham. Si usted hubiera estado allí y se hubiera apartado de él, eso habría sido como separarse del propósito de Dios. La meta de Dios acompaña a los llamados. Si usted se separa de los llamados, se separa de la meta de Dios. Lot nunca debió apartarse de Abraham, porque Abraham formaba parte del propósito de Dios. Dejar a Abraham equivalía a abandonar el propósito de Dios. Además, apartarse de Abraham significaba apartarse de la protección.

La primera derrota de Lot no fue provocada por los cuatro reyes, sino que fue el resultado de por lo menos dos derrotas anteriores. Antes de ser capturado por Quedorlaomer, Lot ya había conocido dos derrotas. La primera derrota aconteció cuando los pastores de Lot contendieron con los pastores de Abraham, y éste le propuso que escogiera la tierra adonde iría (13:7-11). Cuando Abraham le dio a Lot la posibilidad de escoger, Lot debería haber dicho: "Tío, te escojo a ti. Mi elección es tu elección. No me gustaría escoger por mi cuenta. Si mis pastores no me hacen caso, los despediré, pero nunca me alejaré de ti. Mi única elección eres tú y lo que tú escojas". Por el contrario, cuando Abraham le dio la posibilidad de escoger, Lot escogió inmediatamente, sin mucha consideración y se fue por su propio camino. Esta fue su primera derrota.

Después de separarse de Abraham, "Lot habitó en las ciudades de la llanura, y fue poniendo sus tiendas hasta Sodoma" (13:12). Lot iba en pleno descenso. Después de dar el primer paso hacia abajo, le resultó fácil dar el segundo y el tercero. El primer paso consistió en apartarse de Abraham, quien se mantuvo alejado de Sodoma. Lot tomó el camino hacia Sodoma. El caminó en dirección de Sodoma. A los ojos de Dios, Sodoma era una ciudad maligna y pecaminosa (13:13). Lot, como hombre del pueblo de Dios, lo sabía. El debía haberse mantenido lejos de Sodoma y no ir hacia ella. No obstante, Lot se desplazó hacia Sodoma porque allí la tierra era rica. Finalmente, se mudó a la ciudad, vivió allí, y allí se estableció. Esta fue su segunda derrota.

¿Cree usted que Dios permitiría que Su pueblo morara en esa ciudad maligna? ¡Por supuesto que no! Por tanto, bajo la providencia de Dios, Quedorlaomer atacó a Sodoma. Dios permitió esta guerra. Cuatro reyes lucharon en contra de cinco reyes. Lógicamente, los cinco reyes debían haber ganado porque eran más numerosos. Sin embargo, los cuatro reyes vencieron a los cinco reyes, y tomaron la ciudad de Sodoma. La Biblia destaca la toma de Sodoma porque Lot habitaba allí. Esta guerra no fue solamente la lucha de cuatro reyes contra cinco reyes; fue un combate para liberar a alguien que pertenecía al pueblo de Dios. Tal vez Lot haya vivido en paz en Sodoma, pero Dios no estaba en paz. Dios nunca permitiría que Lot permaneciera allí en paz. Quizás Dios haya dicho: "Lot, quizás sientas paz interior, pero provocaré algunas molestias desde afuera. Haré que los cuatro reyes venzan a los cinco reyes y capturen tu ciudad. Te capturarán a ti, a tu familia y todo lo que tienes". De hecho, esto fue lo que le sucedió a Lot. Lot sufrió derrota tras derrota. Finalmente, como última etapa de su derrota, cayó en las manos del enemigo. El fue capturado, y el rey de Sodoma no pudo ayudarle.

b) Luchó por el hermano

En la captura de Lot, Dios actuó providencialmente. En Génesis 14:13 dice: "Y vino uno de los que escaparon, y lo anunció a Abram el hebreo". Los cuatro reyes habían capturado a Sodoma y todas las provisiones alimenticias, pero un fugitivo le dijo a Abraham que Lot había sido capturado. ¿Cree usted que eso sucedió por casualidad? Muchas personas fueron capturadas, pero éste escapó. Esa persona fue preservada por la providencia de Dios. Como lo veremos, debe haber sucedido por la intercesión que se produjo detrás del escenario. El que se escapó no se alejó sino que se presentó a propósito ante Abraham y le dijo que Lot había sido capturado.

A diferencia de nosotros, Abraham no consideró el punto débil de su hermano y no se complació en los sufrimientos y calamidades de Lot. Abraham no dijo: "Lot nunca debió separarse de mí. Yo sabía que eso le iba a suceder. El recibió lo que merecía. Creo que Dios es soberano y que los sufrimientos de Lot provienen de Dios. Tranquilícese y vaya a casa. Dios preservará a Lot". Creo que muchos de nosotros habríamos contestado en ese tono. Sin embargo, Abraham era diferente. Cuando él recibió esa información, tomó la decisión de luchar por Lot (14:14). Como lo veremos, Abraham oró. En el versículo 22 él le dijo al rey de Sodoma que antes de salir a pelear, levantó su mano a Dios. ¿Cómo pudo haber orado Abraham y tomado esa decisión? Eso probablemente se debía al hecho de que alguien, detrás del escenario, intercedía por él. Creo que el intercesor sabía que se estaba librando una batalla y que Lot había sido capturado. Como resultado de esta intercesión, Abraham tomó rápidamente una decisión osada.

Abraham decidió tomar sus trescientos dieciocho hombres y pelear contra los cuatro reyes y sus ejércitos. Los cuatro reyes probablemente tenían varios ejércitos, que sumaban más hombres que los de Abraham. ¿Cómo pudo Abraham pelear contra ellos con un número tan insignificante? Además, eran reyes y generales que habían combatido en muchas batallas, y Abraham era un civil. ¿Cómo pudo combatir contra los expertos en la milicia? ¿Cómo pudo vencerlos con un número tan insignificante? No obstante, Abraham era valiente, y su arrojo se debía a su confianza en Dios.

Para Abraham era una vergüenza que su hermano hubiese sido capturado. Sucede lo mismo en la iglesia ahora. Es una vergüenza ver que un hermano o hermana sea capturado. Si un hermano que vive con los hermanos es capturado y usted lo ve, eso le trae vergüenza. Usted no debería tolerarlo, sino que debería decir: "No puedo sobrellevarlo. ¡Debo levantarme y hacer algo!". Esto fue lo que hizo Abraham.

La intrépida decisión de Abraham se debió probablemente al hecho de que detrás del escenario alguien estaba intercediendo por él. Quizás usted piense que la Biblia no contiene ningún relato de esto. Tampoco encontramos ni la genealogía ni los padres de Melquisedec. Pero, ¿cree usted que él no tenía padres ni genealogía? Ciertamente los tenía, pero la Biblia no los menciona. Tampoco menciona las muchas cosas que se produjeron detrás del escenario en este capítulo. Creo que efectivamente hubo intercesión detrás del escenario. Una persona preocupada por los intereses de Dios sobre la tierra intercedía por Lot, y por Abraham y su lucha.

Hemos visto que la derrota de Lot no empezó en Sodoma. Según el mismo principio, la victoria de Abraham no empezó con la matanza de los reyes. La victoria de Abraham empezó cuando Lot se apartó de él. Abraham había sido llamado por Dios, y había respondido a ese llamado al venir a la tierra que Dios deseaba darle. No obstante, en aquel tiempo, Abraham no tenía casi nada de experiencia. Todo lo que tenía era la pequeña experiencia de responder al llamado de Dios y de venir al lugar donde Dios quería que estuviese. Como vimos en el mensaje anterior, llegó el hambre como una prueba para Abraham, y él no pudo superar esa prueba. Abraham le falló a Dios, pues intentó sobrevivir a costa del sacrificio de su esposa. Mediante esta lección, que recibió de soberanía de Dios, Abraham aprendió mucho con ese fracaso. Abraham aprendió que Dios está sobre todas las cosas y que conoce todo lo relacionado con Su pueblo. Todo lo que tiene que ver con los llamados de Dios está en Sus manos. Abraham vio eso, lo experimentó y ahondó en ello.

Después, cuando surgió el problema entre Abraham y Lot, Abraham salió victorioso. Su victoria empezó en esa ocasión porque había aprendido la lección fundamental al descender a Egipto. Todos debemos aprender esta lección fundamental. Después de que Dios lo haya llamado a usted y de que usted haya respondido al llamado de Dios y haya llegado al lugar donde El desea que usted esté, la primera lección fundamental que Dios le enseñará será que, como llamado de Dios, todo lo que se relaciona con usted se encuentra bajo la mano de Dios. Dios, en Su providencia, se encarga de usted. Esta fue la lección fundamental que Abraham aprendió cuando descendió a Egipto. Después de aprender esta lección, él ganó la victoria en el caso de Lot. Cuando surgió el problema con Lot, Abraham no tomó una decisión; él sabía que ese asunto estaba en las manos de Dios. Ese fue el comienzo de la victoria de Abraham.

Entonces llegó el momento en que Abraham pudo mostrar a todo el universo que él estaba del lado de Dios. Cuando Melquisedec apareció, se revelaron dos títulos especiales de Dios: el Dios Altísimo y el Dueño de los cielos y de la tierra (v. 19). Melquisedec y también Abraham hablaron de Dios de esta manera. Abraham dijo: "He alzado mi mano a Jehová Dios Altísimo, dueño de los cielos y de la tierra" (14:22, heb.). Abraham pudo decir: "Al descender a Egipto he aprendido la lección de que mi Dios, Aquel que me ha llamó, es el Dueño de los cielos y también de la tierra. No necesito tener alternativas. Mi única alternativa es El. No puedo tolerar que hayan capturado a mi hermano. Es una vergüenza para mí. Lo debo liberar. No me importa el número de soldados, de reyes ni de ejércitos. No me importa que yo tenga menos recursos que ellos. Tengo la carga de liberar a mi hermano. Si no lo hago, será una vergüenza para mí".

Abraham arriesgó su vida al pelear por su hermano. Arriesgar la vida para rescatar al hermano cautivo no fue algo insignificante. Pero eso fue lo que él hizo. La batalla fue fácil y Abraham persiguió al enemigo desde el sur hasta Dan, al norte. Su victoria debía de ser el resultado de la intercesión que se produjo detrás del escenario.

Abraham ganó la victoria por su confianza en Dios. El tuvo confianza en Dios porque había aprendido a conocerlo. Del mismo modo, todos debemos aprender a conocer a Dios. Debemos aprender que aun ahora, la tierra pertenece a Dios. Dios es el dueño. El no sólo es el dueño de la tierra sino también de los cielos. Los cielos y la tierra pertenecen a nuestro Padre, quien nos llamó. Debemos confiar en El. Si carecemos de esta confianza, ya estamos vencidos y seremos como Lot.

¿Por qué fue vencido Lot? Porque, a diferencia de Abraham, él no aprendió la lección de que Dios es el Dueño de los cielos y de la tierra. Aun después de haber sido rescatado, no se menciona que Lot hubiera manifestado algún agradecimiento a Abraham ni al Señor. Lot había perdido sus funciones. Los siguientes capítulos nos muestran que él regresó a Sodoma. Aunque su captura constituyó una advertencia de no volver a Sodoma, de todos modos regresó, aun después de su captura y rescate. Con eso vemos que cuando uno es vencido, le resulta difícil alejarse de la derrota.

Aunque Lot fue derrotado, Abraham tuvo la victoria. Esta victoria fue la cumbre de su experiencia exterior. Más tarde, Dios vino y le permitió tener algunas experiencias interiores.

c) El ministerio de Melquisedec

¿Cómo pudo alguien escapar y presentarse ante Abraham, y cómo pudo Abraham tomar esa decisión tan rápidamente y con tanto valor? ¿Que sucedió para que al poco tiempo, hiciera huir al enemigo? Melquisedec intervino. ¿Quién es Melquisedec? El tipifica a Cristo. Es semejante a Cristo. Su venida representa la venida de Cristo. El tipificaba a Cristo como el Sumo Sacerdote de Dios. Esto no se revela en Génesis 14, sino en el salmo 110, donde descubrimos que el Ungido de Dios, Cristo mismo, es Sacerdote según el orden de Melquisedec, una orden anterior a la de Aarón. Antes del sacerdocio de Aarón, Melquisedec ya era sacerdote de Dios.

El sacerdocio aarónico quitaba el pecado, afrontando el lado negativo de las cosas; mientras que el ministerio de Melquisedec aborda el lado positivo. Melquisedec no vino para quitar el pecado. El no apareció porque Abraham hubiera pecado sino porque Abraham había ganado la victoria. Melquisedec no apareció con una ofrenda para quitar el pecado, sino con pan y vino para alimentar al victorioso. Casi todos los cristianos consideran a Cristo como el Sumo Sacerdote que elimina el pecado, pero casi nadie mira a Cristo como el Sumo Sacerdote según el orden de Melquisedec. Como tal, Cristo no quita el pecado sino que nos ministra al Dios procesado, representado por el pan y el vino, como nuestro alimento.

¿No cree usted que antes de ministrar pan y vino, Melquisedec, como sacerdote de Dios, intercedía por Lot y Abraham? Yo creo que sí. No creo que Melquisedec estuviera durmiendo durante la batalla y que cuando se enteró de la victoria de Abraham, se apresuró a ministrarle pan y vino. Creo que la decisión rápida y valiente de Abraham de combatir para rescatar a Lot fue provocada por la intercesión de Melquisedec. También creo que la persona que le dio a Abraham la noticia de la captura de Lot había escapado porque Melquisedec había intercedido por Lot. Como sacerdote, Melquisedec debe de haber cuidado al pueblo de Dios. En respuesta a su intercesión, alguien escapó de Sodoma, le dio la noticia a Abraham, y Abraham tomó la osada decisión de combatir para rescatar a Lot.

Mientras andamos en esta tierra, nos ocurren muchas cosas. Aparentemente, las cosas sencillamente se producen. En realidad, detrás del escenario terrenal, existe una intercesión. Nuestro Melquisedec, nuestro Sumo Sacerdote, Cristo, sigue intercediendo por nosotros en los cielos (He. 7:25). Su intercesión nos protege y nos cuida.

La visita de Melquisedec a Abraham de alguna manera indicaba la segunda venida de Cristo. ¿Qué estamos haciendo nosotros, el Abraham actual? Estamos matando a los enemigos. Algunas personas del pueblo de Dios, igual que Lot, han sufrido derrota tras derrota. Por la misericordia de Dios, otros deben ser el Abraham actual, el que experimente victoria tras victoria. Debemos aprender la lección fundamental según la cual nuestro Dios, quien nos llamó, es el Dueño de los cielos y de la tierra. Estamos viviendo por El sobre la tierra y somos Su testimonio. No toleramos ningún perjuicio a los intereses de Dios sobre la tierra. Cuando oímos este daño, tomamos la decisión rápida de vencer al enemigo y matar a los reyes.

A diario debemos matar a algunos reyes. Debemos matar a los reyes de nuestra mente, de nuestra parte emotiva y de nuestra voluntad. Debemos matar a los reyes que hay en nuestras circunstancias, en nuestras familias y en nuestras escuelas. Después de que demos muerte a los reyes, nuestro Melquisedec vendrá a nosotros, nos saldrá al encuentro y celebrará nuestra victoria. El Señor no regresará antes de que hayamos dado muerte a todos los reyes. Entonces El volverá y beberá del fruto de la vid con nosotros, como lo indica Su palabra en Mateo 26:29: "No beberé más de este fruto de la vid, hasta aquel día en que lo beba nuevo con vosotros en el reino de Mi Padre". Melquisedec intercedió por Lot y por Abraham. Hoy en día Cristo, nuestro Sumo Sacerdote, intercede por todos los vencedores. Mientras El intercede ahora por nosotros en los cielos, nosotros damos muerte a los reyes en la tierra. Después de que los vencedores hayan vencido a todos los reyes, nuestro Intercesor, el Sumo Sacerdote del Dios Altísimo, aparecerá con la plenitud del Dios procesado.

La venida de Melquisedec significa que Cristo ha venido. Nuestra victoria siempre manifiesta a Cristo. La gente que nos rodea difícilmente puede ver dónde está Cristo. No obstante, si nosotros obtenemos una victoria, esa victoria les manifestará a Cristo. Nuestra victoria traerá a Cristo en un nuevo aspecto. Es muy interesante ver que Melquisedec, cuyo nombre significa rey de justicia y quien era rey de Salem o rey de paz, aparece de repente en el capítulo catorce de Génesis. ¿Qué significa eso? Significa que los vencedores manifestarán a Cristo y lo presentarán a la gente. Un día la tierra entera quedará sorprendida por la aparición de Cristo. La gente mundana ni siquiera cree en la existencia de Cristo, y califica esta creencia de insensatez. Pero después de que hayamos dado muerte a todos los reyes, Cristo aparecerá repentinamente. Cristo se manifestará porque habremos dado muerte a los reyes, y el mundo entero se sorprenderá de Su venida. Para nosotros los vencedores, la segunda manifestación de Cristo no será una sorpresa, mas para la gente mundana sí constituirá una gran sorpresa. Ellos dirán: "¿Quién es éste? ¿Cuál es su nombre y de dónde viene?". Podemos contestar: "Su nombre es Cristo, el verdadero Melquisedec, y viene de los cielos donde ha estado intercediendo durante siglos".

Todos debemos responder a la intercesión del Señor. Si nos volvemos a nuestro espíritu y tocamos al Señor, siempre habrá alguna respuesta. Si actuamos conforme a esta respuesta, olvidándonos de nuestras circunstancias, de nuestros enemigos y de nosotros mismos, ganaremos la victoria y daremos muerte a los reyes. Después de que matemos a los reyes, se

nos aparecerá nuestro Melquisedec. Esta será la segunda
venida de Cristo. Cuando vuelva Cristo, la tierra entera
conocerá al Dios Altísimo. Entonces todo el mundo sabrá que
Dios es el Dueño de los cielos y de la tierra. La tierra no
pertenece a ningún rey, presidente, jefe de estado ni a ningún
diplomático; es propiedad del Dios Altísimo, el Dueño de los
cielos y de la tierra. ¿Cómo se puede declarar ese hecho a la
tierra? ¡Dando muerte a los reyes!

En el capítulo catorce, la victoria de Abraham no es algo
insignificante. En la Biblia Dios se revela progresivamente. En
Génesis 1, no tenemos el título "el Dios Altísimo". Ni aun en los
primeros trece capítulos tenemos este título ni el título especial
"Dueño de los cielos y de la tierra". Aunque usted haya sido
cristiano durante años, tal vez nunca se haya dado cuenta de
que Dios tiene estos títulos. Dios es el Altísimo y el Dueño de
los cielos y de la tierra. El es el Señor de los cielos y el Señor
de la tierra. La experiencia que tenemos de Cristo nos revela
progresivamente los títulos de Dios. Al experimentar a Cristo,
nos damos cuenta de que nuestro Dios es el Altísimo y el Dueño
de los cielos y de la tierra. Esta debe ser nuestra atracción y
motivación a seguir adelante y matar a los reyes.

No sea el Lot actual, pues eso equivaldría a ser tímido y
cobarde. Todos debemos ser decididos y valientes porque tenemos al Dios Altísimo y al Dueño de los cielos y de la tierra.
Abraham le dijo al rey de Sodoma que antes de ir a la guerra,
él levantó sus manos al Dios Altísimo, Dueño de los cielos y de
la tierra. El fue a guerrear con ese espíritu. Por su plena confianza en el Dios Altísimo, el Dueño de los cielos y de la tierra,
Abraham tenía que ser victorioso.

Cuando Melquisedec se le presentó a Abraham, lo bendijo
con el Dios Altísimo, el Dueño de los cielos y de la tierra (v. 19).
Esto comprueba que Melquisedec era mayor que Abraham (He.
7:6-7). También bendijo a Dios por la victoria de Abraham
(v. 20). Nuestra victoria siempre conduce a Melquisedec a con-
cedernos bendiciones y a bendecir a Dios. Nuestra victoria
trae más bendiciones en Cristo, a nosotros y también a Dios.

En la bendición de Melquisedec, Abraham le dio el diezmo
de todo, el diezmo de lo mejor del botín (v. 20; He. 7:2, 4). Esto
demuestra también la grandeza de Melquisedec. Nuestra victoria

obtiene el botín, y la ofrenda de nuestro botín a Cristo siempre proclama la grandeza de Cristo. Sin victoria, no tenemos nada que ofrecer a Cristo y Su grandeza no será proclamada.

d) Vencer la tentación de los bienes terrenales

La victoria de Abraham estabilizó y restituyó la situación y restauró todo el entorno. Los cuatro reyes habían vencido a los cinco reyes y se habían llevado todo el botín. Sólo reinaba la confusión. La victoria de Abraham cambió totalmente esta situación, pues la invirtió. Cambió el entorno injusto y lo tornó en un entorno justo, y trajo la paz. Como resultado, allí estaba el rey de justicia y el rey de paz. La victoria de Abraham puso fin a toda batalla y contienda, y trajo la paz.

El rey de Sodoma pudo decirle a Abraham con humildad, honestidad y sinceridad: "Has ganado la victoria. Todo lo que devolviste debe ser tuyo. Tómalo. Sólo quiero a mi pueblo". Si usted y yo hubiéramos sido Abraham, probablemente habríamos dicho: "Es justo y correcto. Rescaté a tu pueblo y recobré todo lo que perdiste. Es bueno que tengas tu pueblo y que todo lo demás sea mío". Pero las circunstancias creadas después de la victoria de Abraham no fueron esas en absoluto. Fue un ambiente de pureza. Abraham le dijo al rey de Sodoma: "Desde un hilo hasta una correa de calzado, nada tomaré de lo que es tuyo, para que no digas: Yo enriquecí a Abram" (14:23). Aparentemente Abraham decía: "Si tomo un hilo de ti, eres capaz de decir que me enriqueciste. Pero quiero dar un testimonio claro al universo entero de que mis riquezas no vienen de ti, sino del Dueño de los cielos y de la tierra, de mi Dios Altísimo". ¡Cuán puro era eso! Allí en esa situación vemos la justicia y la paz.

Considere la escena de Génesis 14 después de que Abraham hubo dado muerte a los reyes. Abraham lo había devuelto todo, y los reyes salieron a su encuentro. Melquisedec, sacerdote del Dios Altísimo, estaba allí, concediendo a Abraham la bendición y recibiendo de él los diezmos. Toda la gente estaba mirando, preguntándose para quien serían aquellas cosas. Hasta los cautivos que Abraham había recuperado se preguntaban a quién pertenecerían de ahí en adelante. Entonces Abraham dijo: "He alzado mi mano a

Jehová Dios Altísimo, Dueño de los cielos y de la tierra".
Abraham dijo que no tomaría nada. A todos se les hizo
justicia. En esa situación hubo justicia y paz. En cierto
sentido, es semejante al reino milenario, lleno de justicia y de
paz (Is. 32:1, 16-18; Sal. 72:2-3, 7).

Abraham fue justo, y dijo al rey de Sodoma que no tomaría
nada excepto solamente lo que habían comido los jóvenes y la
parte de los varones que habían ido con él, Aner, Escol y
Mamre, los cuales habían tomado su parte (14:24). Abraham
dijo que sus combatientes y aliados debían tener su porción
pero que él daría su parte al rey de Sodoma. ¡Qué hombre es
éste! El había dado muerte a cuatro reyes y ahora estaba
hablando con otro, el rey de Sodoma. El estaba por encima de
todos ellos. Nosotros los cristianos debemos ser esa clase de
personas hoy en día. Debemos estar en un nivel más elevado
que los reyes y presidentes terrenales. Sólo uno está sobre
nosotros: nuestro Melquisedec.

En Génesis 14 vemos que Abraham se hallaba en un nivel
muy elevado. ¿Pueden ustedes creer que un hombre de un
nivel tan elevado podía ser tan mezquino como para sacrificar
a su esposa a fin de sobrevivir? ¿Creerían ustedes que el
mismo que quería vender a su esposa en Egipto podía estar
en un nivel tan elevado que rebasaba a todos los reyes? Cuando
Abraham estaba dispuesto a vender a su esposa, él se
encontraba en el más bajo infierno, pero cuando venció a los
reyes, se encontraba en el más elevado de los cielos. Todos
podemos ser como Abraham en ambos aspectos. Podemos ser
personas mezquinas, planeando vender a nuestra esposa, o,
por la gracia del Señor, podemos elevarnos por encima de los
reyes.

La victoria de Abraham y su condición más elevada que la
de los reyes se debían exclusivamente a la intercesión que
hubo detrás del escenario. Detrás del escenario terrenal, se
producía algo en los cielos, lo cual determinó toda la situación.
Todos debemos ver esto.

ESTUDIO-VIDA DE GENESIS

MENSAJE CUARENTA Y CUATRO

CONOCER LA GRACIA
PARA CUMPLIR EL PROPOSITO DE DIOS:
LA SIMIENTE Y LA TIERRA

En este mensaje vamos a ver un gran giro en la experiencia de Abraham en Dios. Hasta ahora todo lo que hemos visto acerca de la experiencia de Abraham en Dios ha sido externo. Abraham fue llamado por Dios y respondió dirigiéndose al lugar donde Dios deseaba que estuviese. Esto fue un asunto totalmente externo. Más adelante, la segunda experiencia de Abraham consistió en vivir por la fe y confiar en Dios en lo relacionado con su sustento.

La primera prueba con la cual él se enfrentó al vivir por la fe fue una terrible hambre por la cual aprendió a confiar en Dios para la obtención del sustento. Antiguamente y en tiempos modernos, tanto en el oriente como en el occidente, toda la gente, por muchos logros, educación o posición que tenga, debe ocuparse de su supervivencia. La vida depende totalmente de la comida, la supervivencia. En la Biblia y en la historia humana, muchas veces Dios ha ejercido Su control sobre el linaje humano con este asunto de la comida. No sea orgulloso, porque cuando Dios le quite las provisiones, usted se inclinará y dirá: "Oh Dios, ¡ayúdame!".

En mensajes anteriores hemos visto que después de que Abraham llegó al lugar donde Dios deseaba que él estuviera, tuvo que aprender una primera lección: confiar en Dios para la obtención de su sustento. El falló en esta prueba y descendió a Egipto. Allí aprendió a confiar en Dios. Después de aprender esta lección, volvió al lugar donde había estado entre Bet-el y Hai. Inmediatamente después, se le presentó otra lección en la misma esfera, en el sustento, cuando hubo una contienda entre los pastores de Lot y los suyos. Estos pastores luchaban por su sustento, peleándose por mejorar su vivir. No querían que otros les quitaran su medio de supervivencia. Abraham obtuvo la victoria en la segunda prueba, pues había aprendido en la primera ocasión que Dios era soberano en su vida diaria. Abraham descubrió que el Dios que lo había llamado era el Dios Altísimo, el Dueño de los cielos y de la tierra. El no debía preocuparse por su propio sustento, pues había aprendido que quien lo había llamado se encargaría de eso.

La contienda entre los cuatro reyes y los cinco reyes se relacionó también con los medios de supervivencia. La historia nos muestra que todas las guerras entre los hombres giran en torno a ese asunto. Todas las guerras que suceden en el mundo persiguen un solo propósito: obtener el pan. Génesis 14:11 indica que la lucha entre los cuatro reyes y los cinco reyes tenía este propósito.

Abraham no tuvo temor de estos cuatro reyes, pues salió osadamente a enfrentarse con ellos, y después de darles muerte recuperó las provisiones. Después de la victoria de Abraham sobre los cuatro reyes, Melquisedec vino a su encuentro con pan y vino (14:18). Este pan era misterioso. Abraham no tuvo que hacer nada para conseguirlo y tampoco tuvo que pelear por él. El sólo libró la batalla y recobró la provisión de alimentos, y luego Melquisedec vino a él trayendo pan.

Hasta el final del capítulo catorce todas las experiencias de Abraham eran externas, pues giraban en torno a la bendición, el cuidado y la provisión externos. Cuando Abraham bajó a Egipto, Dios lo cuidó exteriormente, pues le dio ganado y siervos. La victoria que él ganó sobre los cuatro reyes también era externa. Incluso lo que Melquisedec trajo a Abraham era externa. Todo lo que Abraham había experimentado hasta ahora era externo. Antes de escuchar eso, usted quizás haya pensado que al final del capítulo catorce, Abraham probablemente estaba en la cumbre de su experiencia con Dios. Efectivamente, en cierto sentido él estaba en la cima, pero era la cima de la etapa elemental de su experiencia. Todo lo que Abraham había experimentado antes del capítulo catorce era elemental. Al principio del capítulo quince, Dios empezó a llevarlo a una etapa avanzada en la experiencia con El.

c. Conocer la gracia que cumple el propósito de Dios

En Génesis 15:1 leemos: "Después de estas cosas vino la palabra de Jehová a Abram en visión, diciendo: No temas, Abram; yo soy tu escudo, y tu galardón será sobremanera grande". Cuando Dios pronunció estas palabras, Abraham todavía estaba en una etapa elemental. Después de haber dado muerte a los reyes, se levantó una gran enemistad entre él y el pueblo que pertenecía a esos reyes. Cuando Abraham libró la batalla contra el enemigo, fue valiente y decidido. Pero después de su victoria al regresar a casa, él quizás haya dicho para sí: "¿Qué he hecho? Esta gente podría volver. Entonces ¿qué haré? Sólo tengo trescientos dieciocho hombres, pero aquel pueblo es mucho más numeroso". Abraham empezó a tener miedo. Con frecuencia nos parecemos a Abraham. Cuando estamos en la fe, somos valientes y decimos: "Aleluya al Dios Altísimo, el Dueño de los cielos y de la tierra. He alzado mis manos hacia Él". Después de ganar la victoria y de gritar aleluyas en las reuniones, usted regresa a casa y empieza a pensar: "¿Qué he hecho? ¿Qué haré si vuelve el enemigo?".

Cuando Dios se apareció a Abraham en 15:1, le dijo: "No temas". El hecho de que Dios le haya dicho eso a Abraham indica que éste temía a sus enemigos. Dios parecía decirle: "Abraham, no debes temer. Yo soy tu escudo. Tranquilízate. Yo también soy tu gran galardón". Abraham todavía se encontraba en una etapa elemental en ese entonces y se preocupaba por dos cosas: el regreso de sus enemigos a luchar contra él y su carencia de prole. Tal vez Abraham haya dicho: "Mírame, estoy viejo. Mira a mi esposa; casi ha perdido su fecundidad. Todavía no tenemos hijo. Señor, ¿acaso no sabes que nos estamos envejeciendo? ¿Cuándo nos darás un hijo?". Cuando Dios se le apareció a Abraham, éste estaba preocupado por estas dos cosas.

En la presencia de Dios no podemos esconder nuestra intención. Si nos brindan la oportunidad, tarde o temprano declararemos lo que tenemos en el corazón. Por consiguiente, en 15:2 Abraham dijo: "Señor Jehová, ¿qué me darás, siendo así que ando sin hijo, y el mayordomo de mi casa es ese damasceno Eliezer?". Lo que Abraham añadió no fue muy cortés. El le dijo al Señor: "Mira que no me has dado prole, y he aquí que será mi heredero un esclavo nacido en mi casa" (15:3). Aparentemente Abraham decía: "Señor, no tengo hijo porque Tú no me has dado uno. Tú tienes la culpa de esta situación. ¿Por qué no tengo hijos? ¡Porque Tú no me has dado ninguno! Ahora me dices que Tú eres mi gran galardón. ¿De qué me sirve recibir un galardón si no tengo ningún hijo?".

Abraham le dijo al Señor que un hijo nacido en su casa, Eliezer de Damasco, sería su heredero. En *New Translation* [Nueva Traducción de la Biblia] hecha por Darby, la nota de pie de página [de ese versículo] dice que "un esclavo nacido en su casa" significa "uno de sus siervos". Esto indica que Eliezer era probablemente de Damasco. Tal vez Abraham lo adquirió en su paso por Damasco. Ninguno de nosotros responde con franqueza el llamado de Dios; todos vacilamos en el lodo y en el agua. Abraham incluso sufrió la muerte de dos parientes: Harán, su hermano mayor, y Taré, su padre. Finalmente, Abraham respondió al llamado de Dios, pues no pudo posponerlo más. El se fue de Harán, donde había sido llamado la segunda vez, y llevó consigo a Lot. Pasó por Damasco donde tomó a Eliezer. Cuando el Señor se le apareció a Abraham, y le dijo que El era su escudo y su gran galardón, Abraham pareció contestarle: "Señor Jehová, no tengo hijo porque Tú no me has dado hijo. El que ha de heredar y poseer mi casa es mi siervo Eliezer".

El Señor le dijo a Abraham: "No te heredará éste, sino un hijo tuyo será el que te heredará" (15:4). El Señor parecía decirle a Abraham: "Yo no estuve interesado en Lot. Tampoco me intereso en éste. Debe haber una simiente nacida de ti, y no uno de tus siervos". Entonces el Señor le dijo: "Mira ahora los cielos, y cuenta las estrellas, si las puedes contar. Y le dijo: Así será tu descendencia" (15:5). En aquel momento Abraham creyó en el Señor. El versículo 6 dice que él "creyó a Jehová, y le fue contado por justicia". La fe de Abraham le fue contada por justicia, y al mismo tiempo él fue justificado. Esta es la justificación por la fe.

La simiente de Abraham no era un asunto externo, sino totalmente interno. Abraham intentó hacer de eso un asunto externo, pues Eliezer era un extraño y no procedía de él.

Debemos ver la diferencia aquí. En la actualidad son pocos los cristianos que se preocupan por la experiencia interna. La mayoría de ellos se interesa en las experiencias externas. La mayoría de las enseñanzas dispensadas entre los cristianos de hoy no pasa de Génesis 14. Algunos argumentarán al respecto, diciendo: "¿Acaso no son justificados por la fe, y no está esto en el capítulo quince?". Sí, ellos son justificados por la fe, pero aun eso lo convirtieron en algo externo.

Abraham no fue justificado por la fe cuando creyó que Dios era el Dios Altísimo, el Dueño de los cielos y de la tierra, en el capítulo catorce. Dios no contó por justicia esa clase de fe. ¿Qué clase de fe le fue contada por justicia a Abraham? La fe que creyó que Dios podía hacer algo dentro de él para producir la simiente. Creer que Dios suplirá nuestras necesidades cotidianas y que proveerá nuestro pan de cada día, es bueno, pero no es la clase de fe preciosa a los ojos de Dios. ¿Qué clase de fe es preciosa a los ojos de Dios? La fe que cree que El puede forjarse en nosotros para producir a Cristo. La mayoría de los cristianos de hoy se preocupa solamente por la fe que cree que Dios puede hacer cosas externas por ellos. Esa clase de fe cree que Dios puede darles salud, sanidad, un buen trabajo o un ascenso. Muchos cristianos sólo tienen esa clase de fe. Aunque esa fe es buena, no es la fe que Dios valora tanto y que considera preciosísima. El no le contó por justicia a Abraham esa clase de fe. La clase de fe que le fue contada por justicia a Abraham fue la fe en que Dios podía hacer algo en él para producir una simiente. En Génesis 15 Abraham no tenía la fe que creía que Dios le daría pan, ganado y más siervos, sino la que creía que Dios podía obrar en él y producir una simiente.

¿Qué clase de fe tiene usted? La mayoría de los cristianos aprecia la fe que cree que Dios proveerá todo lo que ellos necesitan para su diario vivir. Esta es la fe que cree en Dios como el Dios Altísimo, como el Dueño de los cielos y de la tierra. Quizás usted piense que quedará satisfecho con esa fe. Después de leer el mensaje anterior, quizás procure creer en el Dios Altísimo, en que nuestro Dios es el Dueño de los cielos y de la tierra. Pero esa fe no es la fe que Dios tanto valora y aprecia. Debemos tener la fe que cree que Dios se forja en nosotros, la fe que cree que una simiente celestial será producida por algo forjado en nosotros. ¡Que esto quede profundamente grabado en nuestro ser!

1) Dos categorías de obras divinas para los llamados

a) Para la subsistencia

Antes del capítulo quince, Abraham había experimentado a Dios como Aquel que lo protegía y le proporcionaba muchos bienes materiales (12:16). Abraham le había dado a Lot todas las alternativas y había ganado la victoria sobre los cuatro reyes. Sin embargo, ninguna de estas cosas se relacionaba con el cumplimiento del propósito de Dios, pues sólo estaban relacionadas con la subsistencia de Abraham (12:10; 14:24). El experimentó todo eso exteriormente en su entorno, y no interiormente en su vida.

b) Para que cumplieran el propósito de Dios

¿Sabe usted cuál es el propósito de Dios? El propósito de Dios consiste en tener un pueblo que lo exprese a El con Su imagen, lo represente con Su dominio, y tome posesión de la tierra para Su reino. A partir de Génesis 1:26, vemos que el propósito eterno de Dios consiste en tener un pueblo que lo exprese a El a Su imagen, representándole con Su dominio, y tomando posesión de la tierra con miras a Su reino. Cuando Dios llamó a Abraham, le prometió darle la bendición de expresarlo a El y de ser una gran nación para que por conducto suyo Dios tuviese Su reino sobre la tierra. Este sigue siendo el propósito eterno de Dios ahora. Sin embargo, nada de lo que le sucedió a Abraham antes de Génesis 15 tenía relación alguna con el cumplimiento del propósito de Dios. Del capítulo quince al capítulo veinticuatro, tenemos un relato que nos muestra cómo Dios había obrado dentro de Abraham para que pudiese cumplir Su propósito. Ya no eran simples experiencias exteriores en sus circunstancias sino experiencias internas en su vida.

Los cristianos de hoy en su gran mayoría sólo se preocupan por la subsistencia, y no por el propósito eterno de Dios.

Inclusive entre nosotros muchos todavía no han quedado impresionados con el propósito eterno de Dios. Muchos siguen esperando que el Señor les dé un mejor trabajo, un buen cónyuge, una buena educación o un excelente ascenso. Aunque todas estas cosas nos permiten sobrevivir, no están relacionadas directamente con el cumplimiento del propósito de Dios. Todo lo que precede al capítulo quince era bueno, útil y provechoso para la supervivencia de Abraham, pues le permitía vivir como ser humano, pero ninguna de estas cosas estaba relacionada directamente con el cumplimiento del propósito de Dios. Considere la situación de Abraham. ¿Podía el ganado que Abraham había conseguido en Egipto expresar a Dios? ¿Podían los sirvientes representar a Dios? Aunque Dios le había dado muchísimo a Abraham, él no tenía nada que pudiera cumplir el propósito eterno de Dios. Una cosa es sobrevivir, y otra es cumplir el propósito de Dios. El mismo principio es válido con respecto a nosotros en la actualidad. Nuestra educación, nuestro trabajo y nuestra casa son útiles para nuestra subsistencia, pero ninguno de ellos sirve para cumplir el propósito de Dios.

2) Se necesitan dos cosas para cumplir el propósito de Dios

a) La simiente

Ahora veremos las dos cosas que se necesitaban para cumplir el propósito de Dios en la época de Abraham. El primer punto era la simiente (15:1-6; véase 13:16; 22:17-18; 12:2). Dios llamó a Abraham con la intención de cumplir Su propósito. Como ya vimos, Su propósito consiste en tener un pueblo a Su imagen, que lo exprese a Él, y que lo represente con Su dominio. Sin embargo, Abraham no tenía descendencia. ¿Cómo podía cumplir Abraham el propósito de Dios sin tener una simiente? Dios necesita la simiente. El debe tener un pueblo mediante la simiente.

(1) No lo que tenía Abraham

Abraham se parece a nosotros, y nosotros somos como él. Cuando Abraham entendió que necesitaba una simiente, pensó que podía ser Eliézer (15:2-4). Abraham parecía decir: "Ahora me doy cuenta de que debo tener una simiente para que Dios tenga un pueblo. Estoy viejo y la capacidad de engendrar de mi esposa está casi agotada; por eso la simiente debe ser lo que ya tengo". Sin embargo, Dios nunca usaría las cosas que ya tenemos para cumplir Su propósito. Lo que ahora tenemos no sirve para eso. No se imagine que sus posesiones sirven para el cumplimiento del propósito de Dios. Usted sólo tiene a Eliezer. No cuente con ninguna de sus pertenencias. Ninguna de nuestras pertenencias sirve para cumplir el propósito de Dios. Realmente todo lo que tenemos no pertenece a Dios sino a Damasco.

(2) Sino lo que Dios prometió llevar a cabo

La simiente necesaria para que se cumpliera el propósito de Dios tenía que ser lo que Dios había prometido llevar a cabo por medio de Abraham. Tenía que ser algo que Dios forjara en él para que lo pudiese manifestar a El (15:4-5). Entonces, ¿qué es la simiente? Si usted ora y lee Génesis 15 y Gálatas 3, verá que la simiente es Cristo mismo. Por mucho que hagamos, jamás produciremos a Cristo. Nuestra educación, nuestros logros, nuestras herramientas, etc. no tienen ningún valor. Todas estas cosas son solamente Eliezer, objetos que el Señor no ha forjado en nosotros para producir a Cristo, quien es la simiente. Ninguna de ellas es subjetiva sino totalmente objetiva en nuestro entorno. Su Eliezer puede ser su educación académica. Es posible que aun en la vida de iglesia, usted confíe en este Eliezer, lo cual significa que todavía confía en su educación. Todos nosotros hemos pasado por algún Damasco, y hemos recogido por lo menos un Eliezer. Este nunca podría ser la simiente que Dios desea. La simiente debe ser algo que Dios produzca en nosotros, y no algo que hayamos recogido nosotros. Nada de lo que recojamos en nuestro Damasco podrá producir a Cristo. Sólo lo que Dios forje en nuestro ser puede producir a Cristo como simiente.

Si queremos cumplir el propósito de Dios, debemos dejar que Cristo sea forjado en nosotros. Esta es la razón por la cual Pablo nos dijo que Cristo fue revelado en él (Gá. 1:15-16), que Cristo vivía en él (Gá. 2:20), que Cristo fue formado en

él (Gá. 4:19), y que para él, el vivir era Cristo (Fil. 1:21).
Pablo vivía a Cristo. Cuando él era Saulo de Tarso, pasó por
un Damasco judío, y adquirió muchas cosas. Todo lo que él
obtuvo durante ese tiempo fue un Eliezer. El Señor le dijo a
Pablo que tenía que olvidarse de todas estas cosas, pues no
eran más que estiércol, basura, comida de perros, y las debía
desechar. Nada de lo que tenía Pablo podía producir a Cristo.
Lo único que podía producir a Cristo era lo que Dios había
forjado en su ser. El Señor parecía decirle a Pablo: "Las cosas
que tú conseguiste por tu historial religioso nunca podrán
producir a Cristo. Sólo lo que Yo estoy forjando en ti producirá
a Cristo. Lo que estoy produciendo en ti es Mi gracia".
Finalmente, Pablo pudo decir: "Por la gracia de Dios soy lo
que soy; y Su gracia para conmigo no ha sido en vano, antes
he trabajado mucho más que todos ellos; pero no yo, sino la
gracia de Dios conmigo" (1 Co. 15:10).

Ahora bien, quisiera decir algo acerca de la diferencia entre
la gracia y la bendición. Lo que la mayoría de los cristianos
consideran gracia es en realidad bendición. ¿Qué es la
bendición? La bendición es la prosperidad, los beneficios y la
abundancia. Muchos cristianos usan la palabra gracia como
una palabra descriptiva y dicen: "Oh, cuánta gracia tiene Dios
para con nosotros". Pero esto no concuerda con el verdadero
significado de la gracia. En Números 6:25 la palabra original
hebrea significa inclinarse o descender para ser amable con
una persona inferior. Por ejemplo, un rey puede inclinarse en
su bondad para dar algo a un mendigo. Esto es el verdadero
significado de mostrar gracia. Sin embargo, en la Biblia, la
gracia es Dios mismo. En la Biblia, la gracia es simplemente
Dios mismo que entra en nosotros para ser nuestro deleite.
En Juan 1:17 dice: "Pues la ley por medio de Moisés fue dada,
pero la gracia y la realidad vinieron por medio de Jesucristo".
Juan 1:14 revela que "el Verbo se hizo carne ... lleno de gracia
y de realidad", y Juan 1:16 nos dice que "de Su plenitud
recibimos todos, y gracia sobre gracia".

Las bendiciones están relacionadas con nuestras subsistencia, pero la gracia cumple el propósito de Dios. Necesitamos
la bendición de Dios para sobrevivir. Si Dios no nos bendijera,
perderíamos nuestro empleo, nuestra salud y quizás hasta

nuestras vidas. No tengo ninguna duda de que, en lo pertinente a mi supervivencia, estoy plenamente bajo la bendición de Dios.

No obstante, el simple hecho de subsistir es vanidad de vanidades. ¿Qué estamos haciendo aquí en ese país? ¿Estamos aquí solamente para conseguir el sustento y sobrevivir? Si ése es el caso, eso sería vanidad de vanidades. Todos los automóviles, las casas, los diplomas y los empleos son vanidades. Quizás algunas personas digan: "Alabado sea el Señor, tenemos tres hijos y dos hijas. Los hijos son médicos y las hijas educadoras. ¡Qué bendición tan grande!". Esta es una bendición para que usted y su familia sobrevivan en la vanidad de vanidades, si su vida no tiene como fin cumplir el propósito de Dios. Otros dirán: "Hace cinco años sólo ganaba 5.000 dólares al año, pero este año he ganado 25.000. ¡Qué bendición!". Si esto no se usa para el propósito eterno de Dios, también es una bendición relacionada con sobrevivir en la vanidad de vanidades.

Hace poco el Señor me despertó temprano una mañana y me hizo notar que ningún libro del Nuevo Testamento termina con las palabras: "Que la bendición te acompañe", ni con: "Que la bendición esté con tu espíritu". Pero casi todas las epístolas terminan con las palabras: "La gracia sea con vosotros" (Gá. 6:18; Ef. 6:24; Fil. 4:23; Col. 4:18). Decir: "Que la bendición te acompañe" significa que uno prosperará en cosas materiales. Pero la Biblia nunca dice nada semejante. El Evangelio de Juan no dice que el Verbo se hizo carne lleno de bendiciones, ni que la bendición acompañe a Cristo. Ningún libro concluye con: "Que la bendición os acompañe".

En el Antiguo Testamento, tenemos principalmente bendiciones, pero en el Nuevo Testamento las bendiciones materiales son reemplazadas por las bendiciones espirituales. Efesios 1:3 revela que Dios nos ha bendecido con toda bendición espiritual en Cristo, y el último versículo del mismo libro dice: "La gracia sea con todos los que aman a nuestro Señor Jesucristo". El último versículo de la Biblia también habla de la gracia. Apocalipsis 22:21 no dice: "Que la bendición del Dios Altísimo, el Dueño de los cielos y de la tierra esté con todos vosotros". ¡No!, sino que dice: "La gracia del Señor Jesús sea con todos los santos". ¿Recuerda usted las bendiciones que los sacerdotes solían dar a los hijos de Israel en Números 6:24-26? Eran éstas: "Jehová te bendiga, y te guarde; Jehová haga resplandecer su rostro sobre ti, y tenga de ti misericordia; Jehová alce sobre ti su rostro, y ponga en ti paz". Por el contrario, la bendición de Pablo en 2 Corintios 13:14 está en otra categoría: "La gracia del Señor Jesucristo, el amor de Dios, y la comunión del Espíritu Santo sean con todos vosotros". Repito una vez más: las bendiciones se relacionan con nuestra supervivencia mientras que la gracia cumple el propósito de Dios.

(3) La promesa de Dios
y la fe de Abraham contada por justicia

Después de rechazar la propuesta de Abraham, Dios le prometió que haría algo por él a fin de que tuviese simiente, una descendencia tan numerosa como las estrellas de los cielos (15:5). Abraham creyó la Palabra del Señor, y el Señor le contó su fe por justicia (15:6). Es la clase de fe que cree que Dios obrará en nosotros para producir a Cristo, la simiente, quien es precioso ante Dios y es nuestra justicia a los ojos de El. Esta es la fe necesaria para recibir la gracia de Dios, y no Su bendición.

Hoy en día la mayoría de los cristianos se preocupan por la bendición, y no tanto por la gracia. Esta es la era neotestamentaria, pero muchos cristianos siguen viviendo en la dispensación del Antiguo Testamento, interesados solamente en las bendiciones, y no en la gracia. En el recobro del Señor, necesitamos las bendiciones. Es una gran bendición reunirnos todo el tiempo. No obstante, necesitamos algo superior: la gracia. Necesitamos que Dios venga y diga: "Lo que tienes no cuenta. Lo que haces o lo que puedas hacer tampoco cuenta. Haré algo dentro de ti y eso producirá la simiente. ¿Crees en eso?". Si lo creemos, esta fe será preciosa para Dios. Esta no es la fe que cree que Dios satisfará todas nuestras necesidades, sino la fe que cree que Dios se forja en nosotros para producir a Cristo como la única simiente, la simiente necesaria para cumplir Su propósito.

b) La tierra

La tierra es lo segundo que se necesita para cumplir el propósito de Dios (15:17-21; véase 12:7; 13:14-15, 17; 17:8).

(1) La definición de la tierra

¿Qué es la tierra? Muchos cristianos piensan que la buena tierra es los cielos, y consideran que el río Jordán es la muerte física. Este concepto no corresponde a la interpretación correcta de la Palabra santa. En la época de Abraham, esa tierra era un lugar en el cual él podía vivir. Abraham necesitaba un lugar que le sirviera de morada y de sustento. Por tanto, la tierra es un lugar en el cual el pueblo de Dios puede habitar y vivir. Además, en los días de Abraham, la tierra era un lugar en el cual él podía vencer a todos sus enemigos a fin de proporcionarle a Dios un reino sobre la tierra. Además, la tierra era el lugar donde Dios podía tener una habitación como expresión de Sí mismo. Por consiguiente, vemos cinco aspectos de la tierra: era un lugar que servía de morada al pueblo de Dios, en donde se podía obtener el sustento, donde los enemigos de Dios podían ser vencidos, donde Dios tenía Su reino, y donde Dios podía tener una morada en la cual expresarse. Finalmente, en la tierra se estableció el reino de Dios, se construyó el templo como morada Suya, y se manifestó Su gloria. Todo ello era una miniatura del cumplimiento del propósito de Dios. Esto difería totalmente del asunto de la supervivencia de Abraham. La subsistencia de Abraham era una cosa; pero otra muy distinta era tener una simiente y obtener la tierra para cumplir el propósito de Dios.

¿Qué es la tierra para nosotros hoy? Indudablemente, la tierra es el Cristo que vive en nosotros y en el cual vivimos. Hoy en día, debemos vivir en Cristo y ser sustentados por El. Sin embargo, muchos cristianos no practican eso. No se preocupan ni por el Cristo que se forja en ellos como simiente ni por vivir en Cristo como su tierra para que se cumpla el propósito de Dios. Para ellos, Cristo no es la tierra en la cual deben vivir y subsistir; tampoco es la tierra donde deben matar a todos sus enemigos. ¿Dónde podemos matar a nuestros enemigos? ¡En Cristo nuestra tierra! Cristo es el lugar en el cual matamos a nuestro Quedorlaomer y a los demás reyes. Cristo también es la tierra donde se establece el reino de Dios, y donde puede construirse la morada de Dios.

Si vemos esto, entenderemos que la mayoría de los cristianos han errado al blanco buscando las bendiciones de Dios. No debemos prestar demasiada atención a nuestra subsistencia ni preocuparnos tanto por las bendiciones de Dios, porque nuestro Padre conoce nuestras necesidades. Dejemos que El nos cuide. El nunca nos abandonará ni nos desamparará (He. 13:5).

En el propósito de Dios, no debemos contar con lo que tenemos ni con lo que podemos hacer. Lo que tenemos es Eliezer y lo que podemos hacer es Ismael. Eliezer era lo que Abraham tenía, e Ismael era lo que Abraham podía hacer, y ninguno de ellos contaba para el cumplimiento del propósito de Dios. No importa lo que tengamos ni lo que podamos hacer. Tiene que ser Dios mismo quien obre. Después de algún tiempo, cuando verdaderamente nos hayamos convertido en nada, Dios se forjará en nosotros, y lo que El haga en nosotros producirá a Cristo como simiente y también nos introducirá en Cristo, nuestra tierra. Cristo debe ser la simiente que está en nosotros. Cristo también debe ser la tierra en la cual vivimos. ¿Acaso no tenemos a Cristo en nosotros? Sí, pero El debe ser la simiente. ¿No estamos en Cristo ahora? Sí, pero debemos vivir en El como nuestra tierra.

Ahora la tierra también es la iglesia, pues la iglesia es el agrandamiento de Cristo. El Cuerpo de Cristo, la iglesia, es la expansión de Cristo. En la iglesia vivimos en Cristo y somos sustentados por El; en la iglesia matamos a los enemigos; y en la iglesia tenemos el reino de Dios y la morada de Dios. Por esta razón, cuando entramos en la iglesia, inmediatamente nos sentimos en casa. Ya no andamos errantes sino que tenemos un lugar en el cual podemos vivir y subsistir, en el cual matamos a nuestros enemigos, en el cual podemos tener el reino de Dios y la morada de Dios. Antes de entrar en la iglesia, no teníamos el vivir cristiano adecuado, pero después de entrar en ella, ¡qué cambio tan positivo se ha producido en nuestro vivir! Antes de entrar en la iglesia, nos resultaba difícil vencer a un enemigo, pero después de entrar en ella iglesia, fue muy fácil. Quedorlaomer teme a la iglesia. ¿Dónde podemos matar a todos nuestros enemigos? En Canaán. ¿Cuál es el Canaán actual? Es la iglesia, el Cristo agrandado. ¿Dónde están el reino de Dios y Su morada ahora? También en la iglesia. La iglesia, el Cristo agrandado, es nuestra buena tierra ahora.

Tanto la simiente como la tierra son Cristo. La simiente es Cristo en nosotros, y la tierra es el Cristo en el cual vivimos. Cristo vive en nosotros como la simiente, y nosotros vivimos en El como la tierra. El es la simiente y también la tierra que cumplen el propósito eterno de Dios.

(2) La promesa de Dios y la incredulidad de Abraham

En este capítulo Dios no sólo repite la promesa que hizo a Abraham acerca de la simiente, sino también la promesa acerca de la tierra. Vemos claramente la promesa relacionada con la simiente en los primeros seis versículos. Abraham creyó en el Señor en cuanto a la promesa acerca de la simiente. Dios hizo una promesa clara acerca de la tierra en el versículo 7, pero Abraham no tuvo la fe para creer en Dios en cuanto a la promesa de la buena tierra. Con eso vemos que creer en Dios en cuanto a la simiente es más fácil que creer en Dios en lo relacionado con la tierra. Nos resulta más fácil permitir que Cristo viva en nosotros como simiente que vivir en Cristo como la tierra. Permitir que Cristo como la simiente viva en nosotros es más fácil que vivir a Cristo como la tierra en la que podemos tener la vida de iglesia con miras al reino de Dios y a la morada de Dios. Abraham era semejante a nosotros, pues en este aspecto carecía de fe en Dios; por eso, Dios tuvo que hacer un pacto con él para confirmar Su promesa acerca de la tierra. En el mensaje siguiente veremos los detalles acerca del pacto que Dios hizo con Abraham.

ESTUDIO-VIDA DE GENESIS

MENSAJE CUARENTA Y CINCO

CONOCER LA GRACIA
PARA CUMPLIR EL PROPOSITO DE DIOS:
EL PACTO DE DIOS CON ABRAHAM

En el mensaje anterior vimos que todo lo que Abraham había experimentado antes de Génesis 15 estaba relacionado con recibir bendiciones de Dios para subsistir. Sin embargo, al llamar a Abraham, Dios tenía un propósito más elevado que la simple supervivencia de Abraham. El deseaba que Su propósito eterno se cumpliese por medio de él. A partir del capítulo quince, Dios vino y mostró a Abraham que él necesitaba gracia para cumplir Su propósito eterno. Abraham no necesitaba solamente bendiciones exteriores en su entorno, sino también gracia en su vida. Si leemos detenidamente Génesis del 15 al 22, veremos que en estos capítulos, Dios disciplinó a Abraham para mostrarle que él necesitaba Su gracia a fin de cumplir Su propósito eterno. Por lo tanto, Dios vino no solamente para bendecir a Abraham exteriormente sino para forjarse como gracia en él a fin de que tuviese algo sólido con lo cual llevar a cabo el propósito eterno de Dios.

Según vimos en el mensaje anterior, Abraham necesitaba dos cosas para cumplir el propósito de Dios: la simiente y la tierra. Si usted vuelve a leer Génesis 15, verá que tanto la simiente como la tierra se mencionan varias veces. Ya vimos que tanto la simiente como la tierra son Cristo. Primero, la simiente es el Cristo individual y personal, y luego es el Cristo corporativo. Gálatas 3:16 revela que Cristo es la simiente de Abraham. Inicialmente la simiente era el Cristo individual, pero finalmente se convirtió en el Cristo corporativo, el Cristo que es la Cabeza, donde todos nosotros somos Su Cuerpo. Esta es la simiente que se necesita para cumplir el propósito de Dios.

Cristo también es la tierra. El concepto de que Cristo es la tierra puede parecer nuevo y extraño porque anteriormente muchos de nosotros oímos que la buena tierra de Canaán era un tipo, un símbolo, de los cielos. Muchos cristianos tienen este concepto, pero si volvemos a la Palabra pura, veremos que la tierra en realidad simboliza a Cristo. En tipología la tierra es el lugar donde el pueblo de Dios descansa y donde Dios puede vencer a todos Sus enemigos y establecer Su reino y Su morada, la cual lo expresa y lo representa. Recuerde, por favor, los siguientes puntos acerca de la tierra: es el lugar donde el pueblo de Dios puede descansar; el lugar donde todos los enemigos de Dios pueden ser destruidos, y el lugar donde Dios establece Su reino y edifica Su morada para ser expresado y representado sobre esta tierra rebelde. ¿Qué requisitos hay para ser esa tierra? Simplemente Cristo. En Cristo, tenemos descanso y matamos a los enemigos. En Cristo, Dios establece Su reino y edifica Su morada, la iglesia, para que lo exprese y represente. ¿Ha visto usted que tanto la simiente como la tierra son Cristo? La simiente que Dios prometió a Abraham es el Cristo corporativo, y la tierra que Dios le prometió es el Cristo maravilloso, resucitado y elevado, en quien hoy descansamos y damos muerte a nuestros enemigos y en quien Dios establece Su reino y edifica Su morada para ser expresado y representado.

Cuando Dios prometió a Abraham que tendría una simiente, éste le creyó inmediatamente (15:6). Cuando Abraham creyó a Dios la promesa de la simiente, su fe, que era preciosa para Dios, le fue contada por justicia. En ese momento, Abraham fue justificado por fe, la fe que creía que Dios le daría la simiente para cumplir Su propósito eterno. Cuando Abraham creyó lo que Dios le dijo al respecto, Dios estuvo contento con él. No obstante, después de eso, cuando Dios prometió a Abraham que también le daría la tierra, Abraham se sorprendió y dijo al Señor: "Señor Jehová, ¿en qué conoceré que la he de heredar?" (v. 8). El le podía creer a Dios lo relativo a la promesa de la simiente, pero no lo que le prometía en cuanto a la tierra.

El mismo principio se aplica hoy. Es fácil creer que Cristo es la simiente, pero resulta difícil creer que Cristo es la tierra.

Es más fácil creer que Cristo es nuestra vida que creer que
El puede ser nuestra vida de iglesia. Muchos cristianos creen
en Dios por el hecho de que Cristo es su vida, pero cuando
llegan al asunto de la vida de iglesia, la buena tierra donde
podemos descansar, dar muerte a los enemigos y permitir que
Dios establezca Su reino y edifique Su morada, dicen que eso
no se puede tener hoy en día. Muchos cristianos parecen
decir: "Es posible vivir por Cristo, pero resulta imposible tener
la vida de iglesia". Para ellos es más fácil creer que Cristo
puede ser su vida que creer que la iglesia pueda ser su vivir.
No pueden creer que es posible tener la vida de iglesia hoy.
Una vez más, vemos que nos parecemos a Abraham; creemos
fácilmente en la simiente que prometió Dios, pero tenemos
dificultad en creer en Su promesa con respecto a la tierra.
¿Tiene usted a Cristo como la simiente? ¿Lo tiene también
como la tierra? No resulta tan sencillo tener a Cristo como
la tierra en la cual podemos vivir, a fin de tener la vida de
iglesia y que Dios establezca Su reino y Su morada, la cual
lo expresa y lo representa.

Hace años, antes de llegar a la vida de iglesia, ministrába-
mos acerca de vivir por Cristo, pero nosotros mismos no
teníamos paz. Errábamos sin descansar hasta que un día, por la
gracia de Dios, entramos en la iglesia. Cuando entramos en
la iglesia, empezamos a sentir el descanso. Antes de entrar en la
vida de iglesia, nos costaba dar muerte a los enemigos, pero
después de entrar en la vida de iglesia, encontramos que era
fácil darles muerte a todos ellos. En la vida de iglesia, el reino
de Dios es establecido, se edifica Su morada, y Dios es expresado y representado. Este es el cumplimiento del propósito
eterno de Dios hoy.

(3) Dios confirma Su promesa
al hacer un pacto con Abraham
por medio de Cristo

A Abraham le costaba creer en la promesa que Dios le
había hecho acerca de la tierra; por eso, Dios se vio obligado
a hacer un pacto con él. En Génesis 15:9-21 vemos que Dios
confirmó Su promesa al hacer un pacto con Abraham por
medio de Cristo. Dios hizo este pacto de una manera muy

peculiar. A la gente le resulta difícil entender este pasaje de la Palabra. Debemos ver que Dios se vio obligado a hacer este pacto con Abraham. Dios mismo no necesitaba hacer eso. Si Abraham hubiera creído inmediatamente en la promesa que Dios le hacía acerca de la tierra, Génesis 15 habría sido un capítulo más corto. No se habrían mencionado muchas cosas allí, como por ejemplo: el partimiento de la becerra, la cabra y el carnero; la ofrenda de la tórtola y el palomino; el sueño profundo que cayó sobre Abraham; el temor de una gran oscuridad que le sobrevino; el paso de Dios por los pedazos, como un horno humeando y una antorcha de fuego; y la mención de los cuatrocientos años. Parece que no hay nada agradable. No era el tiempo de la aurora sino del ocaso, y Dios no vino de una manera agradable sino como horno humeando y como una antorcha de fuego. Si hubiéramos estado allí, habríamos cedido al pánico, incapaces de soportarlo y considerándolo algo terrible. Sin embargo, esta escena tiene un sabor muy agradable porque en ella Dios hizo un pacto con Su llamado; El no tenía ninguna intención de atemorizarlo.

He pasado mucho tiempo procurando entender este pasaje de la Palabra. Al principio no lo podía entender porque me faltaba experiencia. Consulté algunos libros, pero ninguno de ellos me ayudó al respecto. Finalmente el Señor me mostró el verdadero significado de este pasaje de la Palabra mediante las experiencias que acumulé durante muchos años. Este incidente de Génesis 15 constituye la consumación de un pacto, el relato de un pacto promulgado por Dios. El primer pacto fue el que Dios hizo con Noé (9:8-17), un pacto marcado por un arco iris. Aquí, en Génesis 15, vemos el segundo pacto que Dios hizo con el hombre. Debemos recordar este hecho.

(a) Tres animales que representan al Cristo crucificado

Al hacer el pacto con Abraham, Dios le pidió que tomara una becerra, una cabra, un carnero, una tórtola y un palomino (v. 9). Los tres animales cuadrúpedos, que tenían tres años de edad cada uno, fueron partidos en dos, pero las aves no lo fueron; se preservaron vivas. Mediante estos animales Dios hizo Su pacto con Abraham, dejando implícito que así Abraham podía cumplir el propósito de Dios.

Debemos ver el significado de los tres animales cuadrúpedos y las dos aves. En tipología, todas las cosas que el hombre ofrece a Dios tipifican a Cristo. Basándonos en este principio, cada uno de estos cinco seres indudablemente tipifica a Cristo. Primero Cristo es el Cristo crucificado, el Cristo partido, y segundo El es el Cristo resucitado y viviente. Si vemos eso, podremos entender inmediatamente que los tres cuadrúpedos que fueron partidos e inmolados, tipifican al Cristo crucificado. El Cristo crucificado se hizo carne y vivió en la tierra en Su humanidad. El capítulo uno de Juan revela que el Verbo, quien era Dios, se hizo carne (v. 14). Más adelante se refiere a El como Cordero de Dios (v. 29). El Cordero de Dios era el Verbo de Dios hecho carne. Por tanto, los tres animales tomados de entre el ganado en Génesis 15 deben de representar a Cristo en Su humanidad, quien fue crucificado por nosotros.

Al leer Génesis 15 junto con el libro de Levítico, podremos ver que la becerra era utilizada para la ofrenda de paz (Lv. 3:1). ¿Por qué viene en primer lugar la ofrenda de paz? Porque cuando Dios hizo un convenio con aquel a quien había llamado, era necesaria la paz. Al hacer un pacto o un acuerdo entre dos partes, siempre se necesita la paz. El pacto de Dios con el hombre que había llamado requería primeramente una ofrenda de paz. Y Cristo fue esta ofrenda de paz. La cabra tipifica a Cristo como nuestra ofrenda por el pecado (Lv. 4:28; 5:6). Por muy buenos que seamos como llamados de Dios, seguimos siendo pecaminosos. Por consiguiente, después de la ofrenda de paz, necesitamos el sacrificio por el pecado. ¡Aleluya, el problema del pecado fue solucionado! Cristo como nuestra cabra, como nuestro sacrificio por el pecado, lo eliminó. Después de esto, se necesitaba el holocausto, el sacrificio que indica que todo debe entregarse a Dios (Lv. 1:10). Después de la ofrenda de paz, venía el sacrificio por el pecado, y después de éste, venía el holocausto. Cristo constituía todas las ofrendas por las cuales Dios pasó al hacer un pacto con aquel a quien había llamado.

624 ESTUDIO-VIDA DE GENESIS

¿Por qué aquellos tres animales tenían tres años cada uno? Porque Cristo no fue inmolado en muerte sino en resurrección. El no fue ofrecido en muerte sino en resurrección. El Señor dijo a los judíos, hablando de su crucifixión: "Destruid este templo, y en tres días lo levantaré" (Jn. 2:19). El Señor fue inmolado cuando tenía "tres años de edad", lo cual significa que El murió en resurrección. Incluso antes de ser inmolado, El ya estaba en resurrección porque siempre estuvo en dicha esfera (Jn. 11:25). Por consiguiente, cuando El fue inmolado, murió en resurrección, y ésta fue la razón por la cual podía ser resucitado. Cristo se ofreció a Dios en resurrección. Fue clavado en la cruz en resurrección. Por muy fuerte que usted sea, si ha de ser inmolado, lo será en muerte, y no en resurrección. Pero el Señor Jesús murió en resurrección.

(b) Dos aves, que representan al Cristo resucitado

Las dos aves, que se conservaron vivas, representan al Cristo resucitado y viviente (Lv. 14:6-7). El Cristo resucitado está principalmente en Su divinidad porque, conforme a la tipología de la Biblia, la paloma representa al Espíritu Santo (Jn. 1:32). Por consiguiente, el ganado tipifica a Cristo en Su humanidad, mientras que las aves representan Su divinidad. Por tanto, las aves de Génesis 15 representan al Cristo celestial, el Cristo que procede de los cielos y que todavía está allí (Jn. 3:13), el Cristo que estaba vivo y sigue vivo. Cristo fue crucificado, pero vive. El fue inmolado en Su humanidad, pero vive en Su divinidad. El murió como el hombre que caminaba sobre esta tierra, pero ahora vive como Aquel que se eleva a los cielos. Su humanidad le sirvió para ser todos los sacrificios, mientras que Su divinidad le permite ser el que vive. El fue sacrificado por nosotros en Su humanidad y vive por nosotros en Su divinidad.

En tipología, la tórtola representa una vida de sufrimiento, y el palomino representa una vida que cree, una vida de fe. Mientras el Señor Jesús vivía en la tierra, siempre estaba sufriendo y creyendo. En Su vida de sufrimiento El era la tórtola y en Su vida de fe era un palomino.

Había dos aves, y el número dos representa el testimonio (Hch. 5:32). Las dos aves vivas llevan el testimonio de Cristo, el resucitado que vive en nosotros y para nosotros (Jn. 14:19-20; Gá. 2:20). El Jesús viviente es el testimonio, el que lleva continuamente el testimonio. En Apocalipsis 1 el Señor dijo: "[Yo soy] el Viviente; estuve muerto, mas he aquí que vivo por los siglos de los siglos" (v. 18). Su vida eterna es Su testimonio, pues el testimonio de Jesús siempre se relaciona con tener vida. Si una iglesia local no vive, no tiene el testimonio de Jesús. Cuanto más vivimos, más expresamos el testimonio del Jesús viviente.

Había tres animales sacados de entre el ganado y dos aves, lo cual suma cinco seres. El número cinco es el número que denota responsabilidad, e indica aquí que Cristo como el crucificado y el viviente lleva ahora toda la responsabilidad de cumplir el propósito eterno de Dios.

(c) Como las aves del aire, Satanás y Sus ángeles descendieron para anular a Cristo

Cuando los sacrificios estaban listos, las aves del aire vinieron e intentaron comerlos (v. 11). Esto significa que Satanás y sus ángeles vienen para anular a Cristo en la vida de iglesia (Gá. 5:2, 4). Ahora Satanás y sus ángeles (2 Co. 11:13-15) hacen lo imposible para robarles a los cristianos el disfrute que hallan de Cristo en la vida de iglesia (Col. 2:8). Así como Abraham alejaba a las aves, nosotros también debemos alejar a Satanás y a sus ángeles de lo que Cristo es para nosotros en la vida de iglesia.

(d) El Dios del pacto pasó por en medio de los animales divididos del sacrificio

Dios pasó por en medio de los sacrificios que tipifican a Cristo, para hacer un pacto con Abraham (vs. 17-18; cfr. Jer. 34:18-19). Después de que Abraham partió por la mitad los animales tomados del ganado y dispuso todos los sacrificios, "a la caída del sol sobrecogió el sueño a Abram, y he aquí que el temor de una grande oscuridad cayó sobre él" (v. 12). Estando Abraham en esa situación, se presentó Dios. El versículo 17 dice: "Y sucedió que puesto el sol, y ya oscurecido, se veía un horno humeando, y una antorcha de fuego que pasaba por entre los animales divididos" (v. 18). Dios no vino en una forma muy agradable, sino como horno humeando y como antorcha de fuego. Un horno sirve para refinar, y una antorcha es útil para iluminar. En medio de una situación oscura, Dios vino para refinar e iluminar. Esto sucede con frecuencia en la vida de iglesia. De repente, el amanecer se convierte en atardecer, una noche oscura cae sobre nosotros, muchos santos duermen y dejan de ejercer su función, y surgen sufrimientos por todos lados. Durante ese período de aflicción, quizás empecemos a dudar, diciendo: "¿Qué es eso? ¿Hay algo malo en nuestro medio?". En tal circunstancia, Dios siempre viene como horno que nos refina y nos quema, y también como antorcha que nos ilumina. A menudo la gente dice de los que están en la vida de iglesia: "¿Cómo es que ustedes tienen tanta luz? ¡Cuánta luz hay entre ustedes! ¡Cuánto brilla la antorcha!". La luz viene principalmente de los sufrimientos. Consideren la situación de Abraham: el sol se ponía, venía la noche, Abraham estaba durmiendo, y Dios se presentó, no como consolador sino como horno que arde y como antorcha que ilumina. Por una parte, Dios nos quema y sufrimos; por otra, nos ilumina y quedamos bajo la luz. Al mismo tiempo, aun cuando estemos en una noche oscura, tendremos mucha claridad.

En esta situación Dios pasó por en medio de los animales sacrificados que estaban partidos por la mitad, y eso puso en vigencia Su pacto. El hizo un pacto con Abraham al pasar por en medio de todos los sacrificios como un horno humeando y una antorcha de fuego. Así Dios confirmó Su promesa a Abraham al hacer un pacto con él a fin de cumplir Su propósito eterno.

(e) El hombre llamado se identifica con Cristo
al ofrecerlo a Dios

En el Antiguo Testamento cuando una persona ofrecía algo a Dios, imponía sus manos sobre el sacrificio, indicando su unión o identificación con dicho sacrificio. El hecho de que Dios le pidiera a Abraham que le ofreciera ganado y aves implica que Abraham tenía que ser uno con todas las cosas que ofrecía a Dios. Era como si Dios le dijera: "Abraham, debes estar en unión con todas las cosas que me ofreces. Debes identificarte con el ganado y con las aves". Esto indica que nosotros también debemos ser quebrantados en el quebrantamiento y la crucifixión de Cristo. Nuestro hombre natural, nuestra carne y nuestro yo deben ser partidos en dos y crucificados. Así como nos identificamos con El en Su crucifixión, también nos identificamos con El en Su resurrección. Morimos en Su muerte (Ro. 6:5a, 8a) y vivimos en Su resurrección (Ro. 6:5b, 8b), para que se cumpla el propósito de Dios. Fuimos aniquilados en Su crucifixión y germinamos en Su resurrección. Así que estamos capacitados para cumplir el propósito eterno de Dios.

El hombre natural no puede tener vida de iglesia. Entre nosotros hay muchas clases de hermanos y hermanas. En lo humano no podemos ser uno. Pero en la iglesia somos verdaderamente uno por el Cristo crucificado y resucitado. Somos uno con El de tal manera que hasta el diablo reconoce que somos uno. En la crucifixión de Cristo se le puso fin a nuestro viejo hombre. Cada vez que mi viejo hombre sale de la tumba, lo reprendo inmediatamente, diciendo: "¿Qué estás haciendo aquí? Ya fuiste aniquilado. No te corresponde venir aquí". Todos fuimos aniquilados en la crucifixión de Cristo y germinamos en Su resurrección. En Su resurrección todos estamos vivos, no por nuestra propia cuenta sino por el Cristo resucitado que vive dentro de nosotros y nos permite experimentar la vida de iglesia.

Ahora vemos cómo Dios puede tener una simiente y una tierra tan maravillosa como el pueblo y la esfera en la cual y con la cual El puede establecer Su reino y Su morada para expresarse y para ser representado. ¿Cómo puede Dios hacer eso? Sólo por la crucifixión de Cristo como nuestra ofrenda de paz, nuestro sacrificio por el pecado, y nuestro holocausto y por Su resurrección, por la cual puede ser nuestra vida. Ahora nosotros los llamados, los que ofrecemos Cristo a Dios y somos identificados con El, somos uno con Cristo. Cuando Cristo fue crucificado y resucitado, nosotros fuimos crucificados y resucitados con El. Fuimos crucificados en Su crucifixión y resucitados en Su resurrección. Ahora podemos declarar: "Ya no vivo yo, mas vive Cristo en mí (Gá. 2:20). Así podemos vivir hoy para tener la vida de iglesia. En la vida de iglesia tenemos a Cristo en nuestro interior como la

simiente, y por fuera como la tierra. ¿Cómo podemos entrar
en esa tierra, en la vida de iglesia? Sólo por medio del Cristo
crucificado y resucitado, mediante la becerra, la cabra, el
carnero, la tórtola y el palomino. Por una parte, todos fuimos
crucificados, y por otra, vivimos. Por tanto, aquí Dios puede
tener la simiente y la tierra para cumplir Su propósito eterno.
¡Aleluya por ese Cristo que es la simiente por la cual podemos
vivir y la tierra en la cual vivimos!

(4) Los padecimientos
de la simiente prometida

(a) Representados por la gran oscuridad

Los versículos del 12 al 16 hablan de los padecimientos
de la simiente prometida. Estos son representados por la gran
oscuridad que cayó sobre Abraham. Mientras se ponía el sol,
Abraham cayó en un sueño profundo, y le sobrevino temor
por la gran oscuridad. En esa oscuridad, Dios profetizó acerca
de la simiente de Abraham, diciendo: "Ten por cierto que tu
descendencia morará en tierra ajena, y será esclava allí, y
será oprimida cuatrocientos años ... Y en la cuarta generación
volverán acá" (vs. 13, 16). Dios parecía decirle a Abraham:
"Abraham, no debes dudar de que te daré la tierra. Tu
simiente la heredará. Sin embargo, tus descendientes padece-
rán durante cuatrocientos años". Esta profecía del Señor es
muy significativa. En la vida de iglesia hoy, en cierto momento
el sol se pondrá, vendrá la noche oscura, y la mayoría de la
gente dormirá, es decir, dejará de ejercer su función y de ser
útil. Ese tiempo es un tiempo de aflicción. Aquí en Abraham
vemos tres cosas: el sol se pone, un profundo sueño cae sobre
él, y le sobreviene temor por la gran oscuridad. En ese
entonces el pueblo que Dios llamó se encuentra en sufrimientos. Dios le dijo a Abraham que su simiente padecería así
durante cuatrocientos años. Estos cuatrocientos años habían
de ser una noche larga, una era oscura en la cual todos los
hijos de Israel dormirían, no ejercerían su función, y padecerían. El sueño de Abraham indicaba que los cuatrocientos
años eran una noche larga por la cual pasarían los hijos de
Israel.

(b) Desde la persecución de Isaac
por parte de Ismael
hasta el éxodo de Egipto

La historia muestra que la simiente de Abraham efectivamente fue afligida durante un lapso de cuatrocientos años, los cuales empezaron cuando Isaac fue perseguido por Ismael (21:9; Gá. 4:29) aproximadamente entre 1891 y 1491 antes de Cristo, año en que salieron de Egipto (Ex. 3:7-8; Hch. 7:6). Ismael se burlaba de Isaac, y ése fue el comienzo de los padecimientos de la simiente de Abraham, los cuales habían de durar cuatrocientos años. ¿Qué significa el número cuatrocientos? Este número se compone de diez veces cuarenta. En la Biblia, el número cuarenta es el número de pruebas y sufrimientos. Por consiguiente, cuatrocientos indica diez veces más pruebas. Antes de ser probados en el desierto durante cuarenta años, los hijos de Israel ya habían sido probados diez veces cuarenta años. Desde que Ismael persiguió a Isaac, la simiente prometida, hasta que salieron de Egipto, pasaron cuatrocientos años. Entonces, ¿por qué habla Exodo 12:40-41 (cfr. Gá. 3:17) de cuatrocientos treinta años? Estos cuatrocientos treinta años empezaron en Génesis 12:1-6, desde el año 1921 antes de Cristo. Desde que Abraham fue llamado, en Génesis 12, hasta la persecución de Isaac por parte de Ismael, pasaron exactamente treinta años, período en el cual los llamados de Dios vivieron en tierra extraña. Mientras Abraham estaba en Canaán, ésta era una tierra extraña para él, y siguió siéndolo para los llamados de Dios hasta el día que entraron en ella como la buena tierra. La persecución de la simiente empezó treinta años después de que Abraham fue llamado en Génesis 12 y continuó por cuatrocientos años.

Este no es un simple tema doctrinal, pues el principio es el mismo en la vida de iglesia hoy. Mientras disfrutamos a Cristo como la simiente en nuestro interior y la tierra a nuestro alrededor, puede sobrevenirnos una noche oscura y pueden llegarnos algunas pruebas. ¿Cuál es el propósito de eso? Que en medio de la noche oscura, de los llamados que no están activos y de las aflicciones, Dios venga como un horno humeando para refinarnos y como antorcha que brilla para iluminarnos a fin de que cumplamos Su propósito por la simiente y por la tierra.

(c) Como señal para cumplir el pacto de Dios

Al hacer el pacto con Abraham, Dios preparó soberanamente un entorno de oscuridad en el cual le dijo a Abraham que sus descendientes padecerían durante cuatrocientos años. Esta profecía, la cual se cumplió con exactitud, fue una señal del cumplimiento del pacto que Dios hizo aquí. Los padecimientos de la simiente prometida fueron una señal según la cual Dios cumpliría Su pacto. Al sufrir padecimientos como Dios profetizó, el pueblo de Dios debía tener por cierto que Dios cumpliría Su pacto. Sucede lo mismo con nosotros hoy en día. Los sufrimientos de la iglesia en tiempos oscuros muestran claramente que Dios cumplirá Su pacto por el bien de la vida de iglesia con Cristo como simiente y como la tierra.

En el versículo 18 el Señor hizo un pacto con Abraham y dijo: "A tu descendencia daré esta tierra, desde el río de Egipto hasta el río grande, el Eufrates". La simiente de Abraham recibió una tierra extensa, desde el río de Egipto hasta el gran río Eufrates. Hoy en día, la nación de Israel sólo tiene un pequeño pedazo de tierra, pero la tierra prometida es mucho más extensa. En tipología, esto significa que después de todas las aflicciones experimentadas, la vida de iglesia se incrementará y se extenderá. Entonces tendremos una simiente más rica y una vida de iglesia más amplia. La simiente que está en nosotros será más rica, y la tierra que está a nuestro alrededor será más extensa. Es allí donde cumplimos el propósito eterno de Dios.

Creo que ahora, por la misericordia de Dios, Génesis 15, un capítulo tan difícil de entender, nos ha quedado más claro. En dicho capítulo tenemos la simiente y la tierra. Aquí tenemos a Cristo como el crucificado, el resucitado y el viviente. Aquí también nos identificamos con El. Este capítulo presenta cuatrocientos años de aflicciones y la venida de Dios como un horno y como una antorcha. Allí Dios puso Su pacto en vigencia para que nosotros cumplamos Su propósito eterno. ¿Cómo estableció Dios Su pacto? Al crucificar a Cristo como la ofrenda de paz, como el sacrificio por el pecado y como el holocausto, y al resucitarlo como Aquel que vive; al ofrecer nosotros a Cristo y ser plenamente identificados con Él en Su crucifixión y resurrección; y al comprender que tendremos la noche oscura, las aflicciones y la venida de Dios como el horno y como la antorcha que nos refina y nos ilumina. En Génesis 15 estamos en el pacto establecido por medio de Cristo, el cual nos permite cumplir el propósito eterno de Dios. Aquí en la vida de iglesia disfrutamos a Cristo como la simiente y como la buena tierra. Es aquí donde lo disfrutamos a Él como la gracia suficiente que cumple el propósito de Dios.

ESTUDIO-VIDA DE GENESIS

MENSAJE CUARENTA Y SEIS

CONOCER LA GRACIA
PARA CUMPLIR EL PROPOSITO DE DIOS:
LA ALEGORIA DE LAS DOS MUJERES

Génesis es un libro que contiene las riquezas de la revelación divina. Cuanto más estudio este libro, más disfruto de sus maravillosas riquezas. Cuando leemos el libro de Génesis, necesitamos la iluminación divina, pues nuestra mente humana es incapaz de sacar algo de este libro, aparte de los relatos históricos y de algunas historias interesantes. Cuando yo era joven, me alegraba escuchar las historias mencionadas en este libro, pero si consideramos Génesis solamente como un libro de historias, nos perderemos muchas cosas.

3) La alegoría de las dos mujeres

Sara y Agar, respectivamente la esposa y la concubina de Abraham, el llamado de Dios, son una alegoría de los dos pactos (Gá. 4:24). Si el apóstol Pablo no hubiera escrito el libro de Gálatas en el cual nos dice que estas dos mujeres forman una alegoría de los dos pactos, ninguno de nosotros se lo habría imaginado. Aunque algunos cristianos critican el uso de alegorías para interpretar la Biblia, vemos que Pablo fue el primero en usar alegorías al referirse al Antiguo Testamento. Si queremos apreciar los tesoros del libro de Génesis, debemos entender que Génesis es un libro de alegorías. La biografía de Abraham es una alegoría. Su esposa y su concubina constituyen una alegoría muy significativa. En este mensaje, haremos cuanto podamos por indagar acerca del significado de esta alegoría.

Sin embargo, antes de llegar a esta alegoría, debemos ver algo acerca del libro de Génesis. ¿Por qué Génesis es un libro tan agradable y precioso? Porque contiene muchas semillas de la revelación divina, sembradas por Dios mismo. Este libro contiene todos los aspectos principales de la revelación divina. En el primer capítulo, vemos que Dios desea expresarse por medio del hombre y que con ese propósito creó al hombre a Su imagen (1:26). El hombre fue hecho a la imagen de Dios con la intención de que fuese la expresión exacta de Dios y de que por medio de esa expresión, Dios tuviese un dominio, un reino, en el cual pudiera ejercer Su autoridad. Esta es la intención final de Dios, Su propósito eterno. Si usted lee la Biblia bajo esta luz celestial, verá que toda ella contiene esta intención divina. Para cumplir el propósito de ser expresado y de dominar la tierra, Dios necesita tener la simiente y la tierra; y ambos están relacionados con Cristo. Este Cristo debe ser forjado en el pueblo de Dios. Dios quería hacer eso con Adán, pero éste falló. Finalmente, Dios tuvo un nuevo comienzo con un nuevo linaje, el linaje de los llamados, de los cuales Abraham fue el primero. Si usted lee la biografía de Abraham, verá que Dios se presentó repetidas veces con una promesa acerca de dos cosas: la simiente y la tierra (12:7; 13:15-16; 15:5, 7, 18). Abraham no era joven cuando Dios lo llamó por primera vez; él tenía setenta y cinco años cuando respondió plenamente al llamado de Dios.

Abraham tenía setenta y cinco años de edad, pero no tenía hijo. Para Dios, eso era muy bueno. Cuando Dios lo llama a usted, es mejor que no tenga nada, porque si tiene demasiado, eso estorbará el llamado de Dios. Cuando Abraham fue llamado por Dios, no tenía hijo y vivía en una tierra condenada y demoníaca, de la cual Dios lo llamó a salir. Después de ser llamado, Abraham seguía sin hijo y sin tierra. Supongamos que hoy un hombre y su esposa no tienen hijos ni tierra. ¿No se sentirían las personas más miserables de la tierra? Quizás Abraham le haya dicho a su esposa: "¿Para qué estamos aquí? Tengo setenta y cinco años de edad y tú sesenta y cinco, y no tenemos ni un hijo. También fuimos llamados a salir de nuestra tierra. ¿Dónde estamos? ¿Qué estamos haciendo aquí? ¿Adónde vamos?". Parece que estaban en una situación lamentable. Sin embargo, cuanto más miserable sea nuestra condición, mejor cumpliremos el propósito de Dios. Espero que ninguno de nosotros tenga un hijo interiormente ni una tierra exteriormente. Si no tenemos nada por dentro ni por fuera, estamos en una situación maravillosa. ¿Por qué? Porque Dios no quiere que tengamos nada a fin de poder cumplir Su propósito. Dios desea forjar a Cristo en nosotros como la simiente y luego cultivarlo exteriormente como la tierra. Primero, la semilla debe ser forjada en nosotros; y luego, debe ser cultivada exteriormente para convertirse en la tierra. La simiente y la tierra son Cristo.

Ya vimos que Abraham respondió al llamado de Dios vacilando en el lodo y el agua. Dios no le había dado ningún hijo a Abraham; por eso, él se llevó consigo a Lot su sobrino como compañía. Abraham no podía decir que no tenía nada, pues había tomado consigo a Lot. Además, tal vez haya encontrado y recogido a Eliezer mientras viajaba por Damasco. Después de eso, quizás haya conseguido a Agar, después de haber caído en Egipto, cuando iba a la deriva como un pedazo de madera flotando. El estuvo dispuesto a sacrificar a su esposa en Egipto, pero ésta fue preservada mediante la providencia de Dios, y conforme al plan de Dios, Abraham obtuvo muchas riquezas, incluyendo una sierva egipcia llamada Agar. En Harán, Abraham tomó a Lot; en Damasco encontró a Eliezer, y en Egipto él obtuvo a Agar. Pero en la buena tierra no consiguió nada. Todo lo que logró en la buena tierra fue la promesa de Dios en palabras sencillas acerca de la simiente y de la tierra.

Aunque Abraham no podía discutir con Dios, probablemente quería decirle: "Dios, no necesitas prometerme continuamente que me darás un varón. Ya me dijiste que mis descendientes serán una gran nación. En tres ocasiones me dijiste que yo tendría una simiente, pero ¿por qué no haces nada? Dios, ¿no te das cuenta de que una sola acción es mejor que mil palabras? No sólo me hiciste una promesa, sino que también estableciste un pacto. Me dices que la lluvia está por venir, pero todavía no he visto ni una gota de agua. También me dijiste que me darías esta tierra. ¿Por qué no me la das ahora mismo? Siempre dices: 'Te la daré', pero ¿acaso no sabes que la necesito ahora?". Esta fue una verdadera prueba para Abraham. Primero, Abraham contaba con Lot. Más adelante Lot le causó problemas y se apartó de él. Luego, Abraham confió en Eliezer, diciéndole a Dios que Eliezer sería su heredero. Cuando Dios dijo que Eliezer no sería su heredero, quizás Abraham haya dicho: "Dios, ¿qué estás haciendo? Me acabas de robar. Me niegas todo. No me das ni un solo sí". Dios quiso fortalecer la fe de Abraham, y por eso hizo un pacto con él de una manera extraordinaria, usando tres animales tomados de entre el ganado y dos aves vivas. Ese pacto hecho por Dios fue mucho más sólido que una sola promesa Suya.

Luego, Abraham y Sara probablemente tuvieron mucha comunión triste. Tal vez Abraham le haya dicho a su esposa: "Sara, hace muchos años Dios prometió que tendríamos una simiente. ¿Donde está? Dios también nos prometió la tierra. Para fortalecer nuestra fe, El hizo un pacto con nosotros. No podemos decir que no se puede creer ni confiar en el pacto, porque ofrecí los animales y las aves como el Señor me lo pidió. Sin embargo, todavía no tenemos nada". En estas circunstancias, las esposas se parecen a Sara. A menudo las esposas son más refinadas y detallistas. Mientras Abraham hablaba de una manera tan triste, quizás Sara le haya hecho a él una buena propuesta, diciendo: "Abraham, no podemos decir que no se puede confiar en la palabra de Dios, pero considera nuestra edad. ¿No te dijo Dios que alguien nacido de ti sería tu simiente? Ahora tengo una buena propuesta. El hecho de que hayamos conseguido a Agar en Egipto debe de haber sido algo providencial. ¿Por qué no te llegas a ella y tienes un hijo de ella? Entonces tendremos la simiente que cumplirá el propósito de Dios". Si fuésemos Abraham, proba-blemente habríamos dicho: "Es una idea maravillosa. Nunca había pensado en eso, pero alabado sea Dios porque tuviste la sabiduría de proponer ese plan". Abraham siguió el consejo de Sara y así nació Ismael. Después del nacimiento de Ismael, quizás Abraham haya dicho: "¿Quién podría rechazar a éste? Indudablemente nació de mí. ¿No cree que Dios ejerció Su providencia al darnos a Agar en Egipto y al permitir que diera a luz un varón, y no una muchacha? Dios ejerció Su providencia en tres aspectos: nos dio a Agar, permitió que ella concibiera y nos dio un hijo varón. ¡Alabado sea el Señor! Esto es indudablemente fruto de la providencia de Dios". Pero después del nacimiento de Ismael, Dios se alejó de Abraham durante trece años (16:16; 17:1).

Por una parte, en ese período, quizás Abraham haya sido feliz porque tenía un hijo, pero por otra parte, él sufrió porque Dios no se le aparecía. Es probable que le haya dicho a su esposa: "¿Por qué no se nos aparece Dios? ¿Qué ha sucedido? No volvimos a Egipto ni hicimos nada malo. Hemos actuado conforme a tu propuesta de tener una simiente para cumplir el propósito de Dios. ¿Qué hay de malo? Tenemos un hijo, pero no tenemos la presencia de Dios". Como veremos en el mensaje siguiente, después de trece años, Dios vino finalmente, y dijo a Abraham: "Yo soy el Dios que todo lo provee; anda delante de mí y sé perfecto" (17:1, heb.). Dios parecía decirle a Abraham: "Abraham, debes ser perfecto. No has hecho nada malo, pero no eres perfecto". Entonces Dios le dijo que una simiente nacería no solamente de él sino también de su esposa, y dijo que El le daría a Abraham un hijo de ella (17:16). Ismael había nacido de Abraham, pero no de Sara. Abraham se negaba a renunciar a Ismael, y dijo a Dios: "Ojalá Ismael viva delante de ti" (17:18). Dios contestó a Abraham, diciendo: "Ciertamente Sara tu mujer te dará a luz un hijo, y llamarás su nombre Isaac" (17:19). Dios parecía decir a Abraham: "Abraham, no me has entendido. No sólo la simiente debe provenir de ti, sino también de Sara. Y su nombre será Isaac, y no Ismael". Dios había rechazado a Ismael.

En Gálatas Pablo nos dice que estas dos mujeres, Sara y Agar, son una alegoría que representa dos pactos. Pablo sólo pudo haber entendido esto mediante la revelación de Dios. Si Pablo no nos hubiera dicho eso, ¿se habría usted imaginado que Sara era un símbolo del pacto de la gracia y que Agar simbolizaba el pacto de la ley? No debemos quedar satisfechos con las historias de Génesis, sino que debemos seguir adelante y entender el significado de la alegoría.

En Gálatas 3:17 Pablo dijo: "Esto, pues, digo: El pacto previamente ratificado por Dios, la ley que vino cuatrocientos treinta años después, no lo abroga, para invalidar la promesa". Estos cuatrocientos treinta años abarcan el período que se extiende de Génesis 12:1 a Exodo 20 donde se promulga la ley. Antes de que la ley fuese dada, había una alegoría. En otras palabras, antes de dar la ley, Dios tomó una fotografía de lo que le sucedería a la ley cuatrocientos treinta años más tarde. Todos debemos ver eso.

a) Sara, la mujer libre, representa el pacto de la promesa (la gracia)

Sara, la mujer libre, representa el pacto de la promesa (Gá. 4:23). El pacto de la promesa que hizo Dios con Abraham fue un pacto de gracia. En ese pacto Dios prometió darle a Abraham la simiente, sin exigirle ninguna labor. Dios forjaría algo en él para que produjera una simiente y cumpliera así Su propósito. Sería obra de Dios, y no de Abraham. Esta es la gracia. Sara, la mujer libre, la esposa legítima de Abraham, simbolizaba este pacto de gracia. Ella produjo a Isaac, no por la fuerza humana, sino por la gracia de Dios.

b) Agar, la esclava, representa el pacto de la ley

Agar, la esclava, representa el pacto de la ley (Gá. 4:25). La ley fue promulgada cuando los hijos de Israel hicieron a un lado la obra de gracia que Dios había hecho en su favor e intentaron complacer a Dios por sí mismos. Cuando el hombre ignora la gracia de Dios, siempre procura hacer algo que complazca a Dios, y esto introduce la ley, de la cual era símbolo Agar, la esclava, la concubina de Abraham. Por ser la concubina, no debía de haber sido incluida. Lo que ella produjo no podía permanecer en la economía de Dios. Esto significa que la ley no debía haber venido y que el fruto de la ley no tiene lugar en el cumplimiento del propósito de Dios. Por el esfuerzo humano y no por la gracia de Dios, Agar produjo a Ismael, quien fue rechazado por Dios. El fruto del esfuerzo humano efectuado por la ley no tiene parte en el cumplimiento del propósito de Dios.

Según la economía de Dios, el hombre debe tener una sola esposa. Por consiguiente, la propuesta de Sara, según la cual Abraham debía tener descendencia por medio de Agar, estaba absolutamente en contra de la economía de Dios. Agar no era la esposa legítima, sino una concubina. Agar, la concubina de Abraham, simbolizaba la ley. Así podemos ver que la posición de la ley es la de concubina. La gracia es la esposa legítima, la madre de los verdaderos herederos (Gá. 4:26, 28, 31), pero la ley es la concubina, la madre de aquellos que son rechazados como herederos. Según la antigua costumbre, los hombres tomaban concubinas principalmente cuando sus esposas no podían tener hijos. Esto es bastante significativo. Cuando la gracia todavía no ha obrado y usted tiene prisa, se unirá con una concubina, con la ley. Sara simbolizaba la gracia, el pacto de la promesa, y Agar simbolizaba la ley. La gracia es la esposa legítima, y la ley es la concubina.

c) El pacto de la promesa (la gracia) vino en primer lugar

La promesa fue dada en 12:2, 7; 13:15-17; 15:4-5, y el pacto fue hecho en 15:7-21. Conforme a la intención de Dios, el pacto de la promesa vino primero. Dios no tenía ninguna intención de introducir la ley ni de que el hombre procurara guardarla para cumplir Su propósito. Originalmente El deseaba forjarse en el hombre para cumplir Su propósito por medio de él.

d) El pacto de la ley vino más tarde

El pacto de la ley vino más tarde por el esfuerzo de la carne en Génesis 16. Lo que vemos en Génesis 16 es el esfuerzo de la carne que aportó Agar, el símbolo de la ley. La promesa fue dada cuando Abraham fue llamado en Génesis 12, por el año 1921 a. de C., y la ley fue dada en Exodo 20, cuatrocientos treinta años más tarde, después de la salida de Egipto, como en el año 1491 a. de C. (Gá. 3:17). La gracia siempre viene primero, pero luego viene la ley para estorbar. Muy pocos cristianos ven que la posición de la ley es la de una concubina, que va en contra de la economía de Dios, y que su fruto es rechazado por Dios. No obstante, aprecian la ley y hacen cuanto pueden por guardarla, haciéndose así Ismael, el hijo de la esclava.

e) El fruto (Ismael) viene por el esfuerzo de la carne y la ley

Todos los cristianos, sin excepción alguna, somos semejantes a Abraham. Después de ser salvos, llegamos a ver que

Dios desea que vivamos como Cristo, que nuestra vida sea celestial y victoriosa, que complazca constantemente a Dios y que lo glorifique. En efecto, Dios desea que llevemos esa vida, pero El forjará a Cristo en nosotros a fin de vivir por nosotros una vida celestial que lo complazca y lo glorifique. Sin embargo, todos nosotros nos centramos en Su intención y descuidamos Su gracia. Su intención es que llevemos una vida celestial para la gloria de Dios, y Su gracia consiste en que Dios forje a Cristo en nosotros para cumplir Su propósito. Por consiguiente, primero dependemos de nuestro Lot, de las circunstancias naturales que trajimos con nosotros, procurando usarlas para cumplir el propósito de Dios al llevar una vida celestial para la gloria de Dios. Cuando Dios no nos permite depender de Lot, entonces nos volvemos a Eliezer, esperando que éste nos ayude a llevar una vida celestial para la gloria de Dios. Finalmente Dios nos dice: "No quiero eso. No deseo nada objetivo sino algo subjetivo que provenga de tu interior". Cuando vemos que eso es lo que Dios desea, empezamos a usar nuestra propia energía, nuestra fuerza natural, para cumplir Su propósito. Todos tenemos una Agar, una sierva siempre dispuesta a cooperar con nosotros. Tal vez no tengamos la ley dada por Moisés, pero sí tenemos las leyes que hacemos nosotros mismos. Todos promulgamos leyes y hacemos leyes para nosotros mismos.

Consideremos algunos ejemplos de estas leyes que uno mismo hace. Puede ser que usted diga que nunca más perderá la calma con su marido ni tendrá una actitud negativa hacía él. Este es su primer mandamiento. El segundo mandamiento es que, como mujer y esposa cristiana, debe ser amable, tierna y humilde. El tercer mandamiento será nunca criticar a los demás, y el cuarto, siempre amar a la gente y nunca aborrecerla. Estas leyes que nos imponemos son nuestra Agar. A los ojos de Dios no importa si guardamos estas leyes o no, porque para El ni siquiera nuestros éxitos cuentan. En años anteriores, algunas hermanas casi lograron cumplir sus propias leyes. Tenían un carácter firme, una voluntad de hierro y una tremenda determinación, y todo el día hacían cuanto podían por controlar su genio y ser amables, afables y humildes. Aunque estas hermanas quizás lo hayan logrado, lo único que produjeron fue un Ismael. Estas hermanas estaban contentas con su Ismael, y en cierto sentido, estaban orgullosas de él. El mismo principio se aplica a los hermanos.

Podemos obtener un Ismael, y tal vez sea bueno a nuestros ojos, pero sentiremos que nos hace falta algo. Habremos perdido la presencia de Dios. Además, este Ismael se burlará siempre de las cosas espirituales (21:9). Por una parte, no nos gusta este elemento de burla, pero por otra, seguimos pensando que Ismael no es tan malo porque fue producido por nosotros. Sin embargo, al perder la presencia de Dios, nos vemos en problemas. Así como los descendientes de Ismael causan problemas al Israel actual, el Ismael que hemos producido sigue siendo un problema para nosotros. Cuando entendamos eso, oraremos: "Señor, guárdame en Tu gracia. Guárdame en la promesa. No importa que Tu promesa se cumpla ahora o en muchos años. Sólo deseo estar a la par con Tu promesa". Es fácil decir eso, pero no es fácil practicarlo.

Lo que es cierto en nuestra vida cristiana también se aplica en nuestra labor cristiana. El Nuevo Testamento nos dice que después de ser salvos, debemos predicar el evangelio y llevar fruto. Sin embargo, ¡cuántos esfuerzos y cuánta energía natural se usa en la conocida actividad de ganar almas! Se usan muchas clases de Agar, procedentes de Egipto, para ganar almas. Cada medio mundano de ganar almas es una Agar. Efectivamente, usted puede usar una Agar para ganar almas, pero ¿qué clase de almas ganará? No serán Isaac sino Ismael. Según el Nuevo Testamento, llevar fruto y predicar el evangelio provienen de estar llenos de la vida interior, al forjar Dios a Cristo en nosotros y por medio de nosotros, y al brotar El de nuestro interior. Esto significa que la verdadera predicación del evangelio se lleva a cabo al ser Cristo nuestra gracia.

Existen muchas Agar en el mundo cristiano de hoy. ¿Quiere usted llevar una vida cristiana por su propia cuenta? Más vale que desista. ¿Desea predicar el evangelio por medios mundanos? Es mejor que no lo intente. Deje de llevar la vida cristiana por su propio esfuerzo y deje de obrar para el Señor usando medios mundanos. Entonces usted dirá: "Si dejo esto, estaré acabado". Es cierto. Pero es eso exactamente lo que

Dios espera. Abraham respondió con toda la energía al llamado de Dios cuando tenía setenta y cinco años de edad, pero Dios no hizo nada con él hasta que tuvo noventa y nueve años, porque hasta entonces Abraham todavía tenía su fuerza natural. El dependía de Lot y de Eliezer y tenía a Agar que correspondía a su fuerza natural. Finalmente, Dios se vio obligado a alejarse de él. Del mismo modo, mientras dependemos de un Lot o de un Eliezer o de una Agar como esfuerzo propio, Dios no podrá obrar. Mientras todavía tengamos la fuerza de producir un Ismael, Dios no hará nada. Después de que produzcamos ese Ismael, Dios se alejará por cierto tiempo. A los noventa y nueve años de edad, Abraham se consideraba una persona muerta. Romanos 4:19 dice que "consideró su propio cuerpo, ya muerto, siendo de casi cien años". Romanos 4 también indica que Sara ya no tenía la fuerza de la fecundidad. Tanto Abraham como Sara tenían la plena convicción de que estaban acabados y no podían hacer nada por su propio esfuerzo. Sólo entonces intervino Dios.

Todos los predicadores que fomentan avivamientos animan y exhortan a la gente a vivir por Cristo y a laborar por El. Sin embargo, en nuestro ministerio decimos que debemos dejar de vivir la vida cristiana por nuestra propia cuenta y de realizar la obra cristiana con medios mundanos. No se molesten cuando decimos eso, pues por mucho que exhortemos a la gente a detenerse, casi nadie lo hace. Si alguien deja de esforzarse por llevar una vida cristiana con sus esfuerzos o por laborar para el Señor usando medios mundanos, es bienaventurado. Esto no es fácil para su propio esfuerzo en la vida cristiana ni para su celo natural por la obra cristiana. Resulta fácil ser llamado por Dios, pero es difícil frenar el celo natural. Si el Señor viniera y lo parara a usted, usted le diría: "No, Señor. Considera la situación actual. Casi nadie labora para Ti en la carga que tengo. Yo soy prácticamente el único. ¿Cómo podría dejar mi labor por Ti?". Pero bienaventurado el que se detenga, pues cuando uno cesa, Dios interviene. Cuando lo humano llega a su fin, comienza lo divino. Cuando acaba nuestra vida humana, empieza la vida divina.

Cuando Abraham tenía ochenta y seis años de edad, todavía tenía demasiada fuerza, y eso obligó Dios a esperar trece años más. Tal vez Dios, sentado en los cielos y mirando a Abraham, haya dicho: "Abraham, ahora tienes ochenta y seis años, pero todavía tengo que esperar trece años más". Usted le pide a Dios que haga algo, pero Dios espera que usted se detenga. Usted dice: "Oh Señor, ayúdame a hacer algo", pero Dios contesta: "Sería bueno que desistieras de ello". Mientras Abraham estaba tan ocupado en la tierra, Dios quizás le haya mirado y le haya dicho: "Pobre Abraham, no debes estar tan ocupado. ¿No vas a parar y a dejarme intervenir? Por favor, cesa tus obras y déjame obrar a Mí. No te quieres detener; por eso, debo esperar hasta que tengas noventa y nueve años". Dios esperó que Abraham llegase a ser una persona moribunda, inactiva en sus funciones. Entonces El vino y pudo decir: "Ahora empiezo Yo. Ahora es tiempo de comenzar a obrar".

El fruto del esfuerzo de la carne fue Ismael, pero Ismael fue rechazado por Dios (17:18-19; 21:10-12a; Gá. 4:30). Ismael no sólo fue rechazado por Dios, sino que también impidió la aparición de Dios. Hoy nuestra experiencia nos revela lo mismo, pues nuestro Ismael interrumpe nuestra comunión con Dios e impide que Dios se nos aparezca. Así vemos que no se trata de lo que hacemos ni de lo que somos; es asunto de tener la presencia de Dios o no tenerla. ¿Recibe usted la aparición permanente de Dios? Debemos olvidar nuestras acciones y nuestra labor y ocuparnos de la aparición de Dios. Cuando la aparición de Dios nos acompaña, estamos en la gracia, en el pacto de la gracia. Sin embargo, la mayoría de los cristianos de hoy sólo se preocupan por sus acciones y su labor, y no por la aparición ni la presencia de Dios. Ellos pueden producir muchos Ismael, pero no tienen la presencia de Dios. Lo que necesitamos es la presencia de Dios. No necesitamos el fruto exterior de nuestra labor externa, sino la aparición interior de nuestro Dios. ¿Tiene usted la presencia de Dios dentro de sí? Esta es una prueba crucial.

f) El fruto (Isaac) de la promesa de la gracia

El fruto de la promesa de la gracia, el cual es Isaac, es la simiente que cumple el propósito de Dios (17:19; 21:12b). La simiente que cumple el propósito de Dios no es otro que

Cristo mismo forjado en nosotros, por medio de nosotros y que brota de nosotros. Lo que Dios ha forjado en nosotros produce a Cristo como simiente (Gá. 3:16). Finalmente esta simiente se convertirá en nuestra tierra. Ahora tenemos la simiente como nuestra vida y la tierra como nuestro vivir. En nuestro interior tenemos a Cristo como la simiente por la cual vivimos, y exteriormente tenemos a Cristo como la tierra en la cual moramos. Esta es la vida de iglesia donde Cristo es nuestra vida. Esta es la única manera de cumplir el propósito de Dios.

Ya no deberíamos considerar la historia de Génesis simplemente como una especie de predicción, sino como una alegoría de la situación actual. La gracia, la ley y nuestra fuerza natural están aquí, y siempre estamos tentados a usar nuestra fuerza natural para laborar en compañía de Agar a fin de producir un Ismael y así cumplir el propósito de Dios. Pero tenemos una salvaguardia: examinar si tenemos la presencia de Dios en nuestra vida diaria y en nuestra labor cristiana. La salvaguardia no es la gran cantidad de fruto que llevemos; es la presencia de Dios. ¿Tiene usted la seguridad, la confianza, de que día tras día Cristo se forja en su ser para constituir la vida interior por la cual usted vive? ¿Tiene usted la certeza de que ese Cristo se convierte incluso en la esfera en la cual usted se desenvuelve? Esta esfera es la vida de iglesia. Debemos tener la simiente y la tierra, la vida cristiana apropiada y la vida de iglesia. Debemos vivir por Cristo interiormente y en Cristo exteriormente. Esta es la debida manera de cumplir el propósito de Dios. Debemos ver eso y aplicarlo no a los demás, sino a nosotros mismos. La biografía de Abraham es nuestra autobiografía, y la alegoría de las dos mujeres es un cuadro de nuestra vida. En nuestra vida actual necesitamos a Cristo como la simiente y como la tierra.

ESTUDIO-VIDA DE GENESIS

CONOCER LA GRACIA
PARA CUMPLIR EL PROPOSITO DE DIOS:
LA CIRCUNCISION CONFIRMA EL PACTO DE DIOS

4) *El pacto de Dios confirmado*

En este mensaje llegamos a Génesis 17, un relato de la relación crucial que mantuvo Dios con Abraham al confirmar Su pacto. Ya vimos que Abraham recibió el llamado de Dios, Su promesa y Su pacto. Después de llamar a Abraham, Dios le hizo la promesa y luego le confirmó la promesa al hacer un pacto con él. Abraham, después de recibir el pacto, aceptó la propuesta de su esposa de valerse de su carne y de la fecundidad de Agar para producir descendencia. Esto produjo a Ismael. Aquí vemos tres cosas: la propuesta de Sara, lo útil que fue Agar, y el uso de la carne por parte de Abraham para producir a Ismael.

a) *Dios desapareció durante trece años*
porque Abraham se valió de su carne

Quizás Abraham haya pensado que ayudarse de la carne para producir a Ismael no era nada grave, pero sí lo fue, según la economía de Dios en cuanto a Su propósito eterno. Si comparamos el primer versículo del capítulo diecisiete con el último versículo del capítulo dieciséis, veremos que entre ambos capítulos transcurrieron trece años y que no se narra nada de la vida de Abraham durante estos trece años. Cuando Abraham produjo a Ismael, tenía ochenta y seis años de edad, y trece años más tarde, a la edad de noventa y nueve, Dios se le volvió a aparecer. En ese largo período de trece años, Abraham, un hombre llamado por Dios, un hombre que vivía por la fe y que estaba conociendo la gracia con la cual podría cumplir el propósito de Dios, perdió la presencia de Dios. ¡Ser privado de la presencia de Dios es algo muy grave!

Después de que Abraham hubo respondido al llamado de Dios y hubo empezado a vivir por fe en Dios para su subsistencia, sufrió un fracaso. En un momento en que le faltó fe, bajó a Egipto donde hasta planeó sacrificar a su esposa. Según el concepto humano, eso era mucho peor que usar a Agar para producir a Ismael. Pero si leemos estos capítulos detenidamente, veremos que a Dios le causó más disgusto el hecho de que Abraham se valiera de Agar para producir a Ismael, que su descenso a Egipto. Por supuesto, no era bueno que Abraham fuera a Egipto, pero eso no ofendió tanto a Dios como el apoyarse en su carne para producir a Ismael. Ir a Egipto fue un error externo, pero llegarse a Agar para producir a Ismael fue un error interno y más profundo, pues no se relacionaba simplemente con las circunstancias sino con la vida. Tomar a Agar para producir a Ismael no fue simplemente un asunto de tener la razón o no tenerla ni de cometer un pecado; fue un asunto de vida. Nada de lo que hacemos por nosotros mismos es vida. La vida es Dios mismo. Es Dios formado en nuestro ser. No debemos hacer nada por nosotros mismos, sino por el Dios que se forja en nosotros. Todo lo que nosotros hacemos es muerte, pues es el resultado de nuestro ego natural.

A los ojos de Dios, nuestro ego es más sucio y más corrupto que el pecado. Aunque el pecado es impuro en la presencia de Dios, no ofende a Dios tanto como nuestro yo. Todos reconocemos la gravedad del pecado, pero poca gente se da cuenta de la gravedad de valerse de su ego. Si cometemos un pecado, lo confesamos inmediatamente a Dios, pero si hacemos ciertas cosas con nuestro ego, no sentimos que ofendemos a Dios. Si aborrezco a un hermano, me resulta fácil reconocer que este odio es un pecado y confesarlo a Dios como tal. Pero si amo a ese hermano con mi afecto natural, resultaría difícil entender que eso va en contra de Dios. El pecado sólo ofende la justicia de Dios, pero nuestro ego ofende a Dios mismo. Dios desea entrar en nosotros a fin de ser nuestra vida y nuestro todo para que vivamos, laboremos y lo hagamos todo por El. Pero cuando obramos con nuestro ego, nuestro yo natural, hacemos a Dios a un lado. Así podemos ver que el yo va en contra de Dios mismo. No sólo se opone a la justicia y a la santidad de Dios, sino también a El mismo.

Dios tenía un propósito con Abraham: forjarse en él para que produjera un hijo y cumpliera así Su propósito. Dios no deseaba que Abraham hiciera eso con su fuerza natural. No obstante, Abraham usó su fuerza natural para producir un hijo y cumplir el propósito de Dios. Estas acciones naturales son lo más ofensivo para Dios. Laborar usando nuestro ego es lo que más ofende a Dios. Abraham no pensaba que tomar a Agar fuera nada grave. Incluso su esposa Sara se lo había propuesto, pensando que eso ayudaría a Abraham a producir la simiente, ya que Abraham era viejo y la matriz de ella estaba como muerta. Pero Dios les había prometido que ellos tendrían un hijo varón. Por no saber cómo ocurriría eso, usaron a Agar, la sierva egipcia, para producir un hijo, sin darse cuenta de la grave ofensa que eso representaba para Dios. Aquello era un insulto para El. Por consiguiente, Dios no volvió a aparecer a Su querido llamado durante trece años. Fue como si Dios se hubiera alejado de Abraham y se hubiera negado a hablar con él durante ese tiempo. La Biblia no relata lo que sucedió durante ese tiempo. Vemos solamente en el último versículo del capítulo dieciséis y en el primer versículo del diecisiete, que Dios volvió a aparecer a Abraham trece años más tarde. El relato bíblico muestra que se desperdiciaron trece años de la vida de Abraham. En el relato celestial, esos años se perdieron porque Abraham usó su ego para cumplir el propósito de Dios.

b) El Dios que todo lo provee requiere perfección

En Génesis 17:1 dice: "Era Abram de edad de noventa y nueve años, cuando le apareció Jehová y le dijo: Yo soy el Dios Todopoderoso; anda delante de mí y sé perfecto". Vemos aquí que Dios mandó que Abraham hiciese dos cosas: andar delante del Dios Todopoderoso y ser perfecto. En el capítulo dieciséis Abraham no andaba delante de Dios, sino de Sara, Agar e Ismael. Dios le dijo a Abraham que anduviera delante de El porque hasta entonces no lo había hecho. El hecho de que Dios le hubiera dicho a Abraham que fuese perfecto indica que no lo era. En el capítulo dieciséis Abraham era imperfecto; le faltaba algo.

Antes de considerar lo que significa andar delante de Dios y ser perfectos, debemos conocer el significado del título de Dios en 17:1: el Dios Todopoderoso. En hebreo, este título es *El-Shaddai*. *El* significa el Potente, el Todopoderoso, y *Shaddai* comunica el sentido de pecho o ubre, y significa Aquel que todo lo provee. El-Shaddai es el Poderoso que tiene una ubre, el Todopoderoso que es la provisión que todo lo abastece. Una ubre produce leche, y la leche es la provisión completa, pues tiene agua, minerales y muchas vitaminas; además contiene todo lo que necesitamos para nuestro diario vivir. Por tanto, *El-Shaddai* significa el Todopoderoso que todo lo provee.

Cuando Abraham actuó por su ego, se olvidó de la fuente de su suministro. En otras palabras, él se olvidó de Dios como su fuente suministradora. Por consiguiente, Dios vino a Abraham y parecía decirle: "Yo soy el Todopoderoso que tiene ubre. ¿Te falta algo? ¿Por qué no vienes a esta ubre? ¿Tienes hambre o sed? Ven a esta ubre. Tu fuente de abastecimiento no es tu ser natural, sino Yo, el Todopoderoso que tiene ubre. Yo soy el que todo lo abastezco y puedo suministrar todo lo que necesitas para tu vivir y para cumplir Mi propósito eterno. Yo soy la fuente, no tú. No deberías vivir por ti mismo. Tienes que vivir por Mí, la fuente que te abastece".

En el capítulo diecisiete no se trata del Dios Altísimo ni del Creador de los cielos y la tierra como en el capítulo catorce, sino del Todopoderoso que tiene ubre. Cuando Abraham tuvo miedo de sus enemigos, Dios le dijo: "No temas, Abram; yo soy tu escudo, y tu galardón será sobremanera grande" (15:1). En ese entonces, Dios parecía decirle a Abraham: "No debes temer a tus enemigos. Yo soy tu escudo y tu protección". Pero después de que Abraham se valió de su ego para cumplir el propósito de Dios, lo cual iba en contra de Dios mismo, Dios vino y parecía decirle: "Yo soy *El-Shaddai,* el Todopoderoso que tiene ubre. No deberías hacer nada por tu cuenta. Debes entender que Yo soy tu provisión". Una ubre no nos da armas con las cuales matar, sino leche que nos nutre. La provisión de Dios debe entrar en nosotros como la leche. Dios no quiere que usted use su fuerza para producir una simiente con el fin de cumplir Su propósito; El desea que beba de Su leche; El quiere poner algo de Sí mismo dentro de usted para que produzca una simiente. Si no tuviéramos el Nuevo Testamento, nunca comprenderíamos correctamente este título de Dios, pero ahora podemos entenderlo bien. Ahora podemos vivir continuamente al tomar la provisión del Todopoderoso que tiene ubre. ¿Recibe usted el abastecimiento de la ubre divina día tras día? Lo importante no es la protección del escudo en contra del enemigo sino el abastecimiento de la ubre, el cual produce la simiente. No se trata de darnos un mejor empleo, sino de darnos la provisión que, al ingerirla, se convierte en el constituyente mismo capaz de producir un hijo que pueda cumplir el propósito eterno de Dios. ¿Qué provisión recibimos día tras día? Recibimos el abastecimiento del Todopoderoso con Su ubre divina. Día tras día estamos bajo Su ubre y tenemos el abastecimiento completo. Dios es el Todopoderoso que todo lo provee para nosotros.

En Génesis 17:1 Dios le dijo a Abraham que anduviera delante de El. ¿Qué significa eso? Se refiere a disfrutar al Señor. Andar delante del Señor significa que disfrutamos continuamente de El y de la provisión de Su ubre. ¿Andará usted delante de El disfrutando de la inagotable suministración de Su ubre divina? Andar delante de Dios no significa andar delante de El con temor como delante del Santo. ¡No! El Todopoderoso que tiene la ubre que todo lo abastece satisface nuestras necesidades diarias. Mientras disfrutamos de Su suministración, andamos en Su presencia.

Dios también le dijo a Abraham que fuese perfecto. ¿Qué significa ser perfecto? El hecho de que Abraham era imperfecto no significa que no era bueno; significa que carecía de Dios. Ninguno de nosotros puede ser perfeccionado sin Dios. Sin El no existe la perfección. Sin El siempre nos faltará algo. Por muy perfectos que seamos en nosotros mismos, seguimos careciendo de Dios, y necesitamos ser perfeccionados por Dios y con El. Si su vida familiar no tiene a Dios, no es perfecta. Si Dios no está en su vida matrimonial, ésta es imperfecta. No existe perfección sin Dios. Supongamos que su mano tiene solamente cuatro dedos. Por muy buena que sea esa mano, no sería perfecta por no tener el pulgar. Su mano debería ser perfeccionada por la adición del pulgar. Si un día el pulgar fuese añadido a su mano, su mano sería perfecta. Por consiguiente, ser perfecto indica que necesitamos que se nos añada Dios. Andar delante de Dios significa disfrutarlo, y ser perfeccionado significa que Dios nos es añadido. ¿Se ha dado cuenta usted de que su perfección es Dios mismo? ¿Se ha percatado de que por muy bueno o perfecto que sea ante los hombres, sin Dios, algo le falta? No tiene el factor perfeccionador en usted, porque este factor es Dios mismo. Dios debe ser añadido a nuestras vidas. Si El no es añadido a nuestras vidas, éstas quedarán imperfectas.

¿Por qué le mandó Dios a Abraham que fuese perfecto? Porque Dios era y sigue siendo el Todopoderoso que todo lo suministra. Esta es la razón por la cual no tenemos ningún pretexto para ser imperfectos. Dios es todo lo que nos hace falta. ¿Carece usted de fuerza? Dios es fuerza. ¿Necesita usted energía? Dios es energía. Dios es todo lo que necesitamos. Por tanto, la provisión completa de Dios requiere que seamos perfectos. No tenemos ninguna razón para ser pobres; tenemos una nutrida cuenta bancaria en los cielos.

En la práctica ser perfecto significa que no dependemos de la fuerza de la carne en lo relacionado con nuestra vida y obra, sino que confiamos en el Todopoderoso que todo lo provee. No debemos depender de nuestro ego natural ni de la energía de nuestra carne. Siempre debemos confiar en que Dios es más que suficiente en todo. Por ejemplo, muchos de nosotros nos sentimos mal por nuestra ira. ¿Por qué perdemos la calma algunas veces? Porque en esas ocasiones no confiamos en Dios. El hecho de perder la calma debería enseñarnos que nunca debemos alejarnos de Dios y que debemos confiar en El en todo momento. No intente superar su ira. Si usted se olvida de su mal genio y confía en Dios en todo momento, su ira será vencida. Todos los defectos se deben a una sola cosa: la distancia que ponemos entre el Todopoderoso que todo lo suministra y nosotros. Cuando nos alejamos de El, nos parecemos a un electrodoméstico que no funciona porque está aislado del suministro eléctrico. Todos debemos aprender a mantenernos continuamente en Dios. Es así como podemos ser perfectos.

Cuando leí Génesis 17:1 en mi juventud, me di cuenta de que no era perfecto. Me faltaba la amabilidad, la humildad, la paciencia, el amor y muchas otras virtudes y atributos. Por consiguiente, en mi oración tomé la decisión de amar, ser paciente, humilde, amable y practicar otras virtudes que me faltaban, con la ayuda del Señor. No obstante, confieso que nunca lo logré. Cada vez que leía Génesis 17:1, no podía entender lo que significaba ser perfecto. Finalmente vi que el factor perfeccionador en nuestra vida es Dios mismo y que necesitaba que Dios se añadiera a mí. Todo lo que tenemos son cuatro dedos; no tenemos el pulgar. Por mucho adiestramiento que demos a nuestros dedos, seguirán siendo imperfectos porque no tienen el pulgar. El pulgar debe ser añadido a nuestra mano para que ésta sea perfecta.

c) El cambio de nombre

Ahora llegamos al cambio de nombre. En Génesis 17:5, Dios le dijo a Abraham: "Y no se llamará más tu nombre Abram, sino que será tu nombre Abraham, porque te he puesto por padre de muchedumbre de gentes". Abram significa padre exaltado, y Abraham quiere decir padre de una gran muchedumbre. Abraham era un padre noble, pero no era el padre de una muchedumbre, el padre de muchas naciones. Pero en Génesis 17:5 su nombre fue cambiado y pasó de padre exaltado a padre de una muchedumbre. En hebreo, el nombre Abram consta sólo de cuatro letras representadas por las letras A-b-r-m. El nombre Abraham se compone de una letra adicional, la h. Esto indica cuatro más uno. Cuatro es el número de la criatura, y uno el número del Creador. Por consiguiente, así como cuatro dedos más un pulgar forman una mano completa, también el hombre más Dios equivalen a la perfección. Cuatro más uno equivalen a cinco, el número que denota responsabilidad. Por mucho que hagamos con el cuatro, de todos modos nos falta uno. Para ser el número cinco, y llevar la responsabilidad de cumplir el propósito eterno de Dios, Dios debe ser añadido a nosotros. ¿Cuál fue el significado del cambio de nombre de Abraham? ¡Que Dios le fue añadido! Antes de Génesis 17, Abraham no era más que Abram, un hombre al que no se le había añadido Dios. Sin embargo, en Génesis 17 el hombre, no solamente el nombre, fue cambiado al añadírsele Dios. Se añadió una sola letra a las otras cuatro, y Dios se añadió al hombre. Dios es el factor perfeccionador. Sin El somos imperfectos. Todos necesitamos que Dios sea añadido en nosotros. Esta es la perfección.

Puesto que la persona es la realidad del nombre, el cambio de nombre de Abraham indica el cambio de su persona. Su nombre original indicaba que él era un padre exaltado. Ahora Dios cambió su nombre para indicar que él sería el padre de una gran muchedumbre. Lo que se necesita para cumplir el propósito eterno de Dios no es un padre exaltado, sino un padre de una gran multitud, no un individuo exaltado sino una persona multiplicada, una persona con una gran muchedumbre que sea su multiplicación. Dios necesitaba una gran muchedumbre para cumplir Su propósito, y por ello necesitaba un padre que la produjera. Los cristianos en su gran mayoría desean ser personas de elevada espiritualidad. Cuanto más buscan esta clase de espiritualidad, más estériles e individualistas quedan, sin producir ninguna simiente. Pero Dios necesita que nos multipliquemos produciendo la simiente, y no que nos exaltemos buscando espiritualidad. Por eso, necesitamos el cambio de nombre, el cambio de nuestra persona. El padre exaltado debe convertirse en el padre de una gran muchedumbre. La persona que busca una elevada espiritualidad debe ser transformada en una persona que produzca una multitud. Esto requiere que se le ponga fin al ego que busca la espiritualidad. Tal ego debe ser aniquilado para que seamos una persona multiplicada, y no una persona exaltada, a fin de cumplir el propósito de Dios.

En Génesis 17:15 vemos que el nombre de Sara también fue cambiado: "Dijo también Dios a Abraham: A Sarai tu mujer no la llamarás Sarai, mas Sara será su nombre". Sarai significa "mi princesa" y Sara quiere decir "princesa". La palabra "mi" que precede a princesa denota particularidad, pero princesa sola indica algo general. El nombre de Sarai fue cambiado por Sara, porque ella era madre de muchas naciones en un sentido amplio, y no limitado. En 17:16 Dios dijo: "Y la bendeciré, y también te daré de ella hijo; sí, la bendeciré, y vendrá a ser madre de naciones; reyes de pueblos vendrán de ella". Cuando Dios es añadido a nosotros, nos hacemos más amplios. Si El no nos es añadido, no sólo somos imperfectos sino también limitados. Usted puede ser un buen hermano o una buena hermana, pero si Dios no se añade a usted, será una persona limitada. Si usted es un marido a quien Dios no se ha añadido, es un marido limitado. Si es una esposa desprovista de Dios, será una esposa limitada. ¿Qué puede ampliarnos? ¡Dios y solamente Dios! Si usted desea ser una persona amplia y tener una visión extensa y una mente, un corazón y un espíritu amplios, necesita que Dios lo ensanche. Quienesquiera que seamos, si Dios no nos es añadido, siempre usaremos expresiones como: "mi interés", "mi provecho", "mi futuro", "mi crecimiento en vida", "mi búsqueda del Señor", "mi función en las reuniones de la iglesia". Si Dios no nos ensancha, no nos preocuparemos por los demás. Nuestro nombre, que es "mi princesa", debe ser cambiado por "princesa". Decimos: "Es mi día, mi hora, mi tiempo, mi esto y mi aquello", porque carecemos de Dios, pero cuando Dios se nos añade, nos ampliamos inmediatamente. Cuando Dios nos sea añadido, no sólo llegaremos a ser padres de una gran muchedumbre, sino también princesas de muchas naciones, a fin de cumplir el propósito eterno de Dios. Todos necesitamos este cambio, un cambio que procede de la añadidura de Dios a nosotros para ampliar nuestra persona limitada.

Todos debemos ser cambiados y pasar de "mi princesa" a "princesa"; necesitamos ser transformados y pasar de nuestro concepto limitado de espiritualidad a una espiritualidad amplia y general para que dejemos de ser "mi" princesa y seamos una "madre de naciones", que cuida a los demás y tiene la simiente a fin de cumplir el propósito de Dios. Esto también requiere el aniquilamiento de nuestro hombre viejo y natural para que seamos transformados en una nueva persona, la cual produce la simiente, cuida a otros, y permite que el propósito de Dios se cumpla con una gran muchedumbre. El propósito de Dios requiere que seamos "padre de una gran multitud" y "madre de naciones". Debemos ser transformados en una persona multiplicada y multiplicadora y en una persona ampliada e ilimitada.

d) El pacto confirmado con la circuncisión

Si queremos que Dios nos sea añadido y se amplíe, debemos ser circuncidados. El pacto que Dios hizo con Abraham en Génesis 15 fue confirmado en Génesis 17 con la circuncisión. No era necesario que Dios lo confirmara nuevamente, pues ya lo había confirmado una vez, pero el pacto tenía que ser confirmado por parte de Abraham. Dios era fiel a Su pacto, pero Abraham no lo fue porque había usado su fuerza natural para producir a Ismael. Puesto que Abraham usó su energía natural con Agar para producir a Ismael, lo cual causó un problema, Dios confirmó Su pacto al mandar que Abraham fuese circuncidado (17:9-11, 13).

En el Nuevo Testamento encontramos el significado de la circuncisión. Ser circuncidado espiritualmente equivale a despojarse de la carne, del ego y del hombre viejo. En Colosenses 2:11-12 dice: "En El también fuisteis circuncidados con circuncisión no hecha a mano, al despojaros del cuerpo carnal, en la circuncisión de Cristo; sepultados juntamente con El en el bautismo, en el cual fuisteis también resucitados juntamente con El, mediante la fe de la operación de Dios, quien le levantó de los muertos". La circuncisión se relaciona con despojarse de la carne, el viejo hombre; no se trata de eliminar el pecado. En realidad, la circuncisión no tiene nada que ver con eliminar el pecado; se trata de ser crucificado y sepultado juntamente con Cristo. La circuncisión significa aniquilar el ego y matar la carne. Abraham usó su carne en Génesis 16, pero en Génesis 17 Dios quería cortar de raíz su carne. En Génesis 16 él había usado la energía de su fuerza natural, pero en Génesis 17 su fuerza debía ser erradicada. En esto consiste la circuncisión.

Tenemos el mismo problema ahora. Mientras permanezca nuestra fuerza natural, Dios difícilmente podrá intervenir y ser nuestro todo y cumplir Su propósito. Dios desea entrar en nosotros para ser nuestro todo, pero nuestra carne, nuestro ser y nuestra fuerza naturales, nuestro viejo hombre y el viejo yo, impiden que Dios sea nuestro todo. Este ego, el viejo hombre, debe ser aniquilado. Debe ser circuncidado, es decir, crucificado. Quiero darle la buena noticia de que nuestro viejo hombre ya fue crucificado (Ro. 6:6). En el caso de Abraham, él había de ser crucificado, pero en el nuestro, ya fuimos crucificados. Todos debemos ver eso, reconocerlo, y aceptarlo por la fe. Por la fe podemos declarar que nuestra carne, nuestro hombre natural con su fuerza, ya fue crucificado: "Con Cristo estoy juntamente crucificado, y ya no vivo yo, mas vive Cristo en mí" (Gá. 2:20). Todos debemos vivir con la consciencia de que el viejo hombre, el ego, ya fue crucificado. Si declaramos eso y vivimos conforme a ello, entonces el Dios de resurrección podrá entrar en nosotros, ser nuestro todo y llevar a cabo Su economía.

La circuncisión es una señal, un sello, de la justificación por la fe (Ro. 4:11). No obstante, muchos cristianos descuidan esta señal. Tal vez entiendan y declaren que fueron justificados por la fe, pero después de ser justificados por la fe, carecen de la señal del aniquilamiento del ego. ¿Cómo puede usted mostrar que ya Dios lo justificó? Usted debe llevar una vida en la cual el ego es aniquilado. Debe mostrar que ya no vive por sus propios esfuerzos sino por Cristo. Entonces su vida demostrará que usted fue justificado. Llevar una vida crucificada en la resurrección de Cristo es una señal de nuestra justificación. Supongamos que yo, una persona salva y justificada por Dios, sigo viviendo, actuando y laborando por mí mismo, haciendo todo por mis esfuerzos. En ese caso, a cualquiera le costará trabajo reconocer que soy una persona justificada. Quizás la gente hasta dude que yo sea salvo. Pero si llevo una vida crucificada, despojándome de mí mismo y tomando a Cristo como mi vida, nadie podrá dudar de que fui justificado por la fe. Todos dirán: "¡Alabado sea el Señor! Sin lugar a dudas, este hermano fue justificado por Dios". La vida en la cual el ego es aniquilado constituye una señal y un sello de nuestra justificación.

La confirmación del pacto con la circuncisión estaba relacionada con la simiente y la tierra, las cuales cumplen el propósito de Dios (17:2-8). Si queremos cumplir el propósito eterno de Dios, que consiste en que el hombre lo exprese y lo represente, debemos tener a Cristo como nuestra simiente y como nuestra tierra. Si queremos tener a Cristo como la simiente y la tierra para cumplir el propósito de Dios, debemos

ser circuncidados y llevar una vida crucificada. La circuncisión sirve para cumplir el propósito de Dios. Cuando la carne,
el ego, y el viejo hombre han sido aniquilados, la puerta queda
abierta para que Dios entre y produzca a Isaac.

Entre los judíos, la circuncisión siempre se administraba
en el octavo día (17:12). El octavo día era el primer día de
una nueva semana y denotaba un nuevo inicio, un nuevo
comienzo en resurrección. Cuando llevamos una vida crucificada, tenemos un nuevo comienzo en resurrección. Cuando
rechazamos y nos negamos a nuestro ego y llevamos una vida
crucificada, tenemos inmediatamente un nuevo comienzo en
resurrección. Quizás usted esté casado desde hace muchos
años, pero si hoy empieza a llevar una vida crucificada, tendrá
un nuevo comienzo en resurrección en su matrimonio, y éste
será renovado. La circuncisión siempre viene al octavo día. En
otras palabras, cuando llevamos una vida crucificada, estamos en resurrección.

Todos los incircuncisos están excluidos de este pacto. En
Génesis 17:14, Dios le dijo a Abraham: "Y el varón incircun-
ciso, el que no hubiere circuncidado la carne de su prepucio,
aquella persona será cortada de su pueblo; ha violado mi
pacto". Esto también es válido ahora. Si no llevamos una vida
crucificada, estamos despojados de Cristo, de la vida de
iglesia, y de la suministración de la ubre divina. Cuando no
estamos dispuestos a ser circuncidados, no podemos cumplir
el propósito eterno de Dios. Ahora el deleite que tenemos de
Dios, nuestro vivir por Cristo, y nuestra práctica de la vida
de iglesia dependen de una sola cosa: la circuncisión, es decir,
llevar una vida crucificada.

e) La promesa del nacimiento de Isaac

En Génesis 17:15-21 vemos la promesa del nacimiento de
Isaac más claramente que nunca. Sabemos que esta promesa es
más específica porque se menciona el nombre Isaac, y porque
su madre fue designada. En los capítulos anteriores, Dios dijo
que le daría a Abraham una simiente y que Abraham la pro-
duciría, pero Dios no mencionó que la simiente habría de
venir de Sara. Tampoco dijo que la simiente se llamaría Isaac.
Sin embargo, en estos versículos vemos que Dios prometió

claramente que la simiente sería Isaac y que éste nacería de
Sara.

(1) Después de que Abraham había envejecido
y estaba como muerto, y Sara ya no podía tener hijos

La promesa del nacimiento de la simiente fue confirmada
claramente cuando Abraham envejeció y cuando Sara ya no
podía tener hijos. Es posible que Abraham le haya dicho a
Sara: "Sara, tengo cien años de edad y tú noventa. Me estoy
muriendo y tu matriz se ha cerrado. Ya no somos nada y no
podemos hacer nada". Es maravilloso convertirse en nada, pues
entonces el Todopoderoso que tiene ubre puede venir y hacerlo
todo por nosotros. Quisiera tener cien años de edad y no ser
nada. El hecho de no ser nada le proporciona al Todopoderoso,
al que todo lo suministra, la mejor oportunidad de alimentarme
y abastecerme con todo lo que a El le plazca. A veces a Dios
le gustaría darme una nueva porción de leche, pero yo digo:
"No, todavía tengo otra posibilidad, tengo algo de energía, algo
de fuerza". Todos debemos ser como una persona de cien años de
edad. Pero no intenten actuar como si ya tuviesen cien años
de edad. Después de leer este mensaje, que le exhorta a tener
cien años de edad y a no ser nada, usted quizás haga como si
tuviese cien años. Pero no puede algo reducirse a nada de la
noche a la mañana. El Señor sabe lo que todavía tenemos. No
obstante, el principio es éste: todos debemos ser nada para que
el Todopoderoso que todo lo provee venga y sea nuestro todo
con Su ubre abastecedora, a fin de proporcionarnos lo que
necesitemos.

(2) No por la fuerza natural de Abraham
sino por la visitación de Dios

Después de que Abraham y Sara llegaron a ser nada, Dios
prometió que Isaac de nacería de Sara (17:16, 19, 21). Esto
significa que el nacimiento de Isaac no fue el resultado de la
energía de Abraham y Sara, sino de la visitación de Dios
llena de gracia. En Génesis 18:10, 14 vemos claramente que el
nacimiento de Isaac se debió a que Dios había vuelto a
Abraham en el tiempo de la vida. Su visitación a Abraham,
llena de gracia, incluía la nutrición y el suministro que le

proporcionaba de todo lo que El era. Dios tenía que ser la ubre que suministraba la leche que Abraham necesitaba para producir a Isaac. Isaac no fue producido por ningún elemento del ser natural de Abraham; fue producido por el suministro completo de Dios, que brota de la ubre divina.

(3) Ismael, la simiente producida por la carne, es rechazado por Dios

Ismael, la simiente producida por la carne, fue rechazado por Dios (17:18; 21:10). Todo lo que hagamos con nuestra capacidad o con nuestro ego natural será rechazado por Dios. Es probable que usted haga buenas cosas y guarde la ley, pero será rechazado por Dios. Todo lo que vivamos, hagamos u obremos por nuestro yo y por el hombre natural será completamente rechazado. Pocos cristianos entienden que aun su bondad natural es rechazada por Dios. Todo lo que hagamos por nuestro ego, nuestra fuerza natural, nuestra capacidad natural, o nuestro hombre natural, por muy bueno que sea, será rechazado por Dios.

(4) Isaac, la simiente producida por la gracia de Dios, confirmado para cumplir el propósito de Dios

Sólo Isaac, la simiente producida por la gracia de Dios, por la suministración de la ubre divina, fue confirmado para cumplir el propósito eterno de Dios (17:19, 21; 21:12; Ro. 9:7-9). Dios sólo honrará lo que procede de El porque sólo la simiente producida por El mediante el suministro de Su gracia puede cumplir Su propósito. Esto significa que Dios sólo honrará a Cristo, y no lo que salga de nuestro ego, de nuestro hombre natural. Sólo el Cristo que experimentamos de la ubre divina como nuestro suministro de gracia puede cumplir el propósito de Dios. Sólo este Cristo será confirmado como la verdadera simiente que cumple el propósito de Dios. Nuestro Ismael fue rechazado, pero nuestro Isaac, es decir, Cristo, ha sido y será confirmado en la economía de Dios.

Ahora podemos ver lo que es la gracia. La gracia significa que Dios nos trasmite algún elemento Suyo para ser nuestro suministro, y que este suministro se convierte en el elemento mismo por el cual producimos a Isaac a fin de cumplir el propósito eterno de Dios. Después de ser llamado Abraham, aprendió a vivir por la fe en Dios en lo relacionado con su subsistencia. Luego, a partir de Génesis 15, Dios empezó a adiestrarlo en el conocimiento de la gracia para cumplir Su propósito. Vimos eso claramente en los capítulos quince, dieciséis y diecisiete. Nuestro ego, nuestra carne, nuestra fuerza natural, nuestro hombre natural, y nuestro viejo hombre deben ser llevados a su fin para que tomemos a Dios como nuestro suministro y para que algo del ser de Dios se forje en nosotros con la finalidad de ser el elemento que produzca a Isaac a fin de que así se cumpla la promesa de Dios. En esto consiste la gracia.

ESTUDIO-VIDA DE GENESIS

CONOCER LA GRACIA
PARA CUMPLIR EL PROPOSITO DE DIOS:
LA REVELACION DEL TITULO DIVINO
Y EL CAMBIO DE LOS NOMBRES HUMANOS
PARA CUMPLIR EL PROPOSITO DE DIOS

Si queremos entender Génesis 17, debemos saber cuál es el propósito de Dios. El propósito de Dios, el cual El se fijó en la eternidad pasada, consiste en expresarse por medio de un pueblo en la tierra. Para tener una entidad colectiva como expresión Suya, Dios creó el universo y en él creó al hombre como centro, a Su imagen, a fin de que lo expresara y lo representara para que dominase en la tierra como Su reino. Este fue el propósito de Dios para con Adán y los hijos de Israel en el pasado; es Su propósito para con la iglesia hoy, y será Su propósito en el milenio y por la eternidad. A lo largo de todas las eras el propósito de Dios jamás ha variado: que el hombre lo exprese y lo represente en la tierra.

Dios necesita un pueblo que cumpla Su propósito. Si Dios puede obtener un pueblo, podrá cumplir Su propósito, pero si no adquiere un pueblo, será vencido. Pero ¡nuestro Dios no puede ser vencido! Dios creó a Adán, y éste fracasó. Luego Dios llamó a Abraham a ser la cabeza de un nuevo linaje. Dios llamó a una sola persona, a Abraham, pero esta persona tenía que convertirse en un linaje para que Dios fuese expresado y representado sobre la tierra. Dios llamó a Abraham con ese propósito. Un individuo no puede cumplir el propósito de Dios, pues lo que Dios necesita no es un individuo aislado sino un pueblo. Ese solo Abraham debe multiplicarse y convertirse en muchos. Sin embargo, eso no puede cumplirse según la comprensión natural del hombre ni por su capacidad ni su fuerza ni su ser naturales.

5) La revelación del título divino y el cambio de los nombres humanos para cumplir el propósito de Dios

a) El deseo de Dios: forjarse en el hombre

La Biblia revela que Dios se expresa forjándose en el hombre. El camino de Dios es extraordinario. Aunque El desea que obremos para El, aun así desea venir y obrar por medio de nosotros para Sí mismo. Dios desea forjarse en nosotros, haciéndose uno con nosotros y haciéndonos uno con El. Sin embargo, nadie está dispuesto a permitírselo. Todos parecen decir: "Oh Señor, si me pides algo, yo lo haré, pero no puedo tolerar que entres en mí, me anules y me saques de mi trono. Cuando hago algo por Ti, me gusta hacerlo por mí mismo". No obstante, Dios podría contestar: "Antes de que hagas algo por Mí, debo forjarme en ti. Al entrar en ti, te crucificaré y luego te reviviré Yo mismo, conmigo y para Mí. ¿Estás dispuesto a eso?". Abraham no esperó a que Dios obrara así; como lo revela Génesis 16, él actuó por su propia cuenta para producir una simiente.

b) La revelación del título divino

En Génesis 17:1 Dios apareció y reveló Su título divino, mostrando así lo que El es como Dios. Revelar un nombre significa revelar una persona, pues el nombre siempre representa la persona. Puesto que el título divino de Dios denota Su persona divina, la revelación del título divino en realidad es la revelación de la Persona divina. En 1:1 Dios se reveló como *Elohim,* que significa en primera instancia el Poderoso, el Fuerte, y que está relacionado principalmente con la creación. En Génesis 2 El se reveló como Jehová, el gran Yo soy. El nombre Jehová significa: "Yo soy el que soy", lo cual implica que Dios es el que existe en Sí mismo y para siempre. El título *Jehová* se refiere a la relación que Dios tiene con el hombre. Además, Dios le reveló a Abraham que El era el Dios Altísimo, el dueño de los cielos y de la tierra (14:22). Eso se relaciona mayormente con la subsistencia del pueblo de Dios a manos de El. En el capítulo diecisiete, Dios se revela de un modo más completo, pues se presenta a

Abraham como *El-Shaddai,* el Poderoso que todo lo suministra y que tiene ubre.

La completa suministración de Dios se halla en Su ubre divina. Quizás a algunos lectores no les agrade el uso de la palabra ubre y prefieran que usemos la palabra pecho o seno. Pero si usamos la palabra pecho, la mayoría de la gente la asociaría con el amor. Pero en Génesis 17:1 el título divino denota que Dios es la rica fuente de la rica suministración de gracia dada a Su pueblo a fin de que cumpla Su propósito. Aunque El desea que cumplamos Su propósito, no necesita nada que provenga de nosotros. El desea ser nuestra provisión. Nuestro Dios tiene la fuente de la suministración que todo lo abastece, y esta fuente es semejante a una ubre. Esto queda implícito en el significado del título *El-Shaddai.* Todo lo que nos suministra la ubre de una vaca entra en nosotros y llega a ser lo que nos constituye. Todos los elementos e ingredientes de las riquezas que contiene la leche que bebemos se convierten en nuestros componentes, en nuestros tejidos orgánicos. Parece que Dios le dijera a Abraham: "Me has conocido como el Dios Altísimo. Eso es maravilloso, pero eso ya no es suficiente. Yo no solamente soy el Dios Altísimo de modo objetivo para ti, sino que quiero ser tu leche divina de un modo subjetivo. Debo ser aquel a quien tú bebas".

Es posible que nos moleste la idea de esa bebida divina. La primera vez que hablé de comer a Jesús fue en 1958. Después de ese mensaje, un hermano muy culto me dijo: "Hermano Lee, ese mensaje fue muy bueno, pero la expresión 'comer a Jesús' es demasiado salvaje". Contesté: "Hermano, yo no soy el primero en usar esta expresión. En Juan 6:35 y 57, el Señor Jesús dijo: "Yo soy el pan de vida" y "El que me come, él también vivirá por Mí". ¿Le molesta a usted la comparación del rico pecho de Dios con la ubre de una vaca? Yo preferiría comparar a Dios con una madre amorosa, afable y hermosa que tiene un pecho lleno de amor, pero es más significativo comparar a Dios con una vaca que posee una ubre rica, como lo indican las Escrituras. Todos fuimos puestos bajo esta ubre divina.

Muchos versículos de la Biblia nos dan la base para hablar así de Dios. Dice en Exodo 3:8: "Y he descendido para librarlos de mano de los egipcios, y sacarlos de aquella tierra a una tierra buena y ancha, a tierra que fluye leche y miel". La buena tierra tipifica al Cristo todo-inclusivo. Este Cristo es el fluir de la leche. Los hijos de Israel, antes de entrar en la buena tierra a beber la leche, bebieron del agua que fluía de la peña herida que también era Cristo (Ex. 17:6; 1 Co. 10:4). En Apocalipsis 22 vemos que en la Nueva Jerusalén habrá un río que fluirá del trono de Dios y del Cordero. Si juntamos todos estos versículos, podremos ver que ahora brota de nuestro Dios algo que nos sacia, nos satisface y nos abastece. Fluye del ser de Dios para abastecernos, bien sea que lo llamemos leche o agua viva. Por consiguiente, 1 Corintios 12:13 revela que a todos se nos dio a beber de un solo Espíritu, quien es Dios mismo (Jn. 4:24). Cuando bebemos del Espíritu, bebemos de Dios. Nuestro Dios es tan rico que un solo tipo o un solo símbolo no nos puede transmitir una plena comprensión de El. Es por eso que la Biblia usa distintos tipos y símbolos para revelar los diversos aspectos de Sus riquezas. La leche y el agua viva revelan lo rico que es Dios para con nosotros. En los varios casos, el principio es idéntico: las riquezas de Su ser divino fluyen para ser nuestro suministro, nuestra gracia, a fin de que cumplamos Su propósito. Todos debemos beber de la rica suministración que brota de nuestro Dios para capacitarnos a fin de que cumplamos el propósito divino.

Ninguno de nosotros está calificado para cumplir el propósito de Dios. Aunque la religión nos exige ciertas cosas para Dios, El desea que lo tomemos a El como nuestra provisión a fin de que El sea lo que nos constituye y de que seamos uno con El. La Biblia revela que la intención de Dios consiste en entrar en nosotros y en que nosotros comamos y bebamos de El, asimilando así algo de El en nuestro ser. Mientras ingiramos algún elemento de Su ser divino, participando así de Su naturaleza divina, dicho elemento obrará en nosotros y por medio de nosotros para cumplir Su propósito.

En los días de Génesis 17, Dios necesitaba revelar este título divino a Abraham. En Génesis 16 Abraham hizo algo, no para lograr su propio propósito, sino para cumplir el propósito de Dios. No obstante, lo que Abraham hizo para cumplir el propósito de Dios fue llevado a cabo por su ser natural y su fuerza natural. Puesto que Abraham hizo algo para Dios con su propia fuerza natural, Dios se disgustó con él y no volvió a aparecérsele durante trece años. Después de una ausencia tan larga, Dios vino y parecía decirle: "Abraham, debes saber que soy el Todopoderoso que tiene ubre. Debes beber del suministro de esta ubre y no hacer nada para Mí valiéndote de tu fuerza natural y tu capacidad natural. Hacer algo para Mí con tu fuerza natural constituye una ofensa para Mí. No quiero nada que provenga de ti. Te quiero a ti y te necesito, pero no quiero que uses tu fuerza ni tu capacidad naturales para producir la simiente prometida. Debes producir una simiente valiéndote de Mi suministración. Deja de usar tu fuerza, niega tu ser natural y desecha tu capacidad natural. Yo soy el Todopoderoso que todo lo suministra; por eso no deberías hacer nada por tu cuenta ni aparte de Mí. Separado de Mí, no puedes cumplir Mi propósito porque fuera de Mí no puedes hacer nada para Mi economía. Abraham, para cumplir Mi propósito, debes beber de la suministración de Mi ubre e ingerirme a Mí. Ahora no estoy aquí como el Dios Altísimo ni como el dueño de los cielos y de la tierra. Ya lo has comprendido. Estoy aquí delante de ti como *El-Shaddai,* el Todopoderoso que todo lo provee y que tiene una ubre de la cual fluye un rico suministro para ti. Abraham, debes andar delante de Mí. Esto significa que debes beber de Mi ubre y vivir por Mí". La Palabra divina es profunda, y no la podemos entender superficialmente. Primero debemos ahondar en ella para descubrir lo que revela. Es muy bueno que Dios se haya revelado a Abraham como el Todopoderoso que tiene una ubre llena de una completa suministración para que Su pueblo cumpla Su propósito.

c) El cambio de nombres humanos

Inmediatamente después de que Dios reveló el título divino a Abraham, le dijo que su nombre sería cambiado (17:5). Esto es muy significativo. El título de Dios no sólo nos debe ser revelado, sino que nuestros nombres deben ser cambiados, lo cual significa que nosotros debemos cambiar. El nombre Abram debe ser cambiado por Abraham. Como lo destacamos en el mensaje anterior, Abram significa padre exaltado, y

Abraham significa padre de una gran muchedumbre, es decir, un padre multiplicado, "un padre de muchas naciones". Si usted tuviera la posibilidad de escoger entre ser sumamente exaltado y multiplicarse, ¿qué escogería? En lugar de ser sumamente exaltado a los cielos, ¿escogería usted ser aplastado y multiplicado? Según nuestro concepto natural, todos quisiéramos ser exaltados en lugar de ser multiplicados. Ser multiplicados acarrea problemas, pues cuanto más hijos tenemos, más problemas surgen. A todos nos gusta ser exaltados; pero Dios no quiere exaltarnos sino multiplicarnos, haciendo de nosotros el padre de una gran muchedumbre. ¿Estamos dispuestos a ser multiplicados?

Un padre exaltado, que sólo sirve para ser exhibido, no puede cumplir el propósito de Dios. El cumplimiento del propósito de Dios requiere una muchedumbre. Por tanto, debemos ser multiplicados, y no exaltados. Ahora la mayoría de los cristianos desean ser gigantes espirituales, y la religión los conduce en esa dirección. En mi juventud, me aconsejaron y me alentaron a ser un gigante espiritual, pero nunca me dijeron que debía ser multiplicado. Nuestra tendencia natural consiste en ser exaltados, mientras que Dios desea cambiar nuestro nombre, de padre de exaltación a padre de multiplicación. ¡Cuánto debe cambiar nuestro concepto! ¿Cuál es la muchedumbre que Dios desea? Es la iglesia, un pueblo corporativo. Dios necesita la iglesia, la muchedumbre. Si usted está solo, Dios no tiene ninguna posibilidad de cumplir Su propósito por medio de usted. Si queremos cumplir el propósito de Dios, debemos olvidar nuestro nombre y cambiar, pasar de la exaltación a la multiplicación. Es necesario ser multiplicados para cumplir el propósito de Dios, y no para ninguna otra cosa. No se trata simplemente del incremento ni de la extensión de nuestra labor; la finalidad es que Dios sea expresado y representado en la tierra.

Cambiar el nombre equivale a cambiar la persona. El caso no consiste en que yo soy una rana y me cambien el nombre por pez. Usted puede llamarme pez, pero yo sigo siendo una rana. El título cambió, pero no la persona. El verdadero cambio de nombre equivale al cambio de persona. Cuando nuestra persona es cambiada, automáticamente viene el cambio de título.

En la vida de iglesia actual, no necesitamos ningún padre exaltado, pero sí necesitamos muchos padres multiplicados. Esta es la razón por la cual el Señor nos ha conducido a llevar una vida comunitaria en muchos hogares. A una familia no le resulta fácil vivir junto con varios jóvenes porque a todos nos gusta tener vida íntima y estar a solas. Si los maridos son francos, reconocerán que a veces les cuesta trabajo vivir con sus esposas, y preferirían estar solos. Pero si todos mantenemos nuestra intimidad, ¿cómo cuidaríamos de los jóvenes? El cambio de nombre ayuda la vida comunitaria. ¿Por qué es tan lento el aumento en la vida apropiada de iglesia? Simplemente porque nos hace falta la paternidad y no hay suficientes hogares para cuidar a los nuevos. Necesitamos que los hogares de los padres multiplicados cuiden a la muchedumbre.

La hospitalidad es uno de los requisitos para ser anciano (1 Ti. 3:2). Si usted no practica la hospitalidad, es decir, si no está dispuesto a cuidar a los demás, y sólo se preocupa por ser santo individualmente, usted no está calificado para ser anciano. Si queremos ser hospitalarios, nuestro nombre debe ser cambiado de padre exaltado a padre de multiplicación. Sólo un padre multiplicado practica la hospitalidad. Cuanto más cuidamos a los demás, más se beneficia la vida de iglesia. Este es el verdadero cambio de nombre y el verdadero cambio de nuestra persona.

El nombre de Abraham no era el único que debía ser cambiado; Sara también necesitaba tener otro nombre. El nombre Sarai, que significa "mi princesa", tiene que ser cambiado por Sara, que significa "princesa". "Mi princesa" tiene que ser cambiado por "princesa", por "madre de naciones". El carácter particular que usted tiene debe ser cambiado y debe ser más amplio para que sea una madre de naciones y cuide a mucha gente.

Todos los hermanos desean ser un "padre exaltado", y todas las hermanas quieren ser "mi princesa". Si nuestro nombre es Sarai, decimos: "Mi marido, mi hogar, mi día, mis hijos, mi posición, mi función en las reuniones, mi todo". Las hermanas pueden decir "mi princesa", pero Dios desea que sean simplemente "princesa" sin ningún "mi", y que se extiendan a lo general, y no sean particulares. No debemos ser exaltados sino multiplicados, no particulares sino amplios. La particularidad siempre acompaña la exaltación; forman una buena pareja. En la vida de iglesia, ninguno de nosotros debe ser partidario de la exaltación ni de la particularidad. Todos debemos ser multiplicados y amplios, y debemos ser un "padre de naciones" o una "madre de naciones" (17:5, 16).

La vida de iglesia depende mucho del cambio de nombre. Si los hermanos persisten en su exaltación, y las hermanas en sus particularidades, ¿cómo podríamos practicar la vida de iglesia? Sólo podremos tener una religión con un servicio matinal los domingos y reunirnos una vez por semana, saludarnos, y luego seguir por nuestro camino hasta el domingo siguiente. Si queremos practicar la vida de iglesia, debe haber una gran muchedumbre que sea edificada y amasada, un pueblo que verdaderamente conozca y practique la vida comunitaria. Cuando los hermanos ya no quieran ser exaltados sino multiplicados, y las hermanas ya no quieran ser particulares sino generales, entonces podremos vivir juntos, practicar la vida apropiada de iglesia y tener la muchedumbre para cumplir el propósito de Dios. Entonces viviremos juntos día tras día y seremos personas que expresen la vida de iglesia continuamente. Tendremos reuniones casi todo el tiempo. Nos reuniremos continuamente porque nadie querrá ser exaltado sino multiplicado y porque nadie querrá ser particular sino amplio. Esta no es una mera doctrina. El cambio de nombre no es cuestión solamente de términos, sino un cambio de nuestro ser, de nuestra persona. Por consiguiente, podríamos cambiar el título de este mensaje por "La revelación del Ser divino y el cambio de la persona humana para cumplir el propósito de Dios". El ser de Dios ya se ha revelado, pero si no cambiamos, la revelación del Ser divino no nos será de ningún provecho. Su revelación depende de nuestro cambio. Debemos cambiar no sólo en nombre, sino también en persona. Entonces podremos disfrutar al Dios revelado y beber de Su rica ubre.

Vemos el cambio de nombres por el cambio de persona en los casos de Jacob y de Pedro. Para cumplir el propósito de Dios, el nombre de Jacob fue cambiado por Israel (Gn.

32:27-28): el que ase el talón, el que suplanta (Jacob), fue cambiado por príncipe de Dios (Israel). Si Jacob se hubiera quedado como el que suplanta, nunca habría sido usado por Dios en el cumplimiento del propósito divino. Jacob tenía que convertirse en un príncipe de Dios. Para la edificación de la iglesia, el nombre de Pedro, Simón, fue cambiado por Cefas, que significa una piedra (Jn. 1:42). El ser natural de Pedro era de barro, y debía ser transformado en una piedra, más aún, en una piedra preciosa, para el edificio de Dios (1 P. 2:5) para cumplir el propósito divino.

d) La gracia suficiente
que cumple el propósito de Dios

Por la misericordia del Señor, no tenemos ninguna confianza en nosotros mismos ni en nadie. No confiamos en la gente porque hemos aprendido que nadie está calificado para cumplir el propósito de Dios. Todo lo que nosotros podemos producir es un Ismael. La vida apropiada de iglesia no está relacionada con nada humano ni natural. La vida apropiada de iglesia es lo que lleva a cabo el propósito eterno de Dios mediante el suministro de las riquezas de Dios mismo. Ninguna de nuestras acciones tiene sentido alguno con relación al cumplimiento del propósito eterno de Dios. Todo lo que se necesita para cumplir el propósito de Dios es el suministro de la ubre divina. Por tanto, debemos renunciar a nosotros mismos, despreciar nuestra fuerza y capacidad naturales, y andar delante de Dios, bebiendo de las riquezas de Su ubre. Si hacemos eso, espontáneamente algún elemento de Su ser divino se forjará en nosotros para producir la simiente a fin de cumplir Su propósito. Esta es la vida apropiada de iglesia.

Ya vimos que tanto la simiente como la tierra son Cristo. Ahora debemos ver que la simiente y la tierra no solamente son Cristo sino también nosotros. Después de beber del rico suministro de Dios, llegamos a ser la simiente y la tierra. Finalmente, la simiente viene a ser la tierra. Para cumplir Dios Su propósito, necesita que un pueblo posea la tierra. En esa tierra, Dios tendrá un reino que será edificado y Su morada para Su nombre. Este es el propósito de Dios. Por ser nosotros la simiente, el pueblo que cumple el propósito de

Dios, también llegaremos a ser la tierra. Dios tiene Su dominio en nuestro medio y en nuestro interior, y en ese dominio El tiene un reino en el cual puede construir Su morada.

Nos convertimos en la simiente y en la tierra al disfrutar de las riquezas de Dios y al forjarse Dios en nosotros. Dios y nosotros, nosotros y Dios, somos uno al producir la simiente y al tomar posesión de la tierra. Esto es algo celestial sobre la tierra. Es Bet-el, o sea, la puerta de los cielos donde aparece la escalera celestial que une la tierra con los cielos y trae los cielos a la tierra. Aquí tenemos a Dios y al hombre, al hombre y a Dios, unidos como una mutua morada. ¿Cómo se cumple eso? Por la revelación del Ser divino y el cambio de la persona humana. Al ser cambiados, estamos calificados para disfrutar al Dios revelado como nuestra gracia. Dios se ha revelado, pero este Dios necesita las personas transformadas. Todos nosotros, sin excepción, debemos cambiar de carácter, y pasar de un carácter natural a un carácter espiritual, de nuestra propia fuente a la ubre divina para obtener el suministro que necesitamos a fin de cumplir el propósito divino. Debemos olvidarnos de nosotros mismos, abandonar nuestra fuente o suministro natural, andar delante de Dios, y beber de Su ubre todo el día. Entonces las riquezas del Ser divino revelado se forjarán en nuestro ser humano como la gracia que lo suministra todo para que cumplamos el propósito divino. El apóstol Pablo laboraba más abundantemente que los demás apóstoles; no obstante, no era él sino la gracia de Dios que lo acompañaba. Por la gracia de Dios él era lo que era (1 Co. 15:10). El cumplió el propósito de Dios en su ministerio al disfrutar de la gracia suficiente de Dios (2 Co. 12:9). Indudablemente Pablo bebía de la ubre divina para recibir el suministro suficiente de gracia. El no usó su fuerza natural que produce a Ismael, sino que disfrutó de la rica provisión de la gracia suficiente que produce muchos Isaac. El vivía y laboraba sobre el principio de "ya no vivo yo, mas Cristo" (Gá. 2:20). El verdadero cambio de nombre es el cambio de yo por Cristo, *El-Shaddai,* el que suministra la gracia que todo lo provee. Sólo Cristo, y no yo, puede cumplir el propósito de Dios.

ESTUDIO-VIDA DE GENESIS

CONOCER LA GRACIA
PARA CUMPLIR EL PROPOSITO DE DIOS:
LA CIRCUNCISION QUE CUMPLE
EL PROPOSITO DE DIOS

En el libro de Génesis están sembradas a modo de semillas casi todas las verdades divinas. En este mensaje llegamos a una verdad importante y fundamental de la Palabra santa, una verdad sembrada en Génesis 17: la circuncisión.

Si queremos entender la circuncisión, debemos ver los dos puntos principales de la revelación divina presentada en la Biblia. El primero es que el propósito eterno de Dios consiste en que El sea expresado y representado por el hombre en la tierra. Toda la Biblia revela este asunto, desde el primer capítulo de Génesis hasta el último capítulo de Apocalipsis. El segundo punto se relaciona con la manera en que Dios cumple Su propósito, la cual consiste en forjarse en el hombre como vida y como el todo para el hombre a fin de que éste sea Su expresión y representación. El cumplimiento del propósito de Dios no depende de lo que nosotros podamos hacer, sino de que Dios se forje en nosotros. Si vemos estos dos aspectos, entonces podremos entender las verdades fundamentales de la Biblia.

Dios, con miras al cumplimiento de Su propósito eterno, llamó a Abraham a salir de Caldea, un país de demonios y de idolatría. Como ya vimos, Abraham no respondió de inmediato al llamado de Dios, sino que vaciló deteniéndose en el lodo y el agua. Su padre lo trajo a Harán, un lugar ubicado a medio camino. Por la misericordia de Dios, Abraham respondió a casi todo el llamado de Dios en Harán, atravesó el gran río, y llegó al lugar donde Dios lo quería. Ese lugar estaba cerca de la ciudad pecaminosa de Sodoma. No le resultó fácil a Abraham permanecer en el lugar donde Dios lo quería, y poco tiempo después descendió a Egipto. Sin embargo, por la soberanía de Dios, este Abraham, que salió de la Caldea demoníaca, que abandonó a Harán, ubicado a medio camino, y que venció la Sodoma pecaminosa, fue liberado del Egipto mundano y devuelto al lugar que Dios había escogido.

Debemos recordar los nombres de tres personas muy importantes relacionadas con Abraham: Lot, Eliezer y Agar. Abraham tomó a Lot consigo cuando salió de Harán, y probablemente consiguió a Eliezer en Damasco y a Agar en Egipto. Ninguno de estos tres ayudó a Abraham; cada uno de ellos fue un problema. Dios rechazó a estas tres personas. Abraham usó su fuerza natural para producir, con la colaboración de Agar, su obra maestra: Ismael. Sin embargo, Ismael fue rotundamente rechazado por Dios.

6) La circuncisión cumple el propósito de Dios

Con este antecedente, llegamos ahora a la circuncisión (17:9-14). Por la época de Génesis 17, Abraham había sido privado de todos los lugares donde había estado y de todas las personas importantes que había adquirido. Caldea y Harán formaban parte del pasado, y no tenían nada que ver con Egipto. El estaba en la tierra que Dios le había prometido, aunque todavía no le había sido entregada. Por consiguiente, Abraham no tenía a Caldea, ni a Harán, ni a Egipto, ni a Sodoma, y tampoco tenía una parcela en la tierra prometida. Además, Lot se había apartado de él, y tanto Eliezer como Ismael habían sido rechazados por Dios. Abraham había quedado solo con Sara. Eran dos personas entradas en años que no habían ganado nada ni podían hacer nada. Tal vez Abraham haya mirado a Sara y le haya dicho: "¿Qué haremos? No tenemos nada y no podemos hacer nada". En ese momento, Dios se reveló a Abraham como El-Shaddai, el Poderoso que todo lo provee. Entonces Dios le dijo a Abram que su nombre debía ser cambiado por Abraham y que el nombre de su esposa debía cambiarse de Sarai a Sara. Después, Dios le dijo a Abraham que debía circuncidarse. Abraham había sido despojado de todos los lugares y de todas las personas. Lo único que le quedaba era él mismo. Dios vino para poner fin al ego de

Abraham, su carne, su fuerza natural y su capacidad natural. Este ego, la carne y la fuerza natural, habían de ser cortados, circuncidados. Si fuésemos Abraham, probablemente habríamos dicho: "Dios, ¿no ves que me has privado de muchas cosas? A nadie le ha sucedido eso en toda la tierra. Todos tienen un lugar propio, pero yo no tengo nada. ¿Qué harás ahora: quitarme la vida?". Dios quizás haya contestado: "Abraham, tienes razón. Te he quitado a Caldea, a Harán, a Egipto, a Lot, a Eliezer, a Agar y a Ismael. Ya no te destituiré más, pero sí te cortaré a ti. Lo que has conseguido por ti mismo te ha sido quitado, y lo que eres debe ser cortado ahora". Esta es la circuncisión.

¿Por qué es necesaria la circuncisión? Por una parte, Dios necesita al hombre para cumplir Su propósito; y por otra, no quiere nada del hombre. No obstante, ninguno de los llamados diría: "Dios, quiero entregarme incondicionalmente a Ti, pero no deseo que nada mío interfiera. Estoy dispuesto a que tomes todo lo que tengo y le pongas fin a todo lo que soy". Por el contrario, todos dicen: "Alabado sea el Señor porque me llamó. De ahora en adelante, todo lo que tengo y lo que soy será para El". Considere el ejemplo de Pedro. Durante tres años y medio, el Señor dijo a Sus discípulos que debían amarle a El y seguirle. Sin embargo, ninguno de los discípulos entendía que el Señor no quería nada de ellos. Cuando el Señor dijo a los discípulos que todos tropezarían a causa de El, Pedro contestó: "Aunque todos tropiecen por causa de Ti, yo nunca tropezaré", y "Aunque me sea necesario morir contigo, de ninguna manera te negaré" (Mt. 26:33, 35). Mas el Señor le dijo a Pedro: "De cierto te digo que esta noche, antes que el gallo cante, me negarás tres veces" (Mt. 26:34). Aparentemente el Señor le decía a Pedro: "Pedro, no te jactes. No tienes por qué jactarte. Esta noche me negarás tres veces". Efectivamente, Pedro negó al Señor tres veces, y estas negaciones en realidad fueron una circuncisión práctica. El Pedro orgulloso y seguro de sí mismo fue despedazado por el cuchillo de la circuncisión que constituyó su acción de negar al Señor.

Todos debemos ver que Dios nos necesita para Su recobro, y que El no quiere nada de nosotros. Nos resulta difícil entender eso. O bien nos apartamos del Señor, o bien nos presentamos delante de El con todo lo que tenemos. Un hermano japonés podría decir: "Nosotros los japoneses somos las personas más pacientes del mundo. Serviré al Señor con mi paciencia japonesa". Pero el Señor no necesita esta clase de paciencia. Algunas hermanas podrían decir: "El Señor ciertamente nos necesita a nosotras las hermanas, y estamos dispuestas a darnos incondicionalmente a El. Nosotras las hermanas no somos tan toscas como los hermanos; somos bastante refinadas. En la vida de iglesia entregamos nuestro refinamiento al Señor". Hermanas, ustedes tienen toda la razón al darse incondicionalmente al Señor, pero están totalmente equivocadas a entregarle a El algo de ustedes. Todos debemos ser circuncidados porque Dios no quiere nada nuestro.

La semilla de la circuncisión no fue sembrada en Génesis 12 ni 15, sino en Génesis 17, después de que Abraham fue privado de muchas cosas. Luego Dios volvió a aparecérsele, se le reveló como el Todopoderoso que lo provee todo y que tiene ubre, y le cambió el nombre por Abraham. Abraham debía pasar por un cambio radical. Dios parecía decir: "Abraham, ahora debes ser circuncidado. Si no te circuncidas, no podré cumplir Mi propósito por medio de ti. Para tener un pueblo que cumpla Mi propósito, debe existir la simiente. De esta simiente brotará el pueblo y éste poseerá la tierra en la cual tendré dominio, edificaré Mi templo para Mi expresión, y encontraré reposo. Este es Mi plan. Para cumplir Mi propósito, no necesito nada que provenga de ti. Lo haré todo para ti y seré tu todo. Esta es la razón por la cual te he privado de todo lugar y de toda persona. Ahora te pido que te amoldes a mi voluntad y cooperes conmigo para desechar todo lo tuyo. Quiero que tu carne sea cortada, pero no quiero hacerlo directamente. Quiero que tú lo hagas por Mí. Quiero que cortes tu carne. ¿Estás dispuesto a cooperar conmigo?". No debemos tomar esto como doctrina ni como una explicación de los relatos bíblicos. Todos debemos entender que hoy necesitamos ser circuncidados.

Estoy muy agradecido con el Señor porque muchos de nosotros hemos salido de Caldea y de Harán y no nos interesan Sodoma ni Egipto, sino que permanecemos en el lugar en el cual se halla el recobro del Señor. Ahora bien, ¿cómo puede el Señor obtener la simiente? ¿Cómo puede tomar posesión de la tierra para tener la vida de iglesia apropiada para Su morada, Su dominio, Su satisfacción y Su descanso? No lo puede lograr con lo que nosotros hacemos por El. Sólo lo conseguirá al privarnos de muchas cosas. Nuestra inteligencia, nuestra sabiduría, nuestra capacidad natural, nuestra fuerza natural y todo lo que somos en nuestro ser natural debe ser quitado por el Señor. ¿Está usted de acuerdo con eso? Si tal es el caso, deberá tomar el cuchillo de circuncisión y extirpar su carne, su ser natural. No se trata de vencer el pecado ni el mundo, sino de ponerse fin a sí mismo para que el que todo lo provee tenga la posibilidad de entrar y de ser la vida de usted, su todo y su mismo ser. Esta es la circuncisión. ¡Que el Espíritu nos revele esto a todos!

El mayor obstáculo para el mover del Señor al recobrar El la vida de iglesia es nuestra capacidad natural. Lo que estorba el mover del Señor no es lo que no podemos hacer, sino lo que podemos hacer. Al usar Abraham su fuerza natural, alejó a Dios durante trece años. ¡Qué obstáculo más grande! Abraham fue despojado sobremanera, pero todavía tenía su carne, su capacidad natural y su fuerza natural. El produjo a Ismael con la colaboración de Agar, por su carne. En Génesis 17 ya había llegado el momento para que Dios tocase el elemento entorpecedor de la carne de Abraham. Dios parecía decir: "Abraham, te he quitado tanto. Queda una sola cosa que dificulta Mi obra de gracia en ti: tu carne. Deseo quitarte eso, pero al tratarse de algo tan subjetivo en tu ser, no te obligaré a hacerlo. Deseo que cooperes conmigo y te despojes tú de esto, y te circuncides para Mí. Abraham, nada de lo que tú puedas hacer por ti mismo me complacerá jamás. Sólo me ofenderá y me insultará. Mientras permanezca tu fuerza natural, no podré entrar en ti para producir a Isaac. Abraham, tu fuerza natural, tu carne, debe ser cortada". Este asunto de la circuncisión mencionada en Génesis 17 es algo muy crítico.

¿Qué significa la circuncisión? Significa despojarse de sí mismo. Dios tiene un propósito y tiene a los llamados, pero algo impide que produzca la simiente: nuestra carne. Entre nosotros muchos han llegado al punto crucial de anular la carne. En el transcurso de los años, nos hemos privado de muchas cosas, pero nuestra carne, nuestra fuerza natural y nuestra capacidad natural quizás permanezcan todavía. Si seguimos usando nuestra carne, no podremos producir a Isaac, ni siquiera podremos concebirlo. Así que nuestra necesidad consiste en ser circuncidados y en poner fin al ego, a la carne. Esto es lo que la Biblia llama circuncisión.

a) El significado de la circuncisión

(1) Despojarnos de nuestra carne

¿Cuál es el significado de la circuncisión? Primero consiste en despojarnos de nuestra carne (Col. 2:11, 13a; Dt. 10:16; Jer. 4:4a; Hch. 7:51). Ahora muchos cristianos hablan de vencer el pecado, pero ése no es el punto esencial. El punto central consiste en despojarse de la carne. La carne es la carne pecaminosa. No obstante, en la Biblia la carne contiene mucho más, pues incluye también nuestra fuerza, nuestra capacidad, nuestro poder y nuestro talento naturales. Además, la carne es nuestro hombre natural, el ego, el yo. Por consiguiente, despojarse de la carne significa deshacerse del yo; implica acabar con el yo.

Hace muchos años yo procuraba obtener la victoria sobre el pecado, pero tenía un éxito limitado, hasta que comprendí que lo que yo necesitaba no era vencer el pecado sino acabar conmigo mismo. Empecé a ver que cuando yo estaba acabado, todo andaba bien. Esta es la razón por la cual Pablo dijo que todo aquel que ha muerto queda libre del pecado (Ro. 6:7). Cuanto más intentamos vencer al pecado, más nos enredamos en él y más nos perturba. La mejor manera de vencer el pecado es morir y ser sepultados. Entonces el pecado no tendrá nada que ver con nosotros. Por tanto, en la Biblia lo fundamental no es vencer el pecado, sino ponernos fin a nosotros mismos.

El libro de Génesis contiene casi todas las semillas de las verdades bíblicas, pero no contiene la semilla de la victoria sobre el pecado. La forma de afrontar el pecado no es vencerlo sino despojarnos de nosotros mismos, circuncidarnos. Al ser circuncidados y anulados, no tendremos más problema con el pecado.

Si usted todavía procura vencer el pecado, eso significa que sigue vivo. Si se pone fin a usted mismo, habrá terminado con el pecado. Por consiguiente, no se trata de eliminar el pecado ni de intentar vencerlo; se trata de acabar con nosotros mismos. Este es el significado negativo de la circuncisión.

(2) Introducirnos en la resurrección

El significado positivo de la circuncisión consiste en introducirnos en la resurrección (Col. 2:12). La circuncisión solía hacerse al octavo día (17:12). En tipología, el número ocho representa la resurrección. Esto significa que no podemos tener la circuncisión sin la resurrección. La circuncisión debe hacerse en resurrección, y siempre nos lleva a la resurrección, así como la muerte introduce a la gente en la resurrección. Por una parte, fuimos crucificados juntamente con Cristo y fuimos sepultados con El. Por otra parte, esta crucifixión y esta sepultura nos introducirán en Su resurrección. Cuando llegamos a nuestro fin y somos introducidos en la resurrección, nos convertimos en una nueva persona. Seguimos siendo nosotros mismos, pero ahora somos otra persona porque tenemos otra vida, otra naturaleza y otra constitución. Estamos en resurrección. Sólo podemos entonces cumplir el propósito eterno de Dios cuando estamos en resurrección. En nuestra fuerza natural, no podemos hacer nada que complazca a Dios ni que cumpla Su propósito. Nuestro ego y nuestra fuerza natural deben ser cortados en la circuncisión. Entonces en la resurrección podremos convertirnos en otra persona.

(3) Equivale al bautismo

La circuncisión del Antiguo Testamento equivale al bautismo del Nuevo Testamento (Col. 2:11-12). El bautismo y la circuncisión tienen el mismo propósito: anular nuestro ser natural e introducirnos en la resurrección. ¿Por qué somos bautizados después de creer en el Señor Jesús? Porque nos damos cuenta de que nuestro viejo hombre fue crucificado juntamente con El y que debemos ser sepultados a fin de ser uno con El en Su resurrección. Por consiguiente, la circuncisión de Abraham tiene el mismo significado que nuestro bautismo. En la circuncisión y el bautismo, se aplica el mismo principio.

Abraham fue justificado en Génesis 15, pero fue circuncidado en Génesis 17. Así como el bautismo es la señal de la justificación de Abraham, el bautismo también es la señal de nuestra salvación. ¿Cómo podemos demostrar que fuimos salvos? Al llevar una vida de bautismo, la vida de una persona que ha sido crucificada, sepultada y resucitada. Si vivimos así, todos podrán ver en nosotros la señal de nuestra salvación.

(4) Corresponde al cambio de nombres humanos

La circuncisión corresponde al cambio de nombres humanos (17:5-6, 15-16). Como vimos, cambiar el nombre es lo mismo que cambiar a la persona. Cuando se le cambió el nombre a Abraham, su persona también cambió. Le sucedió lo mismo a Jacob. Cuando el nombre de Jacob fue cambiado por Israel, su persona cambió (32:27-28). Este cambio de nombre se cumple solamente por medio de la circuncisión, al ser anulados e introducidos en resurrección. Entonces dejamos de ser personas naturales y venimos a ser personas resucitadas. Ser anulado e introducido en resurrección es el verdadero cambio de persona. Por consiguiente, la circuncisión corresponde al cambio de nombre. Ahora podemos entender la razón por la cual el cambio de nombre y la circuncisión se revelan en el mismo capítulo. En realidad, ambas cosas forman una sola. El cambio de nombre y la circuncisión significan que nuestro viejo ser es anulado y que somos introducidos en la resurrección para ser otra persona.

b) No exteriormente en la carne, en la letra, sino interiormente en el corazón, en el espíritu

Romanos 2:28-29 revela que no es "la circuncisión la que lo es en lo exterior, en la carne", sino "la del corazón, en espíritu, no en letra". La circuncisión no es un asunto exterior, sino interior (Fil. 3:3). Sucede lo mismo con el bautismo. El bautismo no debería ser solamente una formalidad, sino una realidad interior. Permítanme contarles una historia que oí hace más de cuarenta años. En América Central, la Iglesia Católica aceptó y bautizó mucha gente que no era salva. Un día, un sacerdote roció la cabeza de un niño y le cambió el nombre por Juan. En aquel tiempo, la Iglesia Católica enseñaba que los viernes no se podía comer carne, sino sólo pescado. Un viernes, este Juan sólo tenía carne. Juan pensaba que iba a hacer con la carne lo que el sacerdote había hecho con él, a saber, rociarla y cambiarle de nombre. Por tanto, él roció la carne y la llamó pescado. Luego cocinó la carne. Mientras la carne hervía, el sacerdote vino. Percibió el olor de la carne hervida y se enojó con Juan y le preguntó qué estaba haciendo. Juan contestó: "No estoy haciendo nada malo. Eso no es carne, es pescado. ¿No recuerda que usted me roció la cabeza y me cambió el nombre por Juan? Seguí su ejemplo y rocié la carne y la llamé pescado". Este no es el verdadero bautismo ni el verdadero cambio de nombre. El bautismo debe ser una realidad interior en el espíritu, y no una actividad exterior que consiste en rociar agua sobre la cabeza de una persona.

c) La circuncisión de Cristo

Colosenses 2:11 menciona la "circuncisión de Cristo". La verdadera circuncisión se halla en Cristo. La circuncisión de Cristo, igual que el bautismo, significa poner fin a nuestro viejo ser y hacer de nosotros una nueva creación, una nueva persona. En Gálatas 6:15 leemos: "Ni la circuncisión vale nada, ni la incircuncisión, sino una nueva creación". El libro de Colosenses revela que Cristo es nuestra porción eterna (1:12), nuestra vida (3:4), y nuestra esperanza de gloria (1:27), y que debemos vivir por El como la simiente y andar en El como la tierra (2:6). Si deseamos andar en Cristo, no debemos distraernos con otras cosas. La manera de vivir por Cristo y de andar en El consiste en ser sepultados juntamente con El. Nosotros los que fuimos sepultados juntamente con Cristo fuimos introducidos en Su resurrección, no por nuestro esfuerzo sino por la obra de Dios, la cual lleva a cabo el Espíritu de Dios. Cuando nos demos cuenta de que fuimos terminados juntamente con Cristo, sepultados con El e introducidos en Su resurrección, el Espíritu que mora en nosotros honrará nuestro entendimiento con Su operación, nos ministrará las riquezas de Cristo y hará que permanezcamos en resurrección. Esto no es simplemente cuestión de enseñanza; es la operación que Dios efectúa; es el ejercicio del Espíritu viviente dentro de nosotros. Esta es la circuncisión de Cristo.

Colosenses 3:9-10 nos dice que nos hemos despojado del viejo hombre y nos hemos revestido del nuevo. Este es el verdadero cambio de nombre, el verdadero significado de la circuncisión, y la experiencia auténtica del bautismo. Circuncidar la carne significa despojarse del viejo hombre y revestirse del nuevo. Entonces, como nuevo hombre, tendremos la simiente que cumple el propósito de Dios. Además, cuando estamos en el nuevo hombre, estamos en la tierra, la iglesia. Esto es un asunto de experimentar a Cristo. Cuando veamos que fuimos crucificados juntamente con Cristo e introducidos en Su resurrección, el Espíritu que mora en nosotros honrará esta comprensión y operará dentro de nosotros para que nos despojemos del viejo hombre y seamos revestidos del nuevo. De esta manera, Dios obtiene la simiente y la tierra para cumplir Su propósito eterno.

d) No yo, sino Cristo

En Gálatas 2:20 leemos: "Con Cristo estoy juntamente crucificado, y ya no vivo yo, mas vive Cristo en mí". El verdadero cambio de nombre es el cambio del yo por Cristo. Este es el significado de la circuncisión y del bautismo. La circuncisión de Cristo lleva a cabo una sola cosa: cambia al yo por Cristo. Entonces ya no vivo yo, mas vive Cristo en mí.

e) No yo, sino la gracia de Dios

Finalmente el "no yo sino Cristo" se convierte en "no yo, sino la gracia de Dios" (1 Co. 15:10). El apóstol Pablo dijo que él laboraba más que los otros apóstoles, pero no él, sino la gracia de Dios. ¿Qué es la gracia? Como ya vimos, la gracia es Dios mismo que viene a nosotros para ser nuestro todo.

En Génesis 18:10 y 14 encontramos algo muy extraño: "De cierto volveré a ti; y según el tiempo de la vida, he aquí que Sara tu mujer tendrá un hijo". ¿Qué significa eso? Dios no tenía ninguna necesidad de venir para que Sara tuviese un hijo. Si fuésemos Abraham, probablemente habríamos dicho: "Señor, Tú no necesitas hacer todo eso. Puedes quedarte en los cielos y simplemente decir una palabra, y Sara tendrá un hijo". Sin embargo, el Señor dijo que el nacimiento de Isaac sería Su venida, Su llegada. Parece que la visitación de Dios estaba muy ligada al nacimiento de Isaac. Dios parecía decir: "El nacimiento de Isaac será Mi llegada. Isaac no provendrá de ti, sino de Mi venida. Cuando Yo vuelva a ti, Sara tendrá un hijo. Mi venida será el nacimiento de Isaac". No estoy diciendo que Isaac sea Dios ni que Dios sea Isaac, sino que aparentemente el regreso de Dios equivalía casi al nacimiento de Isaac. Isaac fue una persona fuera de lo común. El era un ser humano, pero su nacimiento fue el resultado de una visitación divina. ¿Qué fue esa visitación divina? Fue la gracia. Por consiguiente, Abraham y Sara podían decir: "No yo, sino la gracia de Dios".

Dios llamó el tiempo del nacimiento de Isaac el tiempo de la vida. Esta cita fue hecha en 17:21 donde Dios dijo: "Mas Yo estableceré Mi pacto con Isaac, el que Sara te dará a luz por este tiempo el año que viene". Dios llamó esta cita el tiempo de la vida, diciendo que según el tiempo de la vida El regresaría y Sara tendría un hijo. Esto es muy significativo. Todo lo que hacemos debe corresponder al tiempo de la vida y a la visitación de Dios. La simiente que producimos debe ser la venida del Señor en Su visitación de gracia. Esta visitación de gracia es el nacimiento de Isaac. Esto demuestra que sólo el Cristo que Dios ha forjado en nuestro ser puede ser la simiente que posee la tierra y que cumple el propósito de Dios. Eso es todo un asunto de gracia. Ya no soy yo, sino Cristo. No soy yo, sino la gracia de Dios. Alabado sea el Señor porque Cristo y la gracia de Dios se han forjado en nosotros a fin de obtener la simiente y poseer la tierra. Tenemos a Cristo como nuestra simiente y la vida de iglesia como nuestra tierra. Ese es el resultado de la circuncisión.

ESTUDIO-VIDA DE GENESIS

VIVIR EN COMUNION CON DIOS:
LA COMUNION CON DIOS EN EL NIVEL HUMANO

En este mensaje llegamos a Génesis 18, que contiene un relato íntimo de la experiencia que tuvo Abraham con Dios. Si consideramos la perspectiva general de la experiencia de Abraham con Dios en los capítulos del once al veinticuatro, veremos que su experiencia se divide en cuatro secciones principales. Primero, mientras Abraham vivía en la tierra demoníaca de Caldea, fue llamado por Dios. De repente, recibió una sorpresiva aparición del Dios de gloria (Hch. 7:2). Este fue el comienzo de su experiencia con Dios.

Segundo, en los capítulos del doce al catorce, Abraham experimentó lo que es vivir por fe en Dios en lo relacionado con la subsistencia. Dios lo había llamado a cumplir Su propósito eterno, pero como ser humano él todavía necesitaba alimento, albergue y todo lo necesario para sobrevivir. El era extranjero en una nueva tierra, y no tenía nada suyo. Por consiguiente, Dios lo adiestró y le enseñó a ejercitar la fe que El mismo le había infundido a fin de que confiase en El en lo relativo a la subsistencia.

Después, en los capítulos del quince al diecisiete, o sea, en la tercera sección, Dios lo adiestró en conocer la gracia necesaria para cumplir Su propósito. Allí Abraham aprendió a no hacer nada por su propio esfuerzo ni por su propia cuenta, sino a hacer todo por Dios y con El. Dios lo necesitaba a él, pero no necesitaba nada que proviniese de él. Dios repudió completamente todo lo que Abraham tenía, lo que era y lo que podía hacer. Esperó por lo menos quince años para adiestrar a Abraham en este asunto. Durante trece años, Dios no se le volvió a aparecer porque él no había obrado correctamente. Abraham fue adiestrado y disciplinado, y recibió el favor de Dios, pero no anduvo en la presencia de Dios. Por el contrario, anduvo en la presencia de su esposa, quien le sugirió que usara su carne para producir descendencia a fin de cumplir el propósito de Dios. Abraham esperaba que Ismael, su simiente, cumpliese el propósito de Dios. Sin embargo, Dios parecía decirle: "¡No! No apruebo lo de Ismael. El es el resultado de tu esfuerzo, el producto de tu obra. Lo rechazo y no debes conservarlo. Abram, debes aprender que tu labor no significa nada para Mí. Te necesito solamente a ti, y no tu capacidad ni tu fuerza. No necesito tu Lot, tu Eliezer, tu Agar, ni nada que provenga de ti. Debes andar delante de Mí, sin hacer nada con tu esfuerzo propio ni hacer nada por tu propia cuenta. Debes ser alimentado y abastecido por la suministración de Mi ubre divina. Entonces podrás producir algo no solamente para Mí sino también procedente de Mí. Yo acepto y apruebo solamente lo que proviene de Mí mismo. No produciré a Isaac sin ti. Produciré a Isaac por medio de ti, pero no procedente de ti. Tú eres el canal, mas no la fuente. Cada vez que te consideras la fuente, me ofendes. Yo soy la fuente única que todo lo provee. Me has conocido como el Dios Altísimo, el dueño de los cielos y de la tierra. Ahora debes conocerme como *El-Shaddai,* como el Todopoderoso provisto de una ubre y que todo lo provee. Quédate debajo de Mi ubre y recibe constantemente el suministro y la nutrición por Mi infinita provisión. Esta es la manera de andar delante de Mí". Abraham aprendió a conocer la gracia para cumplir el propósito de Dios, y Dios cambió su nombre y su naturaleza, pues cambió la constitución misma de Abraham al circuncidarle. Abram llegó a su fin y Abraham empezó a existir. Esta es la tercera sección importante de la experiencia que Abraham tuvo de Dios.

d. Vivir en comunión con Dios

1) La comunión con Dios en el nivel humano

Inmediatamente después de esto, Abraham entró en una sección gloriosa: una vida en comunión con Dios (18:1—24:67). El había sido llamado, había aprendido a vivir por fe en Dios en lo relacionado con su subsistencia, y había llegado a conocer la gracia, necesaria para cumplir el propósito de Dios. Ahora él estaba en una comunión permanente con Dios. La cuarta sección de su experiencia se halla en los capítulos del dieciocho al veinticuatro. Todo lo que revelan estos siete capítulos constituye un aspecto de la comunión íntima que Abraham tenía con Dios.

En la primera sección de la experiencia de Abraham, Dios se le había aparecido a él como el Dios de gloria. En la segunda sección, se reveló como el Dios Altísimo, el dueño de los cielos y de la tierra. En la tercera sección, vino a Abraham como *El-Shaddai,* como el Todopoderoso que lo suministra todo y que está provisto de una ubre. En la cuarta sección, Dios vino de una manera muy distinta: como un hombre mortal. Mientras Abraham estaba sentado en la entrada de su tienda en el calor del día, vio tres hombres que se acercaban a él (vs. 1-2). En hebreo, la palabra traducida "hombres" en el versículo 2 significa hombres mortales, seres humanos. Dios se apareció a Abraham en esa forma. Al principio, Abraham no se dio cuenta de que uno de estos hombres era el Señor Jehová ni de que los otros dos eran ángeles.

Entre estas formas en que Dios apareció: el Dios de gloria, el Dios Altísimo, *El-Shaddai* y un simple mortal, ¿cuál prefiere usted? ¿Prefiere que Dios se le aparezca como el Dios de gloria? En tal caso, usted se asustaría. ¿Quisiera usted que se le presentara como el Dios Altísimo? Si el presidente de los Estados Unidos se me presentara y me dijera: "Soy el altísimo presidente de los Estados Unidos y vengo a visitar a este pequeño hombre", yo me sentiría incómodo. No obstante, si se me presentara como un hombre igual a mí, yo diría: "¿Cómo está usted? Por favor, venga, descanse y alégrese". Si él viniese de esta manera, y revelara más tarde que él es el presidente de los Estados Unidos, yo podría pasar un buen rato con él. Entre estas cuatro maneras en que Dios aparece, prefiero que El venga a mí en forma de hombre mortal, y no en Su gloria divina, en Su posición elevada, ni en Su plena suministración.

Todos debemos experimentar a nuestro Dios hasta ese punto. Al principio de nuestra experiencia, lo percibimos como

el Dios de gloria. Sin embargo, cuanto más lo experimentamos, más vemos que El viene en forma humana, igual a
nosotros. Si Dios no se hubiera presentado a Abraham con
forma humana, ¿cómo podía Abraham ser llamado Su amigo?
Génesis 18 revela que Abraham y Dios hablaron como amigos.
Abraham le dijo: "Señor, si ahora he hallado gracia en tus
ojos, te ruego que no pases de tu siervo. Que se traiga ahora
un poco de agua, y lavad vuestros pies; y recostaos debajo de
un árbol" (vs. 3-4). Abraham preparó el agua para que Dios
se lavara los pies, y Dios descansó debajo de un árbol frente
a la tienda de Abraham.

Son muy pocos los cristianos que concebirían que Dios
pudiera venir en forma de hombre mortal, descansar a la
sombra de un árbol, y lavar Sus pies con el agua que le trajo
un hombre. ¿Qué cree usted que es más agradable, que Dios
se siente sobre Su trono y ordene que nos inclinemos ante El
y lo adoremos, o que se siente debajo de un árbol y se lave
los pies? Antes de que los pies del Señor Jesús fuesen lavados
por las lágrimas de una mujer en la casa de Simón (Lc. 7:38,
44), los pies de Dios fueron lavados frente a la tienda de
Abraham. Mientras Jesús estaba en la casa de Simón y le
lavaban los pies y lo ungían, los sacerdotes judíos adoraban
a Dios en el templo. ¿Dónde estaba Dios en aquel momento,
en el templo de Jerusalén o en la casa de Simón? Del mismo
modo, ¿dónde estaba Dios en Génesis 18, sentado en Su trono
esperando que Abraham lo adorara, o lavándose los pies
debajo de un árbol en frente de la tienda de Abraham? ¡Cuán
maravilloso es el hecho de que El haya venido en forma de
hombre mortal y se haya lavado los pies frente a la tienda
de Abraham! ¿Dónde está el Dios que usted experimenta?
¿Está sentado sobre un trono en los cielos o lavándose los
pies junto a la tienda de usted? ¿Prefiere usted que su Dios
esté sentado en el trono, esperando que usted le diga: "Santo,
santo, santo", o prefiere que esté sentado a la entrada de su
tienda? Dios se presentó a Abraham al nivel de éste y con
forma humana. Por haber venido de esta manera, El y
Abraham podían ser amigos. Este capítulo no presenta
ninguna adoración religiosa ni ningún temor; sólo contiene
una dulce intimidad. ¡Cuán maravilloso! ¿Quién es su Dios

hoy? ¿Es El solamente el Dios de gloria, el Dios Altísimo y *El-Shaddai,* o el que tiene la forma de hombre mortal, como usted y yo?

No estoy diciendo que Dios se haya hecho un hombre mortal en Génesis 18, pues sólo tenía la forma de hombre mortal. Uno de los tres hombres que aparecieron a Abraham en Génesis 18 era Jehová Dios. El versículo 13 menciona a "Jehová". ¡Jehová fue el que se presentó a Abraham en forma humana!

Cuando leí Génesis 18 hace años, me inquietó. En este capítulo, Abraham ciertamente vio al Señor, pero el Nuevo Testamento dice que ningún hombre ha visto jamás a Dios (Jn. 1:18). Abraham no vio a Dios en Su forma divina, sino en una forma humana. Dios se le apareció como hombre. Pasó lo mismo cuando el Señor Jesús estuvo en la tierra. La gente no vio a Dios en Su forma divina; ellos vieron a Dios en el hombre Jesús. Primero, Dios se apareció a Abraham en Su gloria divina. Luego vino en Su posición de Altísimo y como *El-Shaddai,* el Todopoderoso que lo suministra todo y que está provisto de una ubre. Finalmente, El vino en forma de hombre. Abraham no vio la forma de Dios sino la forma humana. El vio tres hombres mortales, y al principio ni siquiera se dio cuenta de que uno de ellos era Jehová.

A Dios le gusta aparecérsenos de esta forma. El no viene en forma de Dios sino en forma humana, sin declarar que El es Jehová Dios. Dios habló con Abraham como un hombre habla con otro. Le preguntó a Abraham: "¿Dónde está Sara tu mujer?". Tal vez eso haya sorprendido a Abraham y haya pensado: "¡Este hombre conoce a mi esposa! ¿Cómo es posible? ¿Acaso no es un desconocido?". Entonces el Señor dijo: "De cierto volveré a ti; y según el tiempo de la vida..." (v. 10). Abraham pudo haber dicho: "¿Quién eres Tú? Debes de ser el propio *El-Shaddai,* el que me prometió el nacimiento de Isaac" (17:19, 21). Probablemente Abraham todavía tenía dudas al respecto hasta que Dios dijo: "Sara tu mujer tendrá un hijo". Sara se rió cuando escuchó aquello. Ningún ser humano habría podido saber que Sara se estaba riendo en silencio, pero el Señor dijo: "¿Por qué se ha reído Sara diciendo: ¿Será cierto que he de dar a luz siendo ya vieja?"

(v. 13). En ese momento, el Señor le reveló claramente a Abraham que El era Jehová Dios al decir. "¿Hay para Dios [Jehová] alguna cosa difícil?". Cuando Sara lo negó, El dijo: "No es así, sino que te has reído" (v. 15), lo cual indicaba que El era el Dios omnisciente, Aquel que todo lo sabe, aun lo que está en el corazón del hombre. Entonces, Abraham entendió perfectamente que este hombre era Jehová el Todopoderoso, *El-Shaddai*. Del mismo modo, los discípulos de Jesús llegaron gradualmente a saber que el hombre Jesús era Dios.

Todos debemos experimentar a Dios de esta manera. No deberíamos practicar una forma religiosa de reunirnos con Dios, diciendo: "Es hora de ir a adorar a Dios. Debo vestirme, peinarme, y entrar con reverencia en la catedral donde estaré con Dios". Si hacemos eso, Dios probablemente no se nos aparecerá. Con frecuencia Dios viene a nosotros mientras estamos sentados a la entrada de nuestra tienda. Quizás no estemos listos para adorar a Dios, pero sí podemos decirle a alguien que se acerca a nosotros que se quede. Finalmente nos enteramos de que es Dios. ¿Ha tenido usted esa clase de experiencia? Según la religión, Dios visita a la gente en una catedral o en una capilla. Pero Dios muchas veces nos visita normalmente, de una manera extraordinaria para la religión. Me agrada el Dios que se le apareció a Abraham en forma de hombre mortal a la entrada de su tienda. Muchas hermanas han experimentado que al guisar en su cocina o al lavar la ropa, el Señor se presenta a ellas de una manera muy íntima y humana, y pasan un rato de agradable comunión con el Señor, conversando con El como con un amigo. Muchos hermanos han experimentado lo mismo. Mientras están trabajando o descansando en casa, el Señor se les presenta como un amigo querido, y tienen una conversación íntima con El. Es así como experimentamos al Señor que viene a visitarnos en nuestro nivel humano a fin de que tengamos comunión con El como con un amigo íntimo.

¿En cuál de las cuatro secciones de la experiencia de Abraham se encuentra usted? ¿Experimenta usted a Dios como el Dios de gloria, como el Dios Altísimo, como *El-Shaddai,* o como Aquel que tiene forma de hombre mortal? ¿Vive usted en comunión íntima con Dios en un nivel humano? ¡Cuán grata es la visita que nos brinda Dios, no con Su gloria divina ni en Su posición elevada sino en forma de hombre mortal!

a) Después de la circuncisión de Abraham

La comunión que tuvo Abraham con Dios empezó después de su circuncisión y de llegar al final de sí (17:24-27). El no sólo fue llamado y aprendió a vivir por la fe en Dios en cuanto a su sustento, sino que también había aprendido a rechazar y a renunciar a su fuerza natural y a confiar en Dios en todas las circunstancias para cumplir Su propósito. Después de alcanzar ese nivel, empezó a vivir en comunión con Dios. Ya circuncidado, Dios vino a visitarle, y como persona circuncisa Abraham tuvo una comunión íntima con el Dios que lo visitaba. El no necesitaba acudir a Dios, pues Dios venía a él. La religión siempre exhorta a la gente a acudir a Dios, pero Génesis 18 revela que Dios vino a visitar a Su circuncidado. El circunciso no necesitaba ir a un templo ni a una catedral; su tienda se convirtió en el tabernáculo de Dios, el lugar en el cual Dios se deleitaba al recibir el agua y la comida de Su circunciso. Después de ser circuncidada nuestra carne y terminado nuestro hombre natural, Dios nos visita y le ministramos agua y comida como refrigerio y satisfacción en nuestra íntima comunión con El.

b) Como amigo de Dios

Mientras Abraham vivía en comunión con Dios, Dios se consideraba su amigo (Jac. 2:23; Is. 41:8; 2 Cr. 20:7). En este capítulo la conversación entre Abraham y Dios es como la de dos amigos. Esto sucedió en el encinar de Mamre en Hebrón, donde Abraham vivía conforme al beneplácito de Dios (13:18). En hebreo, el nombre Hebrón significa comunión y amistad. Fue en ese lugar de comunión y amistad donde Dios visitó a Abraham como amigo, y donde Abraham le extendió a Dios la bienvenida como amigo, trayéndole agua a fin de que se lavara los pies y se refrescara, y alimentándolo con una comida rica que lo satisficiera. Abraham hizo todo eso en íntima comunión con su Amigo a la entrada de su tienda bajo la sombra de los encinos, y no en la adoración religiosa de

"Dios" en una catedral o santuario durante el servicio ofrecido por un "sacerdote" o "ministro".

Cuando Abraham estaba sentado a la entrada de la tienda para refrescarse del calor del día, Dios se le apareció con los dos ángeles. Cuando Abraham los vio acercarse, corrió a extenderles la bienvenida y pedirles que se quedaran con él. Les trajo agua para que se lavaran los pies y les sirvió una rica comida de tres panes de harina de trigo cocidos debajo del rescoldo, con un becerro tierno y bueno, y mantequilla y leche (vs. 4-8). Antiguamente, tres medidas equivalían a un efa. En 1 Samuel 1:24 y Jueces 6:19 vemos que la porción normal de una comida era un efa de flor de harina. Entonces, ¿por qué Génesis 18:6 y Mateo 13:33 mencionan tres medidas y no un efa? Porque tanto en Génesis 18 como en Mateo 13, tres medidas de harina fina representan al Cristo resucitado en Su humanidad. Este Cristo es la flor de harina cocida en panes para servir de comida a Dios y al hombre. Abraham también preparó un becerro tierno. Este becerro, como el becerro engordado que se usó para alimentar al hijo pródigo en Lucas 15:23, también era una figura de Cristo. Además, Abraham sirvió mantequilla y leche a Dios y a los ángeles. Dios bebió de la leche de la buena tierra mucho antes que los hijos de Israel. Los panes, el becerro, la mantequilla y la leche representan las riquezas del Cristo todo-inclusivo que satisfacen a Dios y también al hombre.

Aunque la Biblia no dice que Abraham presentó esta comida a Dios como ofrenda, en realidad fue eso lo que hizo. Muchos años después, cuando los hijos de Israel iban a sus fiestas anuales, le ofrecían a Dios el fruto de la buena tierra, presentándole el producto de la vida vegetal y animal. En principio, Abraham hizo lo mismo en Génesis 18. Cuando pasamos un buen rato con Dios, en íntima comunión con El, en ese momento Cristo no sólo nos es suministrado, sino que ofrecemos este Cristo a Dios, presentándole las riquezas de Cristo para Su deleite. En otras palabras, ofrecemos este Cristo a Dios como tres medidas de flor de harina, como becerro tierno y bueno, y como mantequilla y leche. Le damos gracias al Señor porque hemos experimentado eso en alguna medida. Mientras disfrutamos de una íntima comunión con Dios, no sólo recibimos a Cristo de parte de Dios, sino que también ofrecemos este Cristo a Dios como comida Suya. Ofrecimos a Cristo en Su humanidad resucitada como tres medidas de harina fina; ofrecimos a Cristo como el becerro tierno y bueno; y presentamos todas las riquezas de Cristo a Dios para Su deleite. Muchas veces en la mesa del Señor no he disfrutado al Señor tanto como en las ocasiones en que lo he ofrecido a Dios para Su deleite. Cuando usted recibe personas que le visitan en casa, no espera que ellos lo alimenten a usted. Por el contrario, usted disfruta al alimentarlos. Las hermanas disfrutan especialmente el hecho de servir una comida y de ver que los invitados la consumen. Cuanto más comen los invitados, más felices están las hermanas. Todos debemos tener una comunión muy íntima con Dios para disfrutar a Cristo y ofrecerlo a Dios para Su deleite. La comunión más elevada no se produce cuando disfrutamos mucho a Cristo delante de Dios, sino cuando Dios lo disfruta a El en nosotros más que nosotros mismos. La reunión más elevada y más rica en la iglesia es la reunión en la cual ofrecemos a Cristo a Dios para satisfacción de Dios.

c) Recibe la revelación de Dios

Mientras Abraham disfrutaba de una comunión muy placentera con Dios, recibió una revelación proveniente de El acerca del nacimiento de Isaac y de la destrucción de Sodoma. Estas son dos cosas fundamentales sobre las cuales Dios siempre nos hablará. El nacimiento de Isaac está relacionado con Cristo, y la destrucción de Sodoma, con el juicio de Dios sobre el pecado. Isaac debe venir, y Sodoma debe irse. Esto significa que Cristo debe entrar y el pecado debe marcharse. Hoy en día Dios no sólo cumple Su plan para llevar a cabo Su propósito, sino que también juzga el pecado, pues El es el Señor de todos los hombres. Podemos aplicar el mismo principio a cada aspecto de nuestra vida: en nuestra vida matrimonial, en la casa, en la vida personal, en la vida cristiana y en la vida de iglesia. Lo que Dios desea es producir a Cristo por medio de nosotros y eliminar todo lo que sea pecaminoso. El desea producir a Cristo y destruir a "Sodoma" en nuestra vida familiar, en nuestro trabajo y aun en nuestra vida cristiana y

692 ESTUDIO-VIDA DE GENESIS

nuestra vida de iglesia. Toda la revelación que hemos recibido
y que recibiremos de parte de Dios tiene que ver principalmente
con estos dos asuntos. Si usted considera su propia experiencia, se dará cuenta de que ése es el caso. Cuando usted recibe
una revelación de Dios durante su comunión con El, siempre
se relaciona con Cristo, por el lado positivo, y con el pecado,
por el lado negativo. En el sentido positivo, vemos más de
Cristo y decimos: "He visto algo nuevo de Cristo. ¡Cuánto
lamento no haber vivido más por El!". Esta es la revelación
acerca del nacimiento de Isaac, la revelación según la cual
Cristo será producido en nuestra vida. No obstante, en el
aspecto negativo, vemos nuestros pecados y decimos: "Oh
Señor, perdóname. Todavía hay mucho egoísmo, odio y celos
dentro de mí. Tengo tantos defectos, tantas deficiencias y
tantas cosas pecaminosas. Señor, juzgo todas estas cosas y deseo
que sean destruidas". En principio, esto equivale al juicio de
Dios sobre el pecado, y la destrucción del mismo. En nuestra
vida cristiana, Cristo debe entrar y "Sodoma" debe ser destruida. Del mismo modo, en la vida de iglesia, Cristo debe
aumentar y el pecado debe ser eliminado.

(1) Acerca del nacimiento de Isaac por medio de Sara

(a) La promesa confirmada

¿Cómo puede Cristo ser producido? Primero, viene la
promesa. La promesa hecha a Abraham acerca del nacimiento
de Isaac en 17:19 y 21 fue confirmada en 18:10. No sólo Dios
prometió a Abraham que tendría a Isaac por medio de Sara,
sino que en toda la Biblia, y particularmente en el Nuevo
Testamento, vemos la rica promesa acerca de Cristo. Tenemos
la promesa según la cual Cristo será nuestra vida, nuestro
suministro y nuestro todo. ¡Cuántas promesas tenemos en el
Nuevo Testamento acerca de Cristo! Todas estas promesas
pueden llevarse a cabo por la visitación de Dios, llena de
gracia.

(b) En el tiempo de la vida, el tiempo señalado

El nacimiento de Isaac se produjo en el tiempo de la vida,
en el tiempo señalado (17:21; 18:10, 14). Cristo siempre ha

aumentado y aumentará en nosotros y será producido por medio de nosotros en el tiempo de la vida. Debemos tener muchos tiempos más de vida. Me gustaría tener uno cada día. El tiempo de la vida es siempre el tiempo señalado por Dios. Dios hizo la cita, y no Abraham. Sucede lo mismo con nosotros hoy, pues Dios es el que hace las citas, no usted ni yo. Nuestras experiencias pasadas nos ayudarán a entender eso. Cuando Dios viene a visitarnos para producir a Cristo, ese momento es el tiempo señalado, el tiempo de la vida.

(c) Abraham estaba ya casi muerto de vejez y Sara ya no podía concebir

El tiempo de la vida para Abraham y Sara era el tiempo en que habían llegado a ser nada. Isaac nació cuando Abraham había envejecido y estaba como muerto y Sara ya no podía tener hijos (vs. 11-13). Del mismo modo, cuando llegamos a ser nada, ése es un buen momento, el tiempo divinamente señalado, para que participemos de más vida.

(d) Una maravillosa obra del Señor

En el versículo 14 el Señor dijo: "¿Hay para Dios alguna cosa difícil?". Todas las experiencias que tenemos de Cristo son maravillosas a nuestros ojos; son una maravillosa obra del Señor. ¿Cómo podía Sara dar a luz a Isaac? Humanamente era imposible. Si eso nos hubiera sucedido, habría sido algo maravilloso para nosotros. Las experiencias cristianas siempre son así porque la vida cristiana es una vida de imposibilidades. ¡Cuán maravilloso es que todo lo imposible llega a ser posible con Cristo! Podemos hacer lo que otros no pueden lograr y podemos ser lo que otros no pueden ser porque Cristo es maravilloso en nuestra experiencia.

(2) Acerca de la destrucción de Sodoma

(a) Abraham anduvo con Dios y lo acompañó

La segunda revelación que Abraham recibió se relacionaba con la destrucción de Sodoma (vs. 16-21). Después de disfrutar de una comunión tan íntima con Abraham, Dios y los dos ángeles quedaron satisfechos, fortalecidos y reconfortados. El versículo 16 dice que entonces "los varones se levantaron de allí, y miraron hacia Sodoma; y Abraham iba con ellos acompañándolos". Abraham recorrió cierta distancia con ellos y les acompañó para orientarlos y despedirlos. En muchas ocasiones, cuando tenemos huéspedes, los acompañamos hasta su automóvil después de la visita, y nos despedimos de ellos. Al acompañar Abraham a sus visitantes, era como si se despidiera de un amigo.

(b) Dios no le escondió a Abraham Su intención

Mientras Abraham acompañaba a Dios, "Jehová dijo: ¿encubriré yo a Abraham lo que voy a hacer?" (v. 17). Dios no podía esconderle a Abraham Su intención; así que le comentó Su intención de juzgar a Sodoma, diciendo: "Por cuanto el clamor contra Sodoma y Gomorra se aumenta más y más, y el pecado de ellos se ha agravado en extremo, descenderé ahora, y veré si han consumado su obra según el clamor que ha venido hasta mí; y si no, lo sabré" (vs. 20-21). El corazón de Dios estaba preocupado por Lot, pero no podía hacer nada por él sin un intercesor. Como lo veremos en el mensaje siguiente, aquí Dios busca un intercesor. Dios no mencionó el nombre de Lot, pero sabía en Su corazón que Abraham entendía lo que El se proponía. Dios y Abraham hablaban de una manera misteriosa, sin que ninguno de ellos mencionara el nombre de Lot. Los de afuera no entendían lo que querían decir, pero ellos sí.

d) Permanece en la presencia de Dios

En el versículo 22 leemos: "Y se apartaron de allí los varones, y fueron hacia Sodoma; pero Abraham estaba aún delante de Jehová". Cuando los dos ángeles se fueron, Abraham no se despidió de Jehová. ¡No! El permaneció delante de Jehová. Como veremos, el hecho de permanecer delante de Jehová tenía un propósito: la intercesión.

En Génesis 18 veremos que Abraham, un hombre circuncidado, tenía paz con Dios. Aunque Abraham no esperaba esta visitación, Dios se le apareció en forma de hombre mortal, y conversó con él como con un amigo. No había nada religioso en esta íntima comunión. En esa comunión, Abraham recibió revelación de Dios de algo positivo, que fue el nacimiento de Isaac, y de algo negativo, a saber, la destrucción de Sodoma. Luego, después de que los ángeles se fueron con rumbo a Sodoma, Abraham permaneció en la presencia de Dios. Dios encontró un hombre al cual podía encomendar lo que tenía en Su corazón, un hombre que respondía a la intención de Su corazón y servía de eco al deseo de Su corazón. En este capítulo vemos que la experiencia más grata y más íntima de Dios es como la que tenemos con nuestro amigo más íntimo.

ESTUDIO-VIDA DE GENESIS

MENSAJE CINCUENTA Y UNO

VIVIR EN COMUNION CON DIOS:
UNA INTERCESION GLORIOSA

2) Una intercesión gloriosa

En este mensaje llegamos a otra semilla de la revelación divina sembrada en el libro de Génesis: la semilla de la intercesión. Los primeros diecisiete capítulos de Génesis no relatan ninguna intercesión. Podemos suponer que Melquisedec intercedió por Abraham entre bastidores, pero de ello no existe ninguna constancia escrita. La primera mención explícita de intercesión en la Biblia se encuentra en Génesis 18, donde Abraham fue el primer intercesor. Este relato de intercesión no presenta una semilla simple, pues está bastante desarrollada. En Génesis 18 no tenemos una simple historia de intercesión sino una revelación clara de los principios fundamentales de la intercesión. La intercesión representa algo muy importante en la Biblia. Sin ella, la economía de Dios no puede llevarse a cabo. Ahora el ministerio excelente de Cristo como nuestro Sumo Sacerdote real y divino es un ministerio de intercesión. En Romanos 8:34 y Hebreos 7:25 se nos explica que Cristo intercede por nosotros. La intercesión es tan importante que debemos dedicarle un mensaje completo, en el que abarcaremos primordialmente sus principios fundamentales.

a) Conforme a la revelación de Dios

El primer principio de la intercesión es que debe concordar con la revelación de Dios (18:17, 20-21). La única intercesión útil a los ojos de Dios es la que concuerda con Su revelación. Esto significa que la intercesión apropiada no es iniciada por nosotros sino por Dios en Su revelación. Génesis 18 lo describe claramente. Abraham no se levantó una mañana preocupado por Lot ni postrándose a orar por él al que está sentado en el trono celestial. ¡No! Mientras Abraham estaba sentado a la entrada de su tienda para refrescarse del calor del día, Dios se le presentó en forma de hombre mortal. Dios no se presentó a Abraham en Su gloria majestuosa; por eso, al principio Abraham no se dio cuenta de que Jehová Dios lo estaba visitando. Finalmente, Abraham entendió que Aquel era Dios mismo. No obstante, Abraham no se atemorizó; estaba en paz, conversando con Dios como hablaría con un amigo íntimo. Esta conversación debe de haber durado varias horas, pues se necesita tiempo para preparar la comida e ingerirla. Cuando Dios y los dos ángeles estaban a punto de marcharse, Abraham no se despidió de ellos, sino que los acompañó, recorriendo probablemente cierta distancia con ellos. Aquí vemos que nuestro Dios no es solamente un Dios de amor sino también un Dios que pone a prueba. El nos ama y lo sabe todo, pero a menudo nos prueba. El conoce nuestro corazón, la parte más profunda de nuestro ser, pero a menudo no dice nada. Al ponernos a prueba, hace aflorar lo que hay dentro de nosotros.

¿Cuál era el propósito de Dios al presentarse a Abraham en Génesis 18? Indudablemente no vino para comer, y tampoco para confirmar Su promesa acerca del hijo que Sara había de dar a luz. Dios se presentó a Abraham porque buscaba un intercesor. En Su trono celestial, Dios había decidido ejecutar Su juicio sobre la impía ciudad de Sodoma. Sin embargo, no podía olvidar que Lot, uno de los Suyos, se hallaba allí. Lot ni siquiera se daba cuenta de que debía ser rescatado de Sodoma. ¿Qué podía hacer Dios? Tenía que encontrar a alguien que intercediera por Lot. Dios sabía que no había nadie en la tierra que se preocupara tanto por Lot y que estuviese entregado tan enteramente a El como lo estaba Abraham. Por consiguiente, Dios se presentó a Abraham en busca de un intercesor. Sin un intercesor que rogara por Su pueblo, Dios no podía hacer nada. Dios tiene Sus principios divinos. Uno de ellos es que sin intercesión El no puede salvar a nadie. La salvación de cada cristiano se ha llevado a cabo por medio de la intercesión. Dios no se quedó en Su trono en los cielos esperando que se produjera esa intercesión, sino que descendió y visitó a Abraham en forma de hombre mortal para que Abraham pudiera hablar fácilmente con El e intercediera por Lot. En Génesis 18 Abraham no oró a Dios ni invocó Su nombre, sino que conversó con El como lo haría con un amigo íntimo. Por consiguiente, en ese capítulo, Dios visitó a Abraham con el fin de que éste sintiera la carga de interceder por Lot según el deseo de Dios.

Dios permaneció a la entrada de la tienda de Abraham durante varias horas, habló mucho con él, pero no pronunció ni una sola palabra acerca de Su propósito de obtener un intercesor. Muchas veces nosotros actuamos así. Es posible que usted quiera que un hermano haga algo por usted. Si usted es sabio, no se presentará a él a pedirle en seguida que haga lo que usted desea. Primero determinará el humor en el cual se encuentra, hablando con él de varios asuntos. Al final de su visita, cuando el hermano está a punto de despedirse, usted se abre a él y le habla de lo que deseaba. Pero si él no se queda y le dice: "Nos vemos en la reunión esta noche", usted entenderá que su corazón está demasiado frío y que no está interesado en hacer lo que usted desea. No obstante, si él dice: "quisiera quedarme un rato más contigo", entonces usted sabrá que se puede abrir a él.

Cuando Dios se presentó a Abraham, éste le extendió la bienvenida, le trajo agua y le sirvió una buena comida. Dios habló a Abraham durante la preparación de la comida y en la comida misma, pero no le reveló el propósito de Su visita. Sólo le reveló Su intención cuando se levantó y salía de la tienda de Abraham y éste le acompañaba a El y a los dos ángeles en su camino. Mientras Abraham caminaba con ellos, el Señor dijo: "¿Encubriré yo a Abraham lo que voy a hacer?" (18:17). Dios no podía encubrir Su intención a Abraham, Su querido amigo a quien había llamado.

Mientras Abraham permanecía en la presencia de Dios, e incluso después de la partida de los dos ángeles hacia Sodoma, cuando quedó Abraham delante de Dios (18:22), éste se abrió a él. Dios no se abrió directamente a Abraham sino que dejaba implícito lo que quería. Dios no dijo: "Abraham, pronto destruiré a Sodoma. Lot está allí, y estoy muy preocupado por él. He venido a pedirte que intercedas por él". Dios no habló de manera tan directa, sino que le dijo: "Por cuanto el clamor contra Sodoma y Gomorra se aumenta más y más, y el pecado de ellos se ha agravado en extremo, descenderé ahora, y veré si han consumado su obra según el clamor que ha venido hasta mí; y si no, lo sabré" (18:20-21). Dios no pronunció una sola palabra acerca de Lot, pero al hablar de Sodoma, lo hacía por causa de Lot. Estos dos amigos hablaban de Lot, pero ningún de ellos mencionó jamás su nombre. Se refirieron a él de una manera misteriosa, con sobrentendidos. Abraham conocía la preocupación de Dios por Lot, e intercedió por Lot sin mencionar su nombre. Y Dios conocía la intención de Abraham así como éste conocía la Suya.

No piensen que la revelación de Dios con respecto a la intercesión viene repentinamente, de manera milagrosa, al estilo "pentecostal". Si queremos recibir una revelación del corazón de Dios, debemos pasar por un proceso largo. Debemos salir de Ur de Caldea y pasar por muchos lugares hasta llegar a la entrada de la tienda en el encinar de Mamre en Hebrón. Primero Dios llamó a Abraham al aparecérsele como el Dios de gloria. En ese entonces, Abraham no estaba preparado ni calificado para recibir una revelación del corazón de Dios. El no estaba en íntima comunión con Dios. Incluso después de matar a Quedorlaomer y a los demás reyes, no estaba listo para conversar con Dios de una manera íntima. En los capítulos quince y dieciséis vemos que Abraham era un hombre que buscaba a Dios y lo amaba, pero todavía era demasiado carnal. En el capítulo diecisiete fue circuncidado y aniquilado, su nombre fue cambiado de Abram a Abraham, y vino a ser otra persona. Luego, en el capítulo dieciocho, Dios se le presentó en el encinar de Mamre en Hebrón, no como el Dios de gloria ni como el Dios Altísimo, el creador de los cielos y de la tierra, ni como *El-Shaddai,* sino como un hombre mortal que vino para disfrutar de una comida con Su amigo íntimo. En esa ocasión, Dios encontró a un hombre que concordaba con Su corazón. La intercesión gloriosa que Abraham presentó delante de Dios en Génesis 18 no fue la oración que un hombre en la tierra dirige al Dios de los cielos, sino una conversación humana entre dos amigos. Dios bajó de los cielos, se despojó a Sí mismo, y se vistió de la forma de un hombre mortal, y así conversó con Abraham. Finalmente, le indicó a Abraham que El era el Dios todopoderoso; aun así, siguieron conversando como dos amigos. En esta condición, Abraham estaba preparado y calificado para recibir una revelación del deseo que había en el corazón de Dios. La intercesión es una conversación íntima con Dios basada en la revelación del deseo que hay en Su corazón. Este es el primer principio de la intercesión.

Dios debe preparar al hombre que ha de recibir la revelación del deseo que tiene en Su corazón. Las personas que pertenecen a Dios se cuentan por millones, pero son muy pocas las que han sido preparadas, disciplinadas, adiestradas, circuncidadas y aniquiladas. Aunque nosotros no nos parezcamos a Abraham, de vez en cuando hemos tenido experiencias similares. Estábamos dispuestos a renunciar a nosotros mismos y a rechazar nuestra carne. Entonces, tuvimos la sorpresa de ver a Dios venir a nosotros como un amigo humano. No oramos a El ni invocamos Su nombre, sino que conversamos con El como hablaríamos con un amigo íntimo.

Debemos pasar por un largo proceso a fin de cumplir el primer principio fundamental de la intercesión: ser conformados a una revelación íntima del deseo que Dios tiene en Su corazón. Debemos ser disciplinados, circuncidados y aniquilados. Entonces estaremos listos para tener una íntima comunión con Dios. Dios se nos presentará en un nivel humano, y no en un nivel divino, así como lo hizo con Abraham. Suponga que Dios viene a usted de esta manera hoy en día y que usted le sirve una comida y conversa con El cara a cara. ¡Qué maravilloso es conversar con Dios de esta manera! Cuando tenemos comunión con Dios así, no sentimos que estemos hablando con el Dios todopoderoso y majestuoso, sino con otro ser humano. Este es el significado de la intercesión que concuerda con la revelación de Dios. Esta intercesión siempre es íntima, misteriosa y con sobrentendidos.

b) Aparentemente intercedía por Sodoma,
pero en realidad lo hacía por Lot

Cuando Dios reveló a Abraham lo que tenía en Su corazón, Abraham entendió inmediatamente lo que Dios quería decir. Aparentemente, Abraham intercedía por Sodoma, pero en realidad intercedía por Lot. "Se acercó Abraham y dijo: ¿Destruirás también al justo con el impío?" (18:23). Queda implícito que se alude a Lot. Abraham parecía decir: "Señor, ¿acaso no sabes que en Sodoma, la ciudad impía que estás a punto de destruir, vive una persona justa? Es posible que haya allí otros justos además de él. ¿Vas a destruir al justo con el impío?". Dios no le mencionó el nombre de Lot a Abraham, pero entendió. Del mismo modo, Abraham no le mencionó a Lot, pero Dios sabía a qué se refería Abraham. Hablaron entre ellos de una manera misteriosa. Ningún extraño habría sabido de qué hablaban, pero se entendían entre ellos porque eran amigos íntimos. ¿Cómo podemos demostrar que en realidad Abraham intercedía por Lot? Lo comprobamos en 19:29, donde dice: "Así, cuando destruyó Dios las ciudades de la llanura, Dios se acordó de Abraham, y envió fuera a Lot de en medio de la destrucción, al asolar las ciudades donde Lot estaba". El versículo no dice que Dios se acordó de Lot, sino que se acordó de Abraham. Nos explica claramente que Dios respondió a la intercesión de Abraham al rescatar de Sodoma a Lot. Por consiguiente, en el capítulo dieciocho, Abraham no intercede en realidad por la ciudad de Sodoma sino por Lot.

En principio, la intercesión de Abraham por Lot es similar a la intercesión que se lleva a cabo en la iglesia neotestamentaria. En los días de Abraham, el pueblo de Dios se componía de dos familias: la familia de Abraham y la de Lot. Una parte del pueblo de Dios, la familia de Lot, se había trasladado a la ciudad impía de Sodoma. Del mismo modo, algunas personas de la iglesia se han trasladado al mundo. Así como Abraham intercedía por esa parte del pueblo de Dios que se había trasladado a Sodoma, nosotros también debemos interceder por los hermanos y hermanas que se han ido al mundo. La intercesión de Abraham fue la primera que tiene algún parecido con la intercesión que prevalece en la vida de iglesia.

c) Conforme al corazón de Dios

Toda intercesión adecuada concuerda con la revelación que sale del corazón de Dios; por eso, debe estar en conformidad con el corazón de Dios. La intercesión no corresponde a la palabra de Dios. Como lo dijimos antes, Dios no mencionó el nombre de Lot, pero Abraham entendió lo que había en el corazón de Dios. Abraham no intercedió según la palabra explícita de Dios, sino conforme a la intención interior del corazón de Dios. La intercesión apropiada siempre debe tocar el corazón de Dios. Mientras Abraham intercedía, Dios estaba contento y podía decir dentro de Sí: "¡Qué bueno es encontrar en la tierra un hombre que conoce Mi corazón!".

Repito que la intercesión apropiada siempre debe ser iniciada por la visitación de Dios en el nivel humano. Cada vez que sintamos profundamente que Dios ha venido a nosotros al nivel humano, entenderemos que éste es el momento en que Dios iniciará una intercesión que nosotros debemos llevar a cabo. Por esta razón, debemos aprender a permanecer en la presencia de Dios. Si El se dispone a retirarse, nosotros debemos permanecer en Su presencia y decirle: "Señor, no quiero perder Tu presencia. Deseo permanecer aquí contigo". Al permanecer usted en la presencia de Dios, El abrirá Su corazón y le manifestará Su deseo. Ya vimos que Abraham no se despidió del Señor repentinamente sino que recorrió cierta distancia con El. Esto revela que, en cierto sentido, Dios es muy humano. Si permanecemos en Su presencia, El será muy humano y no nos dejará. Se quedará con nosotros, porque nosotros permanecemos con El. Frecuentemente he experimentado esto. No me separo de la presencia de Dios, y El tampoco se aleja de mí. Como resultado, El me abre Su corazón y se produce la intercesión apropiada.

La intercesión no es una simple oración, sino una conversación íntima. En este capítulo, Abraham no estaba orando, sino hablando con su Amigo íntimo en un nivel humano, y diciendo: "¿Destruirás también al justo con el inicuo?". Abraham parecía decirle a Dios: "¿Es así como obras?

Permíteme recordarte que no deberías actuar de esa manera. Tal vez haya cincuenta justos en la ciudad. ¿No preservarías a los cincuenta justos que están allí?". Esto era una conversación. Entonces Abraham añadió: "Lejos de ti el hacer tal, que hagas morir al justo con el impío, y que sea el justo tratado como el impío; nunca tal hagas. El Juez de toda la tierra ¿no ha de hacer lo que es justo?" (18:25). Este fue un gran desafío para el Señor. ¿Ha hecho usted un desafío semejante al conversar con Dios? Son muy pocos los que han hecho eso. Sin embargo, cuando usted ha entrado en una comunión íntima con Dios al nivel humano y conoce el deseo de Su corazón, puede desafiarlo, diciendo: "Señor, ¿es así como Tú obras?". Esto no es ni orar ni rogar, sino desafiar a Dios en una conversación muy amigable. El Señor le contestó a Abraham: "Si hallare en Sodoma cincuenta justos dentro de la ciudad, perdonaré a todo este lugar por amor a ellos" (18:26). La intercesión tiene un principio fundamental: es una conversación que desafía, y no una oración ni una súplica. Dios desea que lo desafiemos. Cuando Abraham desafió a Dios, El quizás haya dicho: "He encontrado a un hombre en la tierra que conoce Mi corazón de una manera tal que no ora, ni suplica, ni ruega, sino que me desafía. Debo hacer lo que dice Mi querido amigo, porque me ha desafiado. Ahora no estoy tan preocupado por Lot como lo estoy por Mí mismo". ¿Ha experimentado usted alguna vez esa clase de intercesión en la cual habla con Dios a modo de desafío, y dice: "Señor, ¿es así como Tú procedes? ¿No hará justicia el Juez de toda la tierra? ¿Has de matar a los justos con los impíos? ¡Indudablemente Tú no harás tal cosa!". Esta es la verdadera intercesión.

En los versículos del 27 al 32 vemos que Abraham siguió conversando con Dios acerca del número de justos necesarios para perdonar la ciudad. Después de que el Señor hubo dicho: "Si hallare en Sodoma cincuenta justos dentro de la ciudad, perdonaré a todo este lugar por amor a ellos", Abraham preguntó si El destruiría la ciudad si hubiera cinco justos menos. El Señor contestó: "No la destruiré, si hallare allí cuarenta y cinco". El Señor fue el que habló del número cuarenta y cinco, y no Abraham. El Señor parecía decir: "El número cuarenta y cinco es bueno, pero no puedo encontrar a tantos justos allí".

Entonces Abraham preguntó si sólo hallaba cuarenta justos, y el Señor contestó: "No lo haré por amor a los cuarenta". Cuando Abraham sugirió que fuesen treinta, el Señor contestó que preservaría a Sodoma si hallaba allí treinta justos. Entonces, por el lado de Abraham, se redujo el número a veinte. Una vez más, el Señor dijo que no destruiría la ciudad por amor a los veinte. Finalmente, Abraham llegó al número más bajo cuando hizo su sexta propuesta, y pidió al Señor que perdonara a la ciudad si hallaba diez justos allí. Dios contestó que Él no destruiría la ciudad por amor a los diez. Abraham presentó seis sugerencias al Señor, reduciendo el número de cincuenta a diez. Después de eso, él no sintió la carga de hacer una séptima propuesta. Tal vez la presencia de Dios lo indujo a no hacerlo. Cuando Dios dijo a Abraham que Él no destruiría la ciudad por amor a los diez justos (18:32), Abraham se desilusionó. Lot tenía su esposa, dos hijas solteras, y algunas hijas casadas y los respectivos yernos. Para Abraham, debía de haber por lo menos diez personas en la familia de Lot, incluyendo a todos sus yernos. Abraham quedó sorprendido y desilusionado al saber que en Sodoma no había ni siquiera diez personas justas.

d) Conforme al proceder justo de Dios

El desafío de Abraham a Dios concordaba con el proceder justo de Dios (18:23-25). Abraham dijo al Señor: "Tú eres el Juez de toda la tierra. ¿Harás eso? No es así como Tú actúas con justicia". La intercesión apropiada no se basa en el amor de Dios ni en Su gracia, sino en Su justicia. El desafío más grande para Dios no consiste en decirle: "Dios, ¿eres Tú un Dios de amor?". Si decimos eso, Dios podría contestar: "Sí, soy un Dios de amor, pero amar es asunto Mío. Cuando me siento feliz, amo. Pero si no me siento feliz, no amo. ¿Qué hay de malo en eso?". No tenemos nada que objetar. Deberíamos decirle a Dios: "Dios, ¿no eres el Justo?". Si desafiamos a Dios conforme a Su justicia, Dios contestará: "Ciertamente soy justo". El nunca diría: "Si me siento feliz, seré justo, pero en caso contrario, no lo seré". ¿Qué clase de Dios sería? Debemos desafiar a Dios sobre la base de Su justicia, porque ésta lo compromete mucho más que Su amor y Su gracia. Dios no tiene ninguna obligación de amar ni de mostrar gracia, pero sí tiene la responsabilidad de ser justo. Nada compromete más firmemente a Dios que Su justicia. Todo buen intercesor sabe que la manera de comprometer a Dios con eficacia consiste en desafiarlo en cuanto a Su justicia. Deberíamos decir: "¿Hará el Juez de toda la tierra semejante cosa?". Y Dios contestará: "No, puesto que soy justo, nunca haría eso. No obstante, debes presentarme la cantidad suficiente de justos por los cuales perdonar la ciudad. Si me muestras el número de personas que justifica, estaré justificado y seré justo. No destruiré la ciudad". La debida intercesión nunca ruega a Dios por Su amor, sino que lo desafía conforme a Su justo proceder.

Creo que muchos en el recobro del Señor serán introducidos en esa clase de intercesión. Cuando Dios descendió y visitó a Abraham en un nivel humano, buscaba un intercesor. Ahora Dios ha bajado al nivel humano una vez más, no para buscar a un individuo sino a un pueblo corporativo. Creo que dentro de poco habrá un pueblo sobre la tierra exactamente como Abraham, que conocerá el corazón de Dios e intercederá con un desafío en la presencia de Dios. Podemos decirle a Dios: "Señor, ¿no nos has prometido claramente en el Nuevo Testamento que terminarás la buena obra que empezaste?". Abraham no clamó ni suplicó a Dios que perdonara a Sodoma por amor a Lot, sino que lo desafió. Del mismo modo, no deberíamos llorar ni rogar a Dios sino desafiarlo. El no quiere escuchar nuestro grito; lo que desea es oír nuestra desafiante intercesión.

e) Expresa el deseo de Dios

La intercesión de Abraham reflejó al deseo que Dios tenía en Su corazón con respecto a Lot. Mientras él intercedía conforme al corazón de Dios, su intercesión expresaba espontáneamente el deseo de Dios. La intercesión apropiada siempre expresa el deseo de Dios. Este es otro principio de la intercesión. Si nuestra intercesión es iniciada por haber visto la revelación de Dios en nuestra comunión íntima con El, todo lo que le digamos en nuestra intercesión expresará Su deseo, y será el reflejo de Su intención. La verdadera intercesión no consiste en expresar nuestro deseo sino el deseo de Dios. No se trata de buscar algo conforme a nuestra intención sino de buscar el cumplimiento de la intención de Dios.

f) Lleva a cabo la voluntad de Dios

La intercesión siempre debe llevar a cabo la voluntad de Dios. Dios deseaba rescatar a Lot, pero sin la intercesión de Abraham, no podía llevar a cabo Su voluntad. La debida intercesión siempre prepara el camino para que se cumpla la voluntad de Dios y proporciona los rieles a la locomotora celestial. Dios deseaba rescatar a Lot de Sodoma, pero tenía que encontrar la manera de hacerlo. Así que visitó a Abraham a fin de que éste intercediera por Lot. Abraham ocupaba un lugar muy especial en el corazón de Dios, y Dios podía abrirle Su corazón. Inmediatamente Abraham reflejó el deseo del corazón de Dios en una intercesión desafiante. Esta intercesión fue la expresión del deseo de Dios y el cumplimiento de dicho deseo.

Hoy en día, en la vida de iglesia se necesita urgentemente esta clase de intercesión desafiante. Todos los mensajes que el Señor nos ha dado se relacionan con el cumplimiento de Su voluntad. En este estudio-vida, no nos preocupamos simplemente por la enseñanza bíblica. Nos interesa compartir la palabra actualizada del Señor en Su recobro. Después de leer este mensaje, habrá una respuesta positiva en todo el recobro del Señor cuando muchos santos queridos respondan a la Palabra y entiendan plenamente lo que es la verdadera intercesión. De ahora en adelante, muchos de nosotros ejercitaremos nuestro espíritu para interceder por la iglesia al desafiar a Dios conforme al deseo de Su corazón. Sabemos que el deseo de Su corazón consiste en salvar a Su pueblo de la ciudad impía, en rescatar al Lot actual de la condición de condenación. Si estamos tan cercanos a Dios, al tener una íntima comunión con Él, podremos ver Su corazón y reflejar el deseo de Su corazón en una intercesión gloriosa. En el próximo mensaje, veremos que la intercesión de Abraham fue muy eficaz. En Génesis 19:27-29 vemos que Abraham todavía estaba en el corazón de Dios. Abraham se despertó temprano por la mañana y miró a la ciudad, muy preocupado por Lot. En 19:29 vemos claramente que Dios se acordó de Abraham y "envió fuera a Lot de en medio de la destrucción, al asolar las ciudades donde Lot estaba". Esta eficaz intercesión será cada vez más clara y será practicada entre nosotros en la vida de iglesia.

g) Hasta que Jehová acaba de hablar

Este capítulo no concluye con las palabras de Abraham, sino con las palabras de Dios. Dice el versículo 33: "Y Jehová se fue, luego que acabó de hablar a Abraham; y Abraham volvió a su lugar". Este es el relato de la intercesión de Abraham. Sin embargo no dice que Abraham hubiera acabado de hablar; dice que el Señor acabó de hablar. La debida intercesión siempre está constituida del hablar de Dios. Aparentemente nosotros estamos hablando; en realidad es Dios quien habla en nuestro hablar.

Me agrada el versículo que dice que el Señor se fue, luego que acabó de hablar a Abraham. A menudo decimos "Amén" al final de nuestras oraciones. Nuestro amén equivale a una despedida. Puedo testificar que centenares de veces me he despedido del Señor de esta manera antes de que El acabase de hablarme. Oré durante cierto tiempo y luego dije: "Amén", es decir "Hasta luego". No obstante, en lo profundo de mi espíritu sentía que el Señor decía: "¿Qué estás haciendo? No he acabado de hablar contigo. ¿Por qué no te quedas unos minutos más?". Muchos de nosotros hemos tenido esta clase de experiencia. Nuestro amén, nuestro hasta luego, vino demasiado pronto. Debemos permanecer en la presencia de Dios hasta que El termine de hablarnos. Nuestra intercesión debe declarar lo que Dios está diciendo.

ESTUDIO-VIDA DE GENESIS

VIVIR EN COMUNION CON DIOS:
UN JUSTO DERROTADO

La Biblia es un libro maravilloso. Junto con el relato de Abraham, nos presenta la negativa historia de Lot. Durante mucho tiempo, no entendí por qué la Biblia incluía ese relato negativo. Génesis 19 contiene ciertos versículos que, desde el punto de vista humano, no me gusta comentar. No obstante, la revelación divina del Señor es económica; en ella no se desperdicia ni una sola palabra. Así que, en la Biblia cada palabra reviste una gran importancia. Entonces ¿cuál es el propósito del capítulo diecinueve de Génesis? Amonestarnos mediante un ejemplo. Tengo la carga de que en este mensaje muchos entre nosotros, y particularmente los jóvenes, perciban la amonestación contenida en este ejemplo. Necesitamos ese ejemplo porque la situación actual no es mejor que la de Sodoma.

Le damos las gracias al Señor porque Su Palabra nos proporciona una historia positiva, la de Abraham y también una historia negativa, la de Lot. En ninguna parte de la Biblia encontramos un relato tan completo como la historia de la vida de Abraham. Este relato muestra cómo Abraham fue llamado por Dios, cómo respondió a ese llamado, cómo vivió por fe en Dios en lo relativo a su sustento, cómo fue adiestrado para que conociera la gracia a fin de cumplir el propósito de Dios, cómo pasó por pruebas al ser circuncidado, y cómo fue introducido en una comunión íntima con Dios, cooperando con El al nivel humano. Aprecio este relato, pues habla de un hombre caído que fue salvo, transformado e introducido en una comunión maravillosa al nivel humano con el Dios glorioso y santo. Sin embargo, junto con este relato, tenemos la historia de Lot, la cual es un cuadro oscuro y negativo. En este mensaje, debemos examinar este relato en detalle y tomarlo como advertencia para nosotros mismos y para nuestros hijos y parientes.

3) Un justo derrotado

Al leer 2 Pedro 2:6-9, descubrimos que Pedro favorece bastante a Lot. En el versículo 8, Pedro se refirió a él como un "justo" cuya "alma justa" fue oprimida por la conducta licenciosa de los inicuos de Sodoma. En el versículo 9 él describe a Lot como una persona piadosa. Por tanto, según el concepto de Pedro, Lot era justo y también piadoso. Nos puede resultar difícil creer eso porque el relato acerca de Lot en Génesis es muy negativo, pero lo debemos creer porque la Biblia así lo dice. Si usted se empecina en afirmar que Lot no era ni justo ni piadoso, entonces yo le preguntaría si usted lo es. ¿Es usted más justo y piadoso que él? En cierto sentido, Lot fue más justo y piadoso que muchos de nosotros. De todos modos, aunque él era salvo, justo y piadoso, era un justo derrotado.

a) Encarrilado pasivamente en el camino de Dios

Al considerar la historia de Lot, vemos que fue encarrilado por otros en el camino de Dios (11:31; 12:5), a saber, su abuelo y su tío. Su abuelo lo llevó de Ur de Caldea a Harán, y se detuvo en medio camino porque el abuelo no quiso seguir adelante. Cuando Dios se llevó al abuelo de Lot, Abraham, el tío, lo tomó consigo de Harán a Canaán. A los ojos de Dios, es bueno que los abuelos y los tíos encausen a sus nietos y sobrinos en el camino de Dios, pero dejarse llevar pasivamente por los demás no es lo ideal. Lot empezó con debilidad. No tuvo un principio activo y positivo en las cosas espirituales. Jóvenes, la pasividad en las cosas santas o en seguir al Señor no es lo ideal. Lot era justo y piadoso, pero fue derrotado porque tuvo un comienzo débil y pasivo. Su principio pasivo fue finalmente la causa de su derrota.

b) Dios nunca se le apareció

Lot nunca recibió una aparición de Dios. Al leer los versículos repetidas veces, no pude encontrar ni un solo

indicio de que Dios se le hubiese aparecido. Dios y los dos
ángeles visitaron a Abraham, pero Lot recibió la visita de
dos ángeles solamente. ¿Significa eso que Dios no es justo y
que hace acepción de personas? ¡Claro que no! Dios es justo
y no hace acepción de personas. El no se le apareció a Lot
ni se le reveló, porque Lot era pasivo, no lo buscaba
activamente a El, y vivía en una ciudad inicua. Lot no siguió a
Dios directamente sino de manera indirecta y no anduvo en el
camino de Dios. Lot, a diferencia de Abraham, no tuvo una
relación directa con Dios. Dios no hace acepción de personas,
pero sí tiene en cuenta el comportamiento y observa si somos
activos o pasivos al buscarle. Si usted lo busca, El se le aparecerá. Pero si no lo busca, El no desperdiciará Su tiempo. El
hecho de que Dios no se le haya aparecido a Lot no fue cuestión de Dios, sino de Lot. Dios desea aparecérsele a usted, pero
¿está usted buscándole y andando en Su camino? ¿Tiene usted
un corazón que busque positiva y activamente a Dios y que
ande en Su camino? Si tal es el caso, Dios no le fallará. Sin
lugar a dudas, El se le aparecerá a usted.

c) El nunca tomó la iniciativa
de seguir el camino de Dios

Lot nunca tomó la iniciativa de seguir el camino de Dios.
No he podido encontrar ni un solo versículo donde se indique
que Lot haya tomado alguna vez la iniciativa en esto. La
Biblia revela que el abuelo de Lot lo llevó a Harán, pero no
dice que Lot lo haya seguido. Hay una gran diferencia entre
las dos cosas. Me preocupan bastante los jóvenes que se
encuentran entre nosotros. Muchos de ellos están en la vida
de iglesia porque alguien los trajo. No tomaron la iniciativa de entrar en la vida de iglesia. Al considerar los últimos
cincuenta años, puedo testificar que aquellos que tomaron
la iniciativa de entrar en la iglesia siguen firmes hoy. Pero
los que no tomaron la iniciativa sino que tuvieron que ser
encarrilados en el camino de la iglesia han caído gradualmente. Les puedo dar los nombres de centenares de personas
con las cuales yo estaba íntimamente relacionado y que recibieron ayuda de mi ministerio, pero que fueron cayendo
porque no tuvieron un comienzo sólido, pues no tomaron la

iniciativa de seguir al Señor. Lot debió haber dicho a
Abraham: "Tío Abraham, seguiré el camino de Dios, sea
que tú lo tomes o no. Aunque soy más joven que tú, tomo la
iniciativa de seguir a Dios y te pido que me sigas". Decir
eso no es una muestra de orgullo, sino una cualidad; es ser
activo.

d) Su relación con Dios era afectada por otros

La relación de Lot con Dios era afectada por otros (13:1).
Cuando los demás estaban alentados, él estaba alentado;
cuando estaban desanimados, él se desanimaba. Lot parecía
un pedazo de madera flotante. Cuando su líder espiritual
descendió a Egipto, él lo siguió allí. El estaba bajo la
influencia de los demás. Cuando Abraham bajó al sur, hacia
Egipto y el mundo, Lot debió separarse de él y decirle:
"Abraham, si vas hacia abajo, yo iré hacia arriba". Pero no
vemos esa tendencia en la vida de Lot. Me preocupa el hecho
de que en la vida de iglesia hoy en día exista esta clase de
madera flotante. ¿Se encuentra su relación con Dios bajo
la aparición directa de El o bajo la influencia de otros?
No piense que Lot se mudó repentinamente a Sodoma. No,
aquello se desarrolló gradualmente a partir de un comienzo
débil. Si usted, al leer este mensaje, cree que no ha
tenido un principio firme, cobre ánimo pues todavía no es
demasiado tarde para echar un fundamento firme.

e) Dejó la influencia espiritual de los demás por los bienes materiales

Lot abandonó la influencia espiritual de los demás por
los bienes materiales (13:5-13). Cuando sólo existía la influencia espiritual, Lot se mantuvo debajo de ella. Pero
cuando tuvo que elegir entre la influencia espiritual y los
bienes materiales, él escogió éstos. En principio sucede lo
mismo hoy en día. El sustento material, es decir, la mundanalidad, constituye una prueba para aquellos que siguen la
espiritualidad de otros. Así como Lot, pueden ser justos y
escoger el sustento material.

La Biblia no indica que en la contienda entre Lot y Abraham en el capítulo trece, Abraham estuviese equivocado. No obstante, creo que Lot se sintió herido en lo más recóndito. Quisiera aprovechar esto para dirigirme a los hermanos que están al frente entre nosotros. El trato entre hermanos es un asunto muy difícil. Abraham no hizo nada malo al tratar a Lot; sin embargo, por haber resuelto el problema de Lot, éste jamás volvió a él. Abraham nunca olvidó a Lot. Cuando se enteró de que Lot fue capturado por Quedorlaomer, peleó contra los reyes y rescató a Lot. Cuando Abraham supo que Dios estaba a punto de destruir a Sodoma, intercedió por Lot. En Génesis 19:27 y 28, Abraham madrugó para mirar hacia Sodoma y Gomorra porque estaba muy preocupado por Lot. Pero Lot, herido en sus sentimientos, no quiso regresar a Abraham, y posiblemente dijo algo así: "No tengo nada que ver contigo. Me sacaste del cautiverio, pero nunca regresaré a ti". Cuando Lot fue librado de la ciudad de Sodoma, no pensó en la posibilidad de volver a Abraham. Si hubiese regresado, su vida no habría conocido un final tan lamentable.

Siento la carga de que los hermanos y hermanas jóvenes sean conscientes del peligro de contender con la generación anterior en el Señor y abandonarla. En mi niñez acostumbraba apartarme de mi madre durante varios días cuando ella me reprendía. Yo estaba equivocado y sabía que ella me había reprendido con amor, pero me negaba a mirarla a la cara simplemente porque ella me había reprendido. Vemos el mismo principio en la vida de iglesia. Aunque algunos santos nos aman, no nos gusta que nos reprendan. He aprendido que el reprender a otros crea enemistad. Hablé con franqueza y en amor a algunos hermanos, pero mi franqueza los ofendió. Quizás ésta haya sido la razón por la cual Lot no quiso volver a Abraham. En ninguna parte de la Palabra vemos que Lot haya agradecido a Abraham por haberlo librado del cautiverio. Tal vez no quiso olvidarse de sus sentimientos heridos ni humillarse. No deberíamos aferrarnos a esos sentimientos humanos. Nosotros, a diferencia de Lot, debemos humillarnos, estar dispuestos a quedar mal, volver a Abraham y permanecer con él. Cuanto más pronto y con más frecuencia hagamos eso, mejor.

f) Cayó en una situación perversa
y pecaminosa delante de Dios

Lot cayó en una situación perversa y pecaminosa delante de Dios (13:11-12). Cuando usted abandona la fuente de la influencia espiritual, va automáticamente hacia abajo, nunca hacia arriba. Jamás deseche la influencia espiritual apropiada, pues ella constituye su protección. Si usted la abandona, perderá su protección, y como Lot, irá hacia abajo a Sodoma. Lot sabía que Sodoma era perversa a los ojos de Dios, pero a pesar de eso, fue finalmente a ese lugar maligno y allí se estableció.

Ur de Caldea era un lugar de ídolos, Egipto era un lugar donde abundaban las riquezas y placeres mundanos, y Sodoma era una ciudad donde imperaba el pecado. Estos tres lugares forman un perímetro triangular dentro del cual se hallaba la tierra de Canaán. Los que hemos sido llamados por Dios vivimos dentro de este triángulo y debemos tener cuidado si no queremos caer en la ciudad de los ídolos, ni bajar al lugar de placeres mundanos, ni mudarnos a la ciudad de pecado. Lot permaneció lejos de la tierra de los ídolos y del lugar de placeres mundanos, pero se dejó arrastrar, como un trozo de madera flotante, hacia la ciudad de pecado.

g) Fue amonestado providencialmente
al ser capturado

Lot fue providencialmente amonestado al ser capturado (14:11-12). Dios tuvo misericordia de él, pues no permitió que viviera en paz en Sodoma. Como advertencia y disciplina, Dios provocó la captura de Lot.

h) Fue rescatado por el vencedor del Señor,
pero eso no le ayudó a volver al camino de Dios

Lot fue rescatado del cautiverio por el vencedor del Señor, pero eso no le ayudó a volver al camino de Dios (14:12-16). Durante mucho tiempo me intrigó el hecho de que Lot no volviese al camino de Dios. Quizás haya sido terco. No se imagine que la gente pasiva es sumisa. Casi todas las personas pasivas son rebeldes. Lot no aprendió la lección ni regresó al camino de Dios.

i) Volvió a vivir en la ciudad inicua
que fue condenada por Dios
y que había de ser destruida por el juicio de Dios

Lot volvió a vivir en la ciudad inicua que Dios había
condenado y que había de ser destruida por el juicio de Dios
(19:1-13). Lot no fue allí a visitar, sino a establecerse. Cuando
los dos ángeles llegaron para ejecutar el juicio de Dios sobre
Sodoma, Lot estaba sentado a la puerta de la ciudad, en
contraste con Abraham, quien estaba sentado a la entrada de
su tienda. Según la antigua costumbre, todo aquel que se
sentaba a la puerta de la ciudad era uno de los ancianos,
pues sólo ellos tenían el privilegio de sentarse allí. ¡Lot llegó
a ser un líder de Sodoma! Supongamos que el Señor o Sus
ángeles tuviesen que visitarle a usted. ¿Dónde lo encontra-
rían, sentado a la entrada de su tienda o a la puerta del
mundo inicuo? El lugar donde usted esté sentado determina
si el Señor se le presentará o no.

Los ángeles se negaron a entrar en la casa de Lot (19:2).
Compare eso con la visita que el Señor y los ángeles hicieron
a Abraham en el capítulo anterior. Cuando Abraham los invitó
a quedarse, aceptaron inmediatamente. Pero los dos ángeles
no querían entrar en la casa de Lot para posar allí, porque
estaba en una ciudad muy inicua. Lot insistió mucho en que
se quedasen, y entonces entraron y posaron con él (19:3).

Mientras los ángeles permanecían en la casa de Lot, los
sodomitas vinieron de todas partes de la ciudad para
satisfacer sus lujurias sodomitas (19:4-11). Sodomita significa
homosexual. Pablo habla de ellos en Romanos 1:24 y 27. En
la actualidad hay muchos sodomitas y se expresan muchas
de sus concupiscencias. Los sodomitas parecen carecer de
espíritu; son semejantes a animales salvajes.

Lot estaba dispuesto a sacrificar hasta sus dos hijas para
satisfacer los apetitos de los sodomitas (19:7-9). El jamás
debió ceder a eso, ni siquiera bajo amenazas. Esto demuestra
que el sentido moral de Lot se había corrompido. Usemos el
olor del ajo como ejemplo de esto. Si tuviéramos que comer
ajo todo el día, nuestro olfato finalmente quedaría insensibili-
zado al ajo. Si alguien con un olfato fresco estuviese en
medio de personas que han comido ajo, inmediatamente

notaría el olor. Lot y sus hijos permanecieron en el cuarto de ajo, la ciudad de Sodoma, durante años, y su sentido moral se estropeó. Lot pensó sacrificar a sus hijas vírgenes para salvar a sus dos huéspedes. ¡Cómo pudo concebir semejante cosa! El era un hombre justo, pero había perdido su sentido moral y su pudor.

Los ángeles enfrentaron esta situación de iniquidad al herir a los sodomitas con ceguera (19:11), lo cual indica que todos los hombres de Sodoma eran ciegos y estaban en tinieblas. Todos los sodomitas están ciegos. ¿Cómo podría un hombre ser un sodomita si no estuviese ciego? Esto muestra que el pecado ciega a la gente.

j) Sus hijos se corrompieron

Los hijos de Lot se corrompieron al vivir en la ciudad inicua. En Génesis 19:12 lo dicho por los ángeles indica que Lot tal vez haya tenido hijos además de sus hijas. En el capítulo dieciocho, Abraham quizás haya considerado que la familia de Lot se componía de por lo menos diez personas. Los ángeles le dijeron a Lot: "¿Tienes aquí alguno más? Yernos, y tus hijos y tus hijas, y todo lo que tienes en la ciudad, sácalo de este lugar; porque vamos a destruir este lugar, por cuanto el clamor contra ellos ha subido de punto delante de Jehová; por tanto, Jehová nos ha enviado para destruirlo" (19:12-13). Lot tuvo que decir a sus yernos y a sus hijos que Dios iba a juzgar a esa ciudad. No obstante, cuando Lot les predicó el evangelio, algunos no creyeron la palabra del Señor, y pensaron que no hablaba en serio. El versículo 14 dice: "Salió Lot y habló a sus yernos, los que habían de tomar sus hijas, y les dijo: Levantaos, salid de este lugar; porque Jehová va a destruir esta ciudad. Mas pareció a sus yernos como que se burlaba".

Otros hijos de Lot no tenían el menor sentido moral (19:30-35). ¡Consideren lo que hicieron sus hijas después de escaparse de la ciudad! Después de escaparse de Sodoma, Lot y sus hijas todavía tenían vino consigo (19:32). En la cueva donde estaban ¿cómo podrían tener vino si no lo hubieran traído consigo? ¡Cuán embotados estaban por la situación pecaminosa de Sodoma! Cuando visité a algunos santos en

Las Vegas en 1963, ellos justificaban su estancia en esa ciudad diciendo: "No hay nada malo en que vivamos en esta ciudad de juegos de azar, porque estamos aquí como un testimonio para el Señor". No discutí con ellos, pero en mi interior pensé: "Si ustedes se quedan aquí algunos años, sus hijos no tendrán ninguna conciencia de la iniquidad que encubren los juegos de azar". Hoy muchos jóvenes han sido embotados. Fíjense en la manera de vestirse; no tienen ningún sentido de la moral ni les da vergüenza. A menudo cuando estoy en la calle tengo que cerrar los ojos. Las jóvenes que no tienen un sentido del pudor se hallan sin protección. En todo el mundo el pudor y la moral se han estropeado. Los jóvenes han perdido sus sensibilidad por haber sido criados en un ambiente pecaminoso. No obstante, si entran en la vida de iglesia y permanecen en su ambiente puro durante algunos meses, nunca volverán al mundo pecaminoso. No resistirían su desagradable olor.

Vivimos en una era maligna y necesitamos ser protegidos de ella. Nuestra familia e hijos deben ser salvaguardados. Todos debemos escaparnos de Sodoma y cerrar nuestras puertas a su influencia maligna. De no ser así, nuestros descendientes serán corrompidos. ¿Cómo pudieron Lot y sus hijas actuar como lo hicieron después de la destrucción de Sodoma? ¡Porque su sentido moral había caído muy bajo! Si permanecemos en el aire fresco, oleremos inmediatamente la fetidez de la inmoralidad. Pero si no discernimos el hedor, eso significa que nuestro sentido de la moral se ha corrompido.

k) El mismo se salvó a duras penas
por medio de la intercesión del vencedor

Lot mismo apenas logró ser salvo por la intercesión del vencedor (19:15-25, 29). Aun después de que los ángeles le informaran a Lot que Sodoma iba a ser destruida, él permaneció allí. No estaba dispuesto a escapar de la ciudad, pero los ángeles lo asieron de su mano y lo sacaron de allí. Leamos el versículo 16: "Y deteniéndose él, los varones asieron de su mano, y de la mano de su mujer y de las manos de sus dos hijas, según la misericordia de Jehová para con él; y lo sacaron y lo pusieron fuera de la ciudad". Lot no fue fiel, pero

el Señor tuvo misericordia de él y lo sacó de Sodoma como
un tizón arrebatado del fuego.

l) Su esposa fue librada de la destrucción,
pero se convirtió en columna de sal

La esposa de Lot fue librada de la destrucción, pero se convirtió en una columna de sal (19:15-17, 26; Lc. 17:32). La sal
es útil en su forma granulada. Sin embargo, cuando la sal se
convierte en una masa sólida, no sirve para nada. El hecho de
que la esposa de Lot se hubiera convertido en una columna de
sal significa que había perdido toda su utilidad para Dios y se
había convertido en una señal de vergüenza. El cristianismo
actual ayuda a la gente a ocuparse solamente en el asunto de
la salvación y la perdición. Pero la Biblia revela que aparte
de la salvación y la perdición, aún queda por resolverse el
asunto de si hemos de entrar en la gloria o sufrir vergüenza.
La esposa de Lot no pereció; fue librada de la destrucción. No
obstante, llegó a ser una vergüenza. Es por eso que el Señor
dijo en Lucas 17:32: "Acordaos de la mujer de Lot", amones-
tándonos que aunque ya seamos salvos, todavía podríamos
sufrir vergüenza como la esposa de Lot, cuando el Señor
vuelva. Somos salvos, pero es posible que seamos avergonzados cuando vuelva el Señor (1 Jn. 2:28).

En Lucas 17:28-33 el Señor nos advierte que no debemos
mirar atrás. ¿Por qué miró atrás la esposa de Lot? Porque
algunos de sus hijos, especialmente sus hijas, todavía estaban
en Sodoma y porque allí había dejado su casa y sus vestidos.
Si usted lee Génesis 19 detenidamente, verá que ella iba cami-
nando detrás de Lot. Como pareja, debían caminar juntos; ella
no debió haberse quedado atrás de su marido. Sin embargo, al
estar detrás de él, miró atrás y se convirtió en una columna
de sal. Miró atrás al lugar en que le agradaba vivir y se convirtió en una señal de vergüenza para que nos sirva de
advertencia. No se trata simplemente de una historia ni de
una doctrina. Con eso vemos que además del tema de la salvación, tenemos el asunto de que es posible ser avergonzados.
En el día del juicio, ¿será usted partícipe de la gloria o de la
vergüenza? No sufriremos perdición, pues nuestra salvación

está asegurada. Sin embargo, como lo indica este ejemplo con el cual se nos amonesta, podríamos ser avergonzados.

m) Su vida produjo a los moabitas y a los amonitas

La vida de Lot produjo a los moabitas y a los amonitas (hijos de Ben-ammi), quienes fueron rechazados por Dios hasta su décima generación (19:36-38; Dt. 23:3). ¡Qué fin tan lamentable tuvo Lot! El no produjo un Isaac sino moabitas y amonitas, que fueron rechazados por Dios. En la historia de Lot, vemos el relato de un justo derrotado. Junto con el relato blanco de Abraham el victorioso, descubrimos el relato oscuro del derrotado Lot. El relato de la vida de Lot debe servirnos de amonestación.

ESTUDIO-VIDA DE GENESIS

MENSAJE CINCUENTA Y TRES

VIVIR EN COMUNION CON DIOS:
UNA COLUMNA DE SAL

El mensaje anterior estaba relacionado con Lot, un justo derrotado. En este mensaje llegamos a la mujer de Lot, que se volvió una columna de sal (19:26). Génesis 19 probablemente es el único pasaje que habla de una columna de sal en la historia humana, y debemos considerar eso con mucha atención. Esta columna de sal no fue creada por Dios. Es muy significativo ver que en las duras palabras que el Señor Jesús pronunció en Lucas 17, El les dijo a quienes le preguntaba acerca de la venida del reino: "Acordaos de la mujer de Lot" (Lc. 17:32). En cierto sentido, el Señor parecía decir a Sus discípulos: "No habléis del reino. Más bien, debéis reconocer cómo será la era cuando venga. Será semejante a los días de Noé y a los días de Lot. Ambas épocas prefiguran los días de Mi venida". Por consiguiente, en las palabras duras, solemnes y sobrias del Señor, se mencionan tres eras: la era de Noé, la de Lot y la del regreso del Señor.

Cuando hablamos de Noé en mensajes anteriores en este estudio-vida, hicimos notar que él vivía en una era confusa, y que la gente de su era estaba confundida, embotada y aturdida por sus apetitos y placeres perversos. No obstante, en Lucas 17:27, al referirse a los días de Noé, el Señor mencionó el matrimonio; pero cuando habló de los días de Lot, no mencionó el matrimonio, porque en Sodoma el matrimonio se había deteriorado totalmente, y la gente se complacía en sus apetitos sodomitas. En Lucas 17:28 y 30 el Señor dijo: "Asimismo como sucedió en los días de Lot; comían, bebían, compraban, vendían, plantaban, edificaban ... así será el día en que el Hijo del Hombre sea revelado". Después de decir esto e inmediatamente antes de exhortarnos a recordar la esposa de Lot, el Señor dijo: "En aquel día, el que esté en la azotea, y sus bienes en casa, no descienda a tomarlos; y el que en el campo, asimismo no vuelva a las cosas que dejó atrás" (Lc. 17:31). En Palestina las casas tenían techos planos. El Señor estaba diciendo en otras palabras: "Si estáis en la terraza de vuestra casa cuando Yo vuelva, no descendáis para tomar vuestras posesiones. Si lo hacéis, os quedaréis. Si trabajáis en el campo, no regreséis a casa. Debéis olvidaros de todo, excepto de Mí". Inmediatamente después de estas palabras, el Señor dijo: "Acordaos de la mujer de Lot".

Hoy en día, así como los contemporáneos de Noé y los de Lot, muchos cristianos están embotados y confusos, pues han perdido el sentido de las cosas de Dios. Incluso algunos enseñan que los creyentes pueden ser arrebatados mientras juegan fútbol. Pero la Palabra santa enseña que cuando el Señor vuelva, El no tomará a ningún santo que siga participando en las diversiones mundanas. Los cristianos somos la labranza de Dios, la cual crece con Cristo como la simiente de vida (Mt. 13:3-8, 18-23). Ningún cristiano maduro en vida sigue participando en los esparcimientos mundanos. El Señor no cosechará en el campo a los cristianos que siguen participando en las diversiones mundanas, puesto que no han madurado y todavía están verdes y crudos. Los cristianos confusos de hoy deben escuchar esta sobria palabra.

4) Una columna de sal

Encontramos el relato de la esposa de Lot, la cual se convirtió en columna de sal, en la sección sobre vivir en comunión con Dios. Esta sección de Génesis abarca los capítulos del dieciocho al veinticuatro y es el relato de una vida en comunión con Dios, pero incluye el relato oscuro de un salvo derrotado, de su esposa y sus dos hijas. Lot tenía más hijas además de las dos que aquí se mencionan, pero cuando los ángeles llegaron a Sodoma, no pudieron encontrar a las demás. Dice en Génesis 19:15: "Y al rayar el alba, los ángeles daban prisa a Lot, diciendo: levántate, toma tu mujer, y tus dos hijas que se hallan aquí, para que no perezcas en el castigo de la ciudad". Los ángeles parecían decir: "Lot, sólo pudimos encontrar a dos de tus descendientes. Dios nos mandó para rescatarte a ti y a toda tu familia, pero sólo encontramos a éstas. Nuestra misión es destruir la ciudad. Ahora tú, tu esposa y tus hijas deben escapar". El versículo siguiente dice que Lot se demoraba. El original nos muestra que no sólo Lot se demoraba, sino que vacilaba, sin intención de abandonar la ciudad. Su vacilación condujo a los ángeles a asir de su mano, y de la mano de su mujer, y de las manos de los dos hijas, según la misericordia de Jehová para con él; y lo sacaron y lo pusieron fuera de la ciudad. Cuando los ángeles sacaron a estos cuatro de la ciudad, dijeron: "Escapa por tu vida; no mires tras ti" (v. 17). Pero el versículo 26 dice que "la mujer de Lot miró atrás, a espaldas de él, y se volvió columna de sal" (heb.). La esposa de Lot fue salva, pues fue librada de la ciudad y se salvó de la destrucción. A pesar de ser salva, se convirtió en columna de sal. Es evidente que no es bueno convertirse en columna de sal; al contrario, es una vergüenza.

Como he dicho repetidas veces, el libro de Génesis contiene las semillas de casi todas las verdades divinas. La columna de sal mencionada en Génesis 19:26 también puede ser considerada como una semilla. El desarrollo de ésta se halla en Lucas 17:32, donde el Señor nos exhorta a recordar la esposa de Lot, y en 1 Juan 2:28, donde vemos que podemos ser avergonzados cuando aparezca el Señor. La cosecha se encuentra en Apocalipsis 16:15, donde el Señor dice: "He aquí, Yo vengo como ladrón. Bienaventurado el que vela, y guarda sus ropas, para que no ande desnudo, y vean su vergüenza". El Señor vendrá como ladrón, sin previo aviso. Si en aquel tiempo nuestra desnudez queda expuesta, seremos avergonzados. Por consiguiente, la semilla de ser avergonzado se siembra en Génesis 19, se desarrolla en Lucas 17 y 1 Juan 2, y se cosecha en Apocalipsis 16. En este mensaje tengo la carga de que ustedes reciban una vívida impresión de que el libro de Génesis no tiene solamente la semilla de Abraham, sino también de Lot y de su esposa, que se convirtió en una columna de sal, una señal de vergüenza.

El concepto fundamental de este mensaje se resume en que una persona salva y genuina enfrenta la posibilidad de quedar avergonzada. No hagan caso a las enseñanzas confusas de esta era. En el cristianismo actual, muchas enseñanzas

aturden a la gente, y los que absorben estas enseñanzas ni
son sobrios en su mente ni viven en su espíritu. En este
mensaje debemos oír una palabra seria de parte del Señor,
una palabra que modere nuestra mente y vivifique nuestro
espíritu.

a) La mujer de Lot

Como ya dijimos, no cabe la menor duda de que la esposa
de Lot fue salva de la destrucción. Este hecho se revela tan
claramente que nadie lo refuta. Sin embargo, como vimos, ella
miró atrás, a espaldas de su marido, y se convirtió en una
columna de sal. El hecho de que caminaba detrás de su esposo
indica que ella tenía aún menos ganas que su marido de
abandonar a Sodoma y que no estaba contenta de seguirlo ni
de abandonar la ciudad. Si ella se hubiera alegrado de huir de
Sodoma, habría caminado al lado de su esposo. Aun antes
de mirar atrás y convertirse en una columna de sal, ya estaba
detrás de su marido. Aprovecho este incidente para dirigirme
a las esposas. Cuando se trata de cometer un pecado, es bueno
que una mujer esté renuente a seguir a su marido, pero en
cuanto a las cosas de Dios, no es bueno que ella se demore
en seguirlo. En lo pertinente a las cosas de Dios, lo mejor que
puede hacer una esposa es estar de acuerdo con su marido y
acompañarlo. Esposas, en las cosas de Dios, no se queden atrás
de sus maridos. Si lo hacen, podrían sufrir y convertirse en
una columna de sal como le ocurrió a la esposa de Lot. Esta
es una advertencia para todos nosotros.

El hecho de que la esposa de Lot se convirtiera en una
columna de sal significa que ella había perdido su función y,
por ende, llegó a ser una señal de vergüenza. La sal es muy
útil cuando se ha pulverizado. Cuanto más fino sea el grano
de sal, más útil es. Pero nadie usa la sal en forma de estatua o
columna. El Señor Jesús dijo que nosotros los salvos y regenerados somos la sal de la tierra (Mt. 5:13). Nuestra función
consiste en matar a los microbios de este mundo corrupto. No
obstante, si llegamos a ser insípidos (Lc. 14:34), entonces
igual que la esposa de Lot, habremos perdido nuestra función.
La esposa de Lot, por ser miembro del pueblo de Dios, debía
haber estado llena del sabor salado y capaz de matar los

microbios de la corrupción a su alrededor, pero ella perdió su sabor y su función. Ella fue una señal de vergüenza.

Al escribir el libro de Génesis, el Espíritu de Dios no quiso dar el nombre de la mujer de Lot. El nombre de la esposa de Abraham, Sara, se menciona muchas veces, pero no se menciona el nombre de la mujer de Lot, pues no merece ser recordado. Esta pobre santa andaba rezagada con relación a su marido y miró atrás hacia la ciudad de Sodoma. Quizás haya mirado atrás pensando en sus hijos, su casa y demás pertenencias. Todas sus pertenencias habían quedado allí en Sodoma. Sus intereses, su corazón, sus deseos y su alma seguían allí, pese a que su cuerpo había sido sacado de esa ciudad. En consecuencia, por haber mirado atrás hacia ese lugar, el Señor la transformó en una columna de sal como advertencia y ejemplo para todos nosotros.

En Lucas 17 el Señor usó la esposa de Lot como advertencia para Sus discípulos. No obstante, son pocos los cristianos que toman en cuenta esta advertencia en su vida diaria. No obstante, debemos prestar atención a esa advertencia: la persona verdaderamente salva enfrenta la posibilidad de ser avergonzada cuando el Señor aparezca. Indudablemente no quiero convertirme en una columna de sal. ¿Y usted? Convertirse en una columna de sal no es ninguna gloria; es una vergüenza. ¡Qué vergüenza ver a un creyente convertido en una inerte columna de sal, al aire libre donde sólo experimenta sufrimiento!

b) La gente que no sigue al Señor incondicionalmente

En Lucas 14:25-33 se nos exhorta a ser incondicionales al seguir al Señor. Debemos seguir al Señor sin reserva alguna. La Biblia nos enseña a amar a los demás, pero aquí Lucas 14:26, unas palabras santas que salen de la boca del Señor Jesús, dice: "Si alguno viene a Mí, y no aborrece a su padre, y madre, y mujer, e hijos, y hermanos, y hermanas, y aun la vida de su alma, no puede ser Mi discípulo". Nadie puede seguir al Señor como es debido si no es incondicional. Nuestros padres, esposas, hijos, hermanos, hermanas y nuestra propia vida anímica deben pasar a un segundo plano. El Señor mismo debe ocupar el primer lugar y debemos seguirle de manera incondicional. Cuando el Señor habla de aborrecer a nuestros parientes por causa de El, no habla de odio en sí sino de aborrecerlos con amor.

En esta porción de la Palabra, proferida por el Señor mismo, vemos que debemos seguirle sin ninguna reserva. No se trata de adorar a Dios los domingos, ni de tener un estudio bíblico en casa de la manera que nos plazca. Un estudio bíblico puede ser una especie de entretenimiento o pasatiempo. A los ojos de Dios, un estudio bíblico en el hogar quizás no difiera de un juego de baloncesto. Usted juega con el "balón bíblico" en este estudio de la Biblia, y la sala de su casa es el campo de juego. Uno no es incondicional al seguir al Señor. No estoy bromeando; hablo en serio. No digo eso solamente a los demás sino a mí mismo. El Señor puede atestiguar que mientras yo preparaba este mensaje, El me preguntó: "¿Y qué de ti? Te he dado la comisión de dar este mensaje, pero ¿me sigues tú incondicionalmente?". Que el Señor tenga misericordia de mí para que no predique a los demás y yo mismo venga a ser descalificado. Que El tenga misericordia de todos Sus queridos santos. ¡Cuánto necesitamos una palabra sobria para salir de la confusión! Si creemos Juan 3:16, también debemos creer Lucas 14:26-35. Se han predicado muchos mensajes sobre Juan 3:16 y se han publicado muchos folletos al respecto, pero ¿dónde están los mensajes y los folletos acerca de Lucas 14:26-35? En el recobro del Señor, no debemos esconder del pueblo de Dios ninguna verdad.

Los que no siguen sin reservas al Señor se vuelven inútiles. Díganme, ¿cuántos cristianos ahora son verdaderamente útiles en las manos del Señor para la realización de la economía de Dios? Los cristianos, en su gran mayoría, se han hecho inútiles en cuanto a la economía de Dios. Son como sal desabrida (Lc. 14:34).

Estos cristianos no sólo son desabridos, sino que no son útiles "ni para la tierra ni para el estercolero"; deben ser arrojados fuera, como lo indica Lucas 14:35. Esta tierra es el campo que produce cosas para Dios a fin de que El cumpla Su propósito. El estercolero del universo es el lago de fuego, donde se amontonará toda la suciedad. Lucas 14:35 se refiere principalmente a la era venidera del reino. En la era del reino tendremos la tierra, donde se cumple el propósito de Dios, y también tendremos el lago de fuego, el estercolero. El cristianismo siempre dice que hay solamente dos lugares: el cielo y el infierno. Sin embargo, en este versículo el Señor Jesús habla de un tercer lugar, cuando afirma que la sal desabrida, inútil para la tierra o para el estercolero, es arrojada. ¿Dónde estaba la columna de sal en que se convirtió la esposa de Lot? ¿Estaba en los cielos o en Sodoma? En ninguno de los dos lugares, sino en un tercer sitio. Al leer repetidas veces el Evangelio de Lucas, ¿ha visto usted en alguna ocasión que en este capítulo hay tres lugares? ¿Dónde estará usted: en la tierra, en el estercolero o arrojado al tercer lugar?

En Mateo 25:30 el Señor dijo que el servidor inútil sería arrojado a las tinieblas de afuera. Las tinieblas de afuera deben de ser también ese tercer lugar. La Biblia no dice lo que será eso ni dónde se halla, pero sí dice que si uno es un servidor perezoso, no será útil para la tierra cuando vuelva el Señor por no haber sido de ningún provecho, ni servirá para el estercolero porque ya fue salvo. Entonces ¿adónde irá uno? Al tercer lugar, un sitio que se encuentra fuera del reino glorioso y del lago de fuego. Son pocos los cristianos que alguna vez han visto en la Biblia que hay un tercer lugar preparado para los salvos derrotados. Esto debe hacernos volver a la sobriedad.

Debemos ser impresionados profundamente por el hecho de que en la plena revelación que da la Palabra divina acerca del hombre existen tres lugares: un lugar de salvación, un lugar de perdición y un lugar de vergüenza. ¿Dónde estaba la esposa de Lot? Ella fue salva, pero se hallaba en el tercer lugar, el lugar de vergüenza. Esto es lo que enseña el Señor Jesús en el Evangelio de Lucas. No intente refutar esto.

c) Los creyentes que viven en el mundo como la gente mundana y procuran salvar su alma

Los creyentes que, al igual que la gente mundana, viven en el mundo y buscan preservar su alma, la vida de su alma, serán avergonzados como la esposa de Lot, y perderán su alma cuando vuelva el Señor (Lc. 17:28-33). La mayoría de los creyentes están en esta categoría. Son creyentes, pero viven como la gente mundana, yendo de compras y vistiéndose como lo hace la gente del mundo. Puesto que ellos viven y andan como la gente del mundo, no hay ninguna diferencia entre ellos y la gente mundana.

Salvar al alma significa rehusarse a sufrir por el Señor. Los cristianos que salvan su alma están apegados a sus placeres. Dicen: "¿Qué hay de malo en asistir a eventos deportivos? Eso no es pecaminoso". Tal vez no sea pecaminoso, pero es mundano. No estoy diciendo que los cristianos no deben hacer ningún ejercicio físico para conservar la salud. Indudablemente lo necesitamos. Sin embargo, cuando un ejercicio se convierte en deporte o en entretenimiento, llega a ser mundano. Si usted lo disfruta y lo encuentra placentero, eso significa que está salvando su alma. Tener un disfrute psicológico y mundano equivale a salvar el alma.

Este no es el tiempo en que nosotros los cristianos debemos tener placeres o deleites psicológicos y mundanos; es tiempo de sufrir en nuestra alma, en nuestra parte psicológica. Si podemos procurarnos el sustento, eso es suficiente. No debemos buscar placeres psicológicos ni mundanos. Desde la segunda guerra mundial, ¿quién ha dado una palabra tan sobria? Durante los últimos treinta y un años he observado, pero no he oído una palabra sobria ni una amonestación, que advierta a los cristianos que no estamos en esta tierra para buscar deleites psicológicos y mundanos, y que debemos sufrir la pérdida de toda clase de entretenimiento y diversión. El placer hallado en oír cierta música en casa puede ser una manera de preservar su alma. Muchos cristianos no pueden vencer sus programas de televisión. Ver televisión puede constituir una forma de preservar el alma. No soy ni religioso ni legalista, pero sí digo que hoy no es el tiempo en que debemos tener diversiones psicológicas ni mundanas; es el tiempo en que debemos sufrir en nuestra alma. El sufrimiento del alma conduce a la salvación de la misma. Si usted no está dispuesto a sufrir para salvar su alma, será puesto en vergüenza como le sucedió a la esposa de Lot y perderá su alma cuando vuelva el Señor.

Es un error enseñar que todos los cristianos serán arrebatados al mismo tiempo cuando vuelva el Señor. Esta enseñanza crea confusión en el sentir espiritual del pueblo del Señor. En Lucas 17:34 y 35 el Señor dijo: "En aquella noche estarán dos en una cama; el uno será tomado, y el otro será dejado". Usted podría argumentar, diciendo: "El que fue tomado es un creyente, y el que fue dejado es un incrédulo". Pero ésa es su propia interpretación. Ambos son idénticos, pues hacen las mismas cosas en el mismo lugar, pero el Señor sólo conoce a aquel que está entregado verdaderamente a El. Si usted lee el contexto de Lucas 17:22-37, verá que esta palabra no estaba dirigida a los incrédulos sino a los discípulos del Señor. El les dijo esto con respecto al tiempo de Su venida. En los versículos 34 y 35, los "dos" se refieren a dos discípulos del Señor, de los cuales uno será tomado y el otro dejado. Indudablemente el que sea tomado no será como la esposa de Lot. El discípulo que sea dejado será semejante a la esposa de Lot. Esta es una palabra sobria.

d) Los hijos de Dios
que no permanecen en el Señor
como lo enseña la unción

Los hijos de Dios que no permanecen en el Señor como lo enseña la unción serán avergonzados cuando vuelva el Señor (1 Jn. 2:27-28). Quienes estamos en el recobro del Señor sabemos lo que es la enseñanza interior de la unción interna. Sin embargo, ¿permanecemos en el Señor conforme a la enseñanza de la unción viva dentro de nosotros? En 1 Juan 2:27 y 28 se nos exhorta a permanecer en el Señor conforme a la unción. Por ejemplo, si usted está a punto de ir de compras y la unción le dice que no debe, ¿dirá usted: "Amén, Señor"? Si tal es el caso, está bien. Pero si dice: "Señor, no voy a comprar nada malo", el Señor podría contestar: "No me importa lo que vayas a comprar. Simplemente no vayas". Deberíamos limitarnos a contestar: "Amén, Señor, permanezco simplemente en Ti conforme a la enseñanza de Tu unción interna". Todos debemos permanecer en el Señor de esta manera.

Si no permanecemos en el Señor conforme a la unción, nos alejaremos de El avergonzados (1 Jn. 2:28). Una cosa es sentir vergüenza, y otra es ser avergonzado. Este versículo no dice que sentiremos vergüenza, sino que seremos avergonzados. Observe que el griego no dice "delante de El" sino "alejados de El". Aquí la preposición griega es *apo,* que significa "lejos". Si permanecemos en el Señor conforme a la unción, tendremos confianza, seguridad, denuedo y paz cuando El vuelva, y no nos alejaremos de El. En el sentido literal, la expresión griega traducida "en Su venida" equivale a "en Su presencia". La voz griega que se traduce presencia es *parousia,* cuyo significado incluye la venida. Podemos tener Su venida sin Su presencia. Por ejemplo, el presidente de los Estados Unidos podría venir a Anaheim una noche, pero tal vez muy poca gente entre en su presencia, es decir, en su parusía. El Señor Jesús vendrá, pero ¿será usted digno de Su presencia? Si usted vive de manera mundana, amando al mundo y poniendo al Señor al último lugar en su vida, ¿cómo podría ser introducido en Su presencia cuando El venga? Debemos permanecer en el Señor conforme a la unción interior para tener confianza, denuedo y seguridad delante de El, en Su presencia, cuando El aparezca y no alejarnos de El avergonzados.

El Señor, en Su aparición, disciplinará a Sus creyentes. Si Sus creyentes lo siguen ahora y permanecen en El conforme a la unción interior, tendrán paz, denuedo, seguridad y confianza, y serán introducidos en Su parusía, Su presencia. Si ahora no permanecen en El, cuando El aparezca se alejarán de El avergonzados. Alejarse de El avergonzados significa ser puestos en ese tercer sitio, el lugar que no es ni la labranza, donde se cumple el propósito de Dios, ni el estercolero, que es el lago de fuego. Es el lugar de vergüenza fuera de Su presencia. Un creyente avergonzado y que se aleja de El no está condenado. Sigue siendo salvo, pero debe ser avergonzado. El hecho de ser avergonzado lo disciplinará, lo cual constituirá el castigo que el soberano Señor infligirá sobre Sus creyentes derrotados. Este asunto es bastante claro y muy grave.

*e) Los creyentes que descuidan el regreso del Señor
y no llevan una vida apropiada*

Los creyentes que no prestan atención al regreso del Señor y no llevan una vida apropiada serán puestos en vergüenza (Ap. 16:15). En Apocalipsis 16:15, el Señor nos exhorta a guardar nuestras ropas. En la Biblia el vestido siempre representa nuestro andar y nuestro vivir. Debemos tener un andar limpio, y nuestro vestido espiritual debe ser puro, blanco y aprobado por Dios. Debemos velar esperando el regreso del Señor y tener puros nuestros vestidos. Si llevamos una vida limpia, no estaremos desnudos cuando El venga, y los hombres no verán nuestra vergüenza. Este versículo también dice que el Señor vendrá como ladrón. El no vendrá como un visitante que anuncia Su llegada con mucha anticipación. El ladrón viene cuando menos lo imaginemos. Me han dicho que a menudo los ladrones vienen sobre las tres o cuatro de la madrugada, cuando la gente duerme profundamente. Debemos ser sobrios y velar. De lo contrario, el Señor vendrá como ladrón y nuestra desnudez quedará expuesta. Una vez más, esto nos dice que una persona salva puede ser avergonzada cuando vuelva el Señor.

*f) El pueblo de Dios que no vive ni anda
conforme a la economía de Dios*

El pueblo de Dios que no vive ni anda conforme a Su camino, es decir, conforme a Su economía, no cumplirá Su propósito y será avergonzado. Como ya vimos, éste es el significado de la columna de sal. No tome esto simplemente como un estudio bíblico, sino como una advertencia para todos nosotros. Ni aun quienes estamos en el recobro del Señor podemos permitirnos vivir licenciosamente ni ser indiferentes. Debemos ser sobrios y tener en cuenta que la situación es bastante grave. Debemos llevar una vida y un andar que cumplan el propósito de Dios. Entonces, cuando el Señor aparezca, estaremos en Su parusía y no seremos arrojados a ese tercer lugar, el lugar de vergüenza.

ESTUDIO-VIDA DE GENESIS

VIVIR EN COMUNION CON DIOS:
LA DESCENDENCIA OBTENIDA POR INCESTO

Como lo he dicho reiteradas veces, casi todas las semillas de la revelación divina se mencionan en el libro de Génesis. Una semilla es la forma rudimentaria de algo. Su tamaño es pequeño y su forma sencilla, pero cuando es sembrada en el campo, crece. Al crecer, toma otra forma. Primero es un retoño y luego se desarrolla plenamente. La forma final de su desarrollo difiere de la forma de la semilla, pero todos los elementos y aspectos principales se encuentran en la semilla. Si queremos entender Génesis 19, debemos considerarlo como una semilla que tiene su crecimiento, su desarrollo y su cosecha en los siguientes libros de la Biblia. El relato acerca de Lot y de sus hijas en Génesis 19:30-38 constituye una semilla negativa con respecto a este lamentable asunto del incesto, pero sirve a un propósito positivo: nos da una advertencia firme y solemne.

5) La descendencia obtenida por el incesto

En este mensaje veremos el retrato de algo muy desagradable: el incesto. Génesis 19:30-38 es probablemente el primer caso de incesto relatado en la historia humana, y forma parte de la sección que habla de vivir en comunión con Dios. Al considerar este asunto, abarcaremos seis puntos: la familia, el padre, la madre, las hijas, la simiente y la misericordia ilimitada e inescrutable de Dios.

Primeramente tenemos a la familia, el grupo, y luego, al padre, el líder de este grupo. En tercer lugar, tenemos a la madre, que era la ayudante del líder. El líder de un grupo necesita ayuda. En una familia, la ayuda apropiada es la esposa, y en la Biblia, la esposa es llamada la ayuda idónea.

En tipología, la esposa en una familia representa una ayuda en vida. Este concepto corresponde a los principios bíblicos. Considere el ejemplo de Sara. Abraham tenía una familia para cumplir el propósito de Dios, pues él solo no habría podido hacer nada por el propósito de Dios. Necesitaba una ayuda en vida. El recurrió a Agar en busca de dicha ayuda, pero ella no fue una ayuda en vida sino una ayuda en la carne. Sara era la única ayuda, la que tenía la función en vida. Sin ella, Abraham nunca habría podido producir a Isaac para cumplir el propósito de Dios. Hoy en día la iglesia es una familia espiritual en la cual también se necesita la función apropiada en vida a fin de producir a "Isaac" y cumplir el propósito de Dios. Como veremos, hubo un momento en que el grupo familiar de Lot perdió su función en vida porque la esposa se había convertido en una columna de sal. Ella debió haber sido sal y haber conservado su sabor, pero su mundanalidad causó la perdida de su función en vida. En tipología, convertirse en una columna de sal alude a la pérdida de la función en vida. Había un grupo con un líder, pero carecía de esposa que tuviera la función en vida; sólo había una columna de vergüenza. Sucede lo mismo con muchos grupos cristianos hoy en día. Estos grupos tienen líderes, pero no tienen la esposa idónea que tenga la función apropiada en vida.

Por haber perdido su función en vida, la familia de Lot tenía miembros indecorosos: las hijas. No me gusta llamar hijas a los miembros del grupo de Lot, porque la palabra hijas es buena. ¿Qué clase de gente eran? ¿Eran hijas o esposas o madres? No sé cómo llamarlas. Si usted las llama hijas, debe añadir que fueron hijas incestuosas. Fueron madres, pero madres incestuosas. Siento vergüenza hasta de hablar de lo que hicieron. Después de que la mayor se acostó con su padre, alentó a la menor a hacer lo mismo. ¡Qué vergüenza! Estos eran los miembros del grupo de Lot. Hoy en día, muchos grupos cristianos tienen esos miembros indecorosos. Ellos, como las hijas de Lot, desean tener descendencia pero no usan los medios debidos. Tal vez digan: "Ganemos almas", pero ganan almas por medio del incesto espiritual.

En Génesis 19:30-38 descubrimos el grupo, el líder, la ayuda en vida, los miembros y la prole obtenida por incesto.

Pero alabado sea el Señor porque finalmente vemos la misericordia ilimitada e inescrutable de Dios en uno de los descendientes de ese incesto. Rut, una moabita, descendiente de Lot con una de sus hijas, llegó a ser la bisabuela de David y una antepasada de Cristo. ¿Acaso no expresa eso la ilimitada e inescrutable misericordia de Dios? No obstante, cuando oímos eso, no debemos decir: "Hagamos males para que vengan bienes".

a) La familia: el grupo

Consideremos ahora estos seis puntos más detalladamente. Basándonos en el principio según el cual todo lo que contiene el libro de Génesis es una semilla, podemos decir que la tienda de Abraham, en la cual él tenía una comunión íntima con Dios al nivel humano, era una miniatura del tabernáculo que los descendientes de Abraham debían construirle a Dios como morada Suya en la tierra, pues eso les había mandado Dios. La tienda de Abraham era la semilla, y el tabernáculo erigido en el desierto por los hijos de Israel era el desarrollo. El templo construido en la buena tierra de Canaán fue un desarrollo adicional de esa semilla. La iglesia actual, como verdadera morada de Dios en la tierra, es el cumplimiento de lo que describen la tienda de Abraham, el tabernáculo y el templo en el Antiguo Testamento. Finalmente la Nueva Jerusalén será la cosecha final de aquella semilla. Apocalipsis 21:3 revela "el tabernáculo de Dios con los hombres, y El fijará Su tabernáculo con ellos". Por consiguiente, en Génesis 18 vemos la semilla, y en Apocalipsis 21 la cosecha.

Según el mismo principio, en los días de Abraham y de Lot, Dios tenía un pueblo sobre la tierra. Su pueblo se componía de dos familias: la familia de Abraham y la de Lot. Era una semilla, una miniatura, del pueblo de Dios en las edades que vendrían. Primero, los hijos de Israel constituían el desarrollo de la semilla del pueblo de Dios, y ahora la iglesia es la continuación de este desarrollo. Al final, en la Nueva Jerusalén todos los redimidos de todas las generaciones serán la cosecha completa del pueblo de Dios en la tierra. Una vez más tenemos la semilla, el desarrollo y la cosecha.

Vemos, entonces, que lo que contiene la semilla también debe encontrarse en el desarrollo.

Al principio, la familia de Abraham y de Lot, siendo el pueblo de Dios, eran una sola. No obstante, en un momento dado, entró la división y se separaron. Cuando eran uno, no formaban un grupo, sino el pueblo de Dios, el único pueblo de Dios. Cuando vino la división, ésta produjo un grupo libre. Ese antiguo grupo libre es la semilla y la miniatura de los grupos libres de hoy. Hoy en día, los grupos libres que hay entre el pueblo de Dios en realidad son un desarrollo adicional de aquella semilla. La división sembrada por Lot se desarrolló después de la época de Salomón cuando los hijos de Israel se dividieron y se produjo un grupo libre. Ese grupo libre, la nación de Israel, nunca fue reconocida por Dios. Dios sólo reconoció a Judá porque Judá se encontraba en el terreno indicado. En principio, pasa lo mismo en la era de la iglesia. La iglesia entera debe ser el único pueblo de Dios. Al comienzo, la iglesia era una; era una sola entidad. Pero se produjeron divisiones sucesivas, que dieron por resultado muchos grupos libres. Alabamos al Señor porque esta división no continuará en el cielo nuevo y la tierra nueva. Se acabará cuando vuelva el Señor.

(1) Lejos del testigo y del testimonio de Dios

Hemos visto que al separarse Lot de Abraham, plantó la semilla de la división y también de los grupos libres de hoy. ¿Quién fue la causa de esa división? No fue Abraham, sino Lot. Tal vez los miembros de la familia de Lot hayan argumentado: "¿Acaso no somos el pueblo de Dios? ¿Por qué ustedes, los miembros de la familia de Abraham, siempre dicen que son el pueblo de Dios?". Sí, la familia de Lot formaba parte del pueblo de Dios, pero habían abandonado al testigo y el testimonio de Dios, esto es, a Abraham y lo que él testificaba. El testigo y el testimonio de Dios se encontraban en la tienda de Abraham cerca del encinar de Mamre que está en Hebrón, y no con Lot en la ciudad de Sodoma. En los capítulos dieciocho y diecinueve, vemos que Dios y los dos ángeles estaban contentos de permanecer con Abraham, de disfrutar de la cena y de una comunión íntima con él. Pero cuando fueron a la ciudad inicua de Sodoma, Dios no los acompañó, y se quedó con Abraham. Ambos grupos conformaban el pueblo de Dios, pero ¿dónde estaba la presencia de Dios? ¡Con la familia de Abraham solamente! La presencia de Dios acompañaba a la familia de Abraham porque su familia era Su pueblo típico y tenía la posición adecuada para dar testimonio de El. Lot pertenecía al pueblo de Dios, pero no estaba en el terreno indicado cerca del encinar de Mamre que estaba en Hebrón; él se hallaba en Sodoma, en el terreno de la división y de los grupos libres. Todo el pueblo de Dios, Su familia, debe morar cerca del encinar de Mamre que está en Hebrón, donde Dios puede visitarles amistosa e íntimamente. Aquí podemos ver la diferencia entre la iglesia y los grupos libres; todos los grupos libres forman el pueblo de Dios, pero la iglesia está cerca de "el encinar de Mamre" que está en "Hebrón", disfrutando continuamente de la presencia íntima de Dios. Entonces ¿qué pasa con los grupos libres? Así como sucedió en el caso de la familia de Lot, Dios no se reúne con ellos. Son Su pueblo, y El los cuida y no los olvida, pero Su presencia no los acompaña. Después de la partida de los ángeles para Sodoma con el fin de rescatar a Lot y a su familia, la presencia de Dios acompañaba a Abraham, Su querido amigo. ¿Dónde está usted, con la familia de Abraham en Hebrón o con el grupo libre de Lot en Sodoma?

¿Acaso no afirma la Biblia que Lot era justo? Sí, vemos claramente en 2 Pedro 2:7 y 8 que Lot era justo. ¿No son salvas las personas de los grupos libres? Indudablemente lo son. Sin embargo, considere la situación: los que están en los grupos libres están en un lugar condenado por Dios. Esto queda claro a la luz de la revelación divina. Supongamos que ustedes viviesen en los días de Abraham y de Lot. ¿En qué grupo habrían estado? Quizás digan: "Usted dice que el grupo de Lot es una división. ¿No es el grupo de Abraham otra división? Ni el grupo de Abraham ni el de Lot constituyen el cuerpo entero. Ambos son la misma cosa. ¿Por qué hace usted diferencia entre las familias de Abraham y la de Lot cuando ambas forman el pueblo de Dios? Puesto que ambas son el pueblo de Dios, hoy estaré con Lot y mañana visitaré a

Abraham". Usted quizás se quede con Lot, pero Dios no hará lo mismo. Esto hace una gran diferencia.

Aparte de la familia establecida en el terreno que les permitía una comunión íntima con Dios, había un grupo libre. La situación actual es un desarrollo adicional de esta semilla. Sea honesto y justo con los grupos libres. ¿Está el testimonio de Dios entre ellos? ¡No! Dios no se expresa en los grupos libres. Ellos obran según su propio parecer, y no hay ningún testigo ni testimonio con ellos. La familia de Lot llegó a ser ese grupo libre porque estaba lejos de Abraham y de lo que él testificaba. Si yo hubiera sido Lot, con la luz que tenemos ahora, habría dicho: "Tío Abraham, aún cuando me obligues a abandonarte, no lo haré. Si no me amas, seguiré abrazándote y besándote. Quiero quedarme contigo porque eres el testigo de Dios y porque el testimonio de Dios te acompaña. Nunca abandonaré este testimonio". Debemos tener esta actitud hoy en día. Quizás no estemos contentos con los hermanos que hay en la iglesia, pero debemos decir: "Hermanos, aunque no esté contento con ustedes y ustedes no me traten bien, nunca abandonaré el testimonio de Dios". El origen, la raíz, del problema del primer grupo libre fue que se alejó del testigo y del testimonio de Dios.

Muchos de nosotros podemos testificar que cuando salimos de las denominaciones, estábamos contentos y nos sentíamos en los cielos. Pero dejar la iglesia es un asunto muy distinto. Si usted abandona la iglesia, su alegría desaparecerá y no volverá hasta que usted regrese al testimonio de Dios. No digo eso de manera superficial. No hay ninguna excepción: los que han salido de la iglesia han perdido su alegría. Cuando una persona sale de la iglesia, le resulta muy difícil regresar. Fíjense en Lot; él fue rescatado después de la derrota de los reyes, pero se rehusó a volver a Abraham. Aun después de ser librado de la destrucción de Sodoma, no volvió a él. Más adelante veremos que Lot mantuvo sus preferencias. El hecho de que nos alegramos cuando salimos de las denominaciones y que perdemos el gozo al abandonar la iglesia, demuestra lo que es la iglesia, la cual tiene la presencia de Dios, y lo que es una denominación, donde no está la presencia de Dios. Tal vez no seamos capaces de discernir con nuestra mente la diferencia entre ellas, pero podemos discernirla por el sentido de vida en lo profundo de nuestro espíritu.

(2) Se desvió hasta la ciudad inicua

Después de haber dejado el testigo y el testimonio de Dios, el grupo de Lot anduvo errante hasta llegar a la ciudad inicua de Sodoma (13:12-13; 19:1). Si usted deja la vida de iglesia, será derrotado. Como un trozo de madera flotante que no puede controlar su rumbo sino que es llevado por la corriente, será arrastrado por la corriente de esta era y se hundirá hasta encontrarse en una ciudad inicua.

(3) Es rescatado pero se aferra a sus preferencias

Después de ser rescatado Lot de la destrucción de Sodoma, seguía aferrado a sus preferencias (19:20-23). El les suplicó a los ángeles que lo estaban rescatando que le permitieran ir a una pequeña ciudad llamada Zoar. Dios tuvo misericordia de él, y los ángeles le concedieron su petición. Si usted examina la historia de muchos grupos disidentes, se dará cuenta de que les pasa lo mismo. Al principio, estaban en una ciudad importante, y Dios no les concedió ninguna bendición. Luego, después de la intervención de Dios, se mudan a Zoar, una pequeña ciudad lejos del testimonio de Dios. Primero dejaron el testimonio de Dios y se hundieron en una situación condenada por Dios, y luego, llevados por su preferencia personal, fueron a un lugar pequeño.

(4) Se aislaron aún más del testigo y del testimonio de Dios

Finalmente Lot fue a morar en una cueva (19:30). Así como Lot, algunos grupos libres, después de abandonar una ciudad importante y de ir a una pequeña, van a parar a una cueva. Se aíslan del resto del pueblo de Dios, y rechazan la comunión con ellos. Podrían decir: "¿Por qué dicen ustedes que son la iglesia y que nosotros no?". Si ellos son la iglesia, no debían morar en una cueva, sino salir y tener comunión con el pueblo de Dios. No obstante, sólo se preocupan por su pequeño grupo, el cual está en esa caverna. Lo que tienen es la vida cavernícola, y no la vida de iglesia.

b) El padre: el líder

1) Se emborrachó con el vino mundano
por el deseo de obtener descendencia

Ahora llegamos al padre, el líder. En la cueva, Lot se emborrachó con vino (19:32-35). Como dije antes, es muy extraño ver que estos fugitivos tuviesen vino en esa cueva. Estaban tan adictos al vino que deben de haberlo traído consigo cuando huían de Sodoma. El vino era la sustancia que los embotaba. Cuando estaban en la cueva, las hijas de Lot no tuvieron la comunión apropiada con él, diciendo: "Padre, nuestra madre se ha convertido en una columna de sal, y nosotras no tenemos maridos. ¿Cómo podremos tener prole? Debemos hacer algo al respecto. ¿Podemos orar todos juntos?". Si hubieran hecho eso, no se habría producido el incesto. Pero no tuvieron comunión en el espíritu, ni oraron al Señor. La hija mayor, la que tenía más experiencia con las embriagueces de Sodoma y que estaba más embotada por ellas, propuso a la otra que emborracharan a su padre con vino y durmieran con él a fin de producirle descendencia. Si usted examina la situación actual, encontrará que los líderes de casi todos los grupos libres fueron embriagados y embotados con algún tipo de vino. Un líder apropiado debe ser sobrio. Lot debió haber dicho a la hija que le presentaba vino: "¿Qué estás haciendo? tira eso". Pero Lot no era una persona sobria; él bebió, y lo hizo sin restringirse. Se emborrachó hasta tal punto que sus hijas se acostaron con él y ni cuenta se dio. La mayoría de los líderes de grupos libres, en el sopor de algún vino, dicen, hacen y deciden cosas de una manera confusa. La situación confusa de muchos líderes causa sopor en la mayoría de los miembros de sus grupos.

(2) Cayó en un sopor y se durmió

Después de emborracharse, Lot cayó en un sopor y se durmió. Esta misma condición predomina entre los grupos libres hoy día. En cuanto al testimonio de Dios, los líderes caen en una somnolencia y se duermen. Son muy activos en lo que buscan, pero duermen en cuanto al testimonio de Dios.

(3) Estaba embotado

Lot quedó embotado, pues perdió el sentido de vida (19:33b, 35b). Cuando la primera hija vino y se acostó con él, "él no sintió cuándo se acostó ella, ni cuándo se levantó". Sucedió lo mismo con la segunda hija la noche siguiente. ¿Qué pecado puede ser más grave que ése? ¡Ni siquiera tenía consciencia de que sus hijas se habían acostado con él! Hoy en día los líderes de muchos grupos libres también han perdido el sentido vital. No están conscientes de la violación de algunos principios ordenados por Dios.

c) La madre: la ayuda en vida

Vimos ya que la madre, quien debía haber sido la ayuda en vida en su calidad de esposa, se había convertido en una columna de sal por causa de su mundanalidad (19:26). Cuando la familia de Lot entró en la cueva, no existía ninguna función de vida, pues no estaba presente la función de esposa. Como resultado, recurrieron al incesto, usando algo tan pecaminoso para reemplazar la función vital que habían perdido. Esta también es la situación actual entre numerosos grupos supuestamente cristianos. Han perdido la función del Cuerpo de Cristo, la función apropiada de vida, y usan métodos mundanos para llenar el vacío. Al igual que el grupo de Lot, no pueden producir el "Isaac" apropiado que cumpla el propósito de Dios. Al usar el incesto para procurarse una prole, producen "moabitas" y "amonitas".

d) Las hijas: los miembros

Ya vimos que el líder estaba embotado y aturdido, y que la función de vida se había perdido. No obstante, las hijas, los miembros de ese grupo libre, persistían en su deseo de llevar fruto y de multiplicarse. No tenían el liderazgo apropiado ni la función de vida, pero tenían un método perverso de procurarse una descendencia. Entre muchos grupos libres de hoy se da el mismo caso. Para llevar fruto, debemos vivir por Cristo y expresarlo, orar y ayudar a otros a recibir la palabra viva de Dios a fin de que nazcan de nuevo. Es así como se produce el debido fruto para obtener a "Isaac" y cumplir el propósito de Dios. Sin embargo, observe la situación actual: algunos grupos utilizan la música rock, el baile, el teatro, las películas y los juegos, para satisfacer su deseo de multiplicarse. A los ojos de Dios, esto es cometer incesto espiritual. Los grupos libres adoptan estos métodos porque la esposa mundana ha perdido su función. En las iglesias necesitamos la función de vida para producir una descendencia. Cuando se ha perdido la debida esposa, la cual tiene la función vital, se usan medios viles y mundanos para multiplicarse. Este es el camino del "incesto" que produce "moabitas" y "amonitas".

(1) Perdieron el sentido de lo moral

Las hijas de Lot habían perdido el sentido de lo moral, pues estaban embriagadas con la corriente inicua del mundo maligno. Si hubieran tenido algún sentido de lo moral, jamás habrían pensado acostarse con su padre. La primera hija se acostó con su padre sin sentir vergüenza alguna y alentó a la menor a hacer lo mismo. Hablaron de eso tranquilamente entre ellas, sin ningún sentimiento de culpa. Cuando todos ellos vivían en Sodoma, Lot hasta propuso sacrificar a sus hijas para satisfacer a los sodomitas que estaban entregados a sus vergonzosas concupiscencias. ¿Cómo puede un hombre con sentido de moralidad espiritual hacer una propuesta semejante? Lot debió haber dicho: "¡Me pueden matar a mí y a mis huéspedes, pero nunca permitiré que hagan este mal a mis hijas vírgenes!". ¿Cómo fue que Lot perdió su sentido moral? Lot se había embriagado. A raíz de esto, sus hijas no tenían ningún sentido de lo moral, y su carácter humano se había degradado al nivel más bajo. Hoy en día, algunos grupos libres también han sido embotados por la corriente inicua del mundo maligno y sólo se preocupan por alcanzar el éxito, sin importarles los medios. Necesitan ser desintoxicados por la palabra de Dios la cual nos hace recuperar la sobriedad.

(2) Desean tener descendencia por cualquier medio

Las hijas de Lot estaban embotadas y deseaban tener descendencia por cualquier medio que fuese (19:31-35). Lo único que les importaba era el objetivo que tenían, y no los medios para lograrlo. Muchos grupos cristianos son así. Dicen: "¿Qué hay de malo con esta predicación del evangelio mientras traigamos gente a Cristo? Hemos ganado muchísima gente así. ¿Cuántas almas ha ganado usted?". Lo único que les preocupa es ganar almas, y no el usar una manera apropiada para lograrlo.

(3) Cometieron incesto

Las hijas de Lot cometieron incesto, violando así el principio ordenado por Dios (19:36). Aquí debemos referirnos a Mateo 7:21-23. El Señor dijo que cuando El vuelva, algunos obreros que dicen ser cristianos le dirán: "Señor, Señor, ¿no profetizamos en Tu nombre, y en Tu nombre echamos fuera demonios, y en Tu nombre hicimos muchas obras poderosas?" (Mt. 7:22). Si no hubieran hecho estas cosas, no habrían podido referirse a ellas. El Señor no negará que ellos hicieron tales obras. Sin embargo, en Mateo 7:23, el Señor Jesús dice que El les declarará: "Nunca os conocí; apartaos de Mí, hacedores de iniquidad". El hecho de que el Señor haya dicho: "Nunca os conocí" significa "nunca os he aprobado porque sois hacedores de iniquidad". Los que participan en una carrera deben permanecer en su carril. Por mucho que corran, no pueden hacerlo fuera de los límites de su carril. Del mismo modo, necesitamos un principio que regule nuestra actividad espiritual. No es un asunto de profetizar, echar demonios, u obrar milagros, sino de hacer la voluntad del Padre (Mt. 7:21). Nuestras actividades espirituales deben conformarse a la voluntad del Padre. Nuestra predicación, el amor que mostramos para con los demás, y todo lo que hagamos debe conformarse a la voluntad del Padre. Si en nuestro espíritu no tenemos la certeza de que estamos haciendo la voluntad del Padre, no debemos proseguir. Si hacemos cosas sin esta certeza, quebrantaremos el principio que nos regula y cometeremos incesto espiritual. Eso es iniquidad a los ojos de Dios. El Señor nunca aprobará a esos obreros inicuos.

e) La descendencia obtenida por incesto

Las hijas de Lot produjeron una descendencia por incesto. El nombre de sus dos hijos son muy significativos. El primero, Moab, significa "del padre" (19:37). Cuando la hija mayor llamó a su hijo "del padre", ella estaba diciendo: "Tengo un hijo de mi padre". Incluso le puso a su hijo un nombre que se lo recordara. La segunda hija dio luz a un niño y lo llamó Ben-ammi, que significa "hijo de mi parentela" (19:38). En lo que a las hijas se refiere, con tal que obtuviesen descendencia para preservar su linaje, todo se valía. Si no hubieran tenido descendencia, su grupo libre se habría acabado. La situación actual es idéntica. Muchos grupos libres sólo se preocupan por preservar su linaje, es decir, por preservar su grupo. No les preocupa hacer la voluntad de Dios ni usar los medios correctos, sino únicamente producir descendientes por medio de actividades incestuosas.

La simiente producida por incesto se convirtió en un gran perjuicio para el pueblo de Dios mediante la fornicación (Nm. 25:1-5). Mientras el pueblo de Dios vagaba en el desierto, los moabitas vinieron. Primero, contrataron al profeta Balaam para que maldijera al pueblo de Dios (Nm. 22:2-7), pero Dios cambió esta maldición por bendición (Nm. 23:11; 24:10). Segundo, Balaam aconsejó a los moabitas que incitaran a los hijos de Israel a adorar ídolos y a cometer fornicación (Nm. 31:16). La idolatría siempre conduce a la fornicación, pues estas dos "hermanas" inicuas van siempre juntas. El cristianismo actual contiene las enseñanzas de Balaam mencionadas en Apocalipsis 2:14. El Señor dijo a la iglesia en Pérgamo, una iglesia degradada y mundana, que entre ellos algunos tenían las enseñanzas de Balaam, las enseñanzas que perjudicaban al pueblo de Dios al inducirlo a la idolatría y la fornicación.

Dios juzgó severamente a los israelitas por la idolatría y fornicación en que incurrieron con los moabitas, pues dijo a Moisés: "Toma a todos los príncipes del pueblo, y ahórcalos ante Jehová delante del sol, y el ardor de la ira de Jehová se apartará de Israel" (Nm. 25:4). Además, Dios rechazó a los moabitas y a los amonitas y mostró su ira santa y divina para con ellos, pues pidió a los israelitas que no procuraran la paz de ellos ni su bien "en todos los días para siempre" y declaró: "No entrará amonita ni moabita en la congregación de Jehová, ni hasta la décima generación de ellos; no entrarán en la congregación de Jehová para siempre" (Dt. 23:3-6). Todo lo que se relaciona con los moabitas y los amonitas se encontraba bajo la condenación de Dios, y no se les permitía a los hijos de Israel procurar la paz de ellos ni su bien.

Del capítulo 16 de Génesis al capítulo 21, hay tres nacimientos: el de Ismael, el de Moab y Ben-ammi, y el de Isaac. El nacimiento de Ismael se llevó a cabo por medio del esfuerzo carnal, y el nacimiento de Moab y Ben-ammi fue el resultado del incesto. Pero el nacimiento de Isaac se produjo por la gracia de Dios. Ismael, producido por el esfuerzo carnal, fue rechazado por Dios. Moab y Ben-ammi, quienes fueron engendrados por medio del incesto, fueron una vergüenza a lo largo de la historia. Sólo Isaac, quien fue producido por la gracia de Dios, fue usado para cumplir el propósito de Dios. Todos debemos examinarnos para ver qué clase de descendencia estamos produciendo: Ismael, Moab, o Isaac. Podemos tener algún incremento, algún fruto, pero ¿será el resultado ismaelitas, moabitas o "Isaacs"?

f) La ilimitada e inescrutable misericordia de Dios

Pese a que los moabitas fueron rechazados hasta la décima generación, vemos en el caso de Rut la ilimitada e inescrutable misericordia de Dios (Rt. 1:2, 4-5, 8, 15-19, 22; 4:13, 17). Elimelec, el marido de Noemí, sacó a su familia de Judá para buscar la paz y la prosperidad que tenían los moabitas. Después de la muerte de Elimelec, sus dos hijos "tomaron para sí mujeres moabitas" (Rt. 1:4). Cuando los dos hijos murieron, Noemí se quedó en Moab con sus dos nueras. Cuando Noemí se disponía a regresar a Judá, Rut no quiso separarse de ella, y le dijo: "No me ruegues que te deje, y me aparte de ti; porque a dondequiera que tú fueres, iré yo, y dondequiera que vivieres, viviré. Tu pueblo será mi pueblo, y tu Dios mi Dios" (Rt. 1:16). Al buscar a Dios de manera incondicional, Rut, una viuda moabita, entró en la congregación santa del pueblo de Dios, se casó con Booz, y llegó a ser la bisabuela del rey David. Finalmente, ella no sólo entró en la santa congregación del pueblo de Dios, sino también en la genealogía de Cristo, pues fue una antepasada de Cristo y tuvo parte en Su encarnación (Mt. 1:1, 5). Esta es la ilimitada e inescrutable misericordia de Dios. La misericordia de Dios espera que lo busquemos a El y a Su pueblo. No se quede en

Moab; venga a Judá. La congregación de Dios y la encarnación de Cristo acompañan a Su pueblo en Judá. Estar en el sitio correcto tiene mucho significado. Usted debe cambiar su posición y su base. Si desea estar en la congregación santa y participar de la encarnación de Cristo, debe salir de Moab e ir al pueblo de Dios en Judá.

Lot, quien era miembro del pueblo de Dios, y su familia abandonaron al testigo y el testimonio de Dios. Como resultado, de su vida se produjeron los moabitas y los amonitas. Rut, una viuda moabita que buscaba a Dios, fue al pueblo de Dios y al testimonio de Dios. El resultado de su vida fue el siguiente: producir a Cristo. ¡Qué admirable misericordia concede Dios a los que le buscan! Hasta un descendiente de Moab, un ser humano nacido del incesto, pudo participar, por medio de la redención, en la encarnación de Cristo.

ESTUDIO-VIDA DE GENESIS

MENSAJE CINCUENTA Y CINCO

VIVIR EN COMUNION CON DIOS: LA DEBILIDAD ESCONDIDA Y LA INTERCESION VERGONZOSA

La Biblia es un libro honesto. Después de Génesis 18 y 19, donde vemos el gran logro de Abraham al experimentar a Dios, descubrimos su debilidad en Génesis 20. ¿Puede usted creer que Abraham después de tener una comunión tan íntima con Dios y después de interceder de manera tan gloriosa, pudo tener la experiencia relatada en el capítulo veinte? Resulta difícil creer y entender cómo pudo Abraham haber mostrado esa debilidad. Una vez más, vemos que la Biblia no fue hecha por hombres. Si esto hubiese sido fabricado por el hombre, el autor no habría incluido este relato de la debilidad y los defectos de Abraham. No obstante, la Biblia es honesta e incluye Génesis 20 como parte del relato divino.

6) *La debilidad escondida y la intercesión vergonzosa*

Cuando yo era joven, me gustaban los capítulos dieciocho, veintiuno, veintidós y veinticuatro, pero no sentía el menor interés por el capítulo veinte. Este capítulo relata dos cosas principales: la debilidad escondida y la intercesión vergonzosa. Abraham, un hombre de Dios, tenía una debilidad escondida en lo profundo de su ser. En el capítulo dieciocho, él intercedió de manera gloriosa, pero en el capítulo veinte encontramos el relato de una intercesión vergonzosa.

a) *La debilidad escondida*

(1) Viajó hacia el sur

Primero consideremos la debilidad escondida de Abraham (20:1-16). En el versículo 1 vemos que "de allí partió Abraham a la tierra del Neguev [hacia el sur]". El viaje de Abraham hacia el sur indica que había dejado la posición de comunión cerca del encinar de Mamre que está en Hebrón. El debió quedarse en Hebrón porque allí tenía comunión íntima con Dios. No hay nada mejor que eso. Poco después de tener una comunión íntima con Dios, Abraham se fue de Hebrón y viajó hacia el sur. Entre la época en la cual el Señor habló a Abraham del nacimiento de Isaac en 17:21 y 18:14, y el nacimiento de Isaac en el capítulo veintiuno, no pudo haber transcurrido más de un año. ¿Por qué abandonó Abraham repentinamente Hebrón y viajó hacia el sur durante ese año? En tipología, el sur representa la comodidad y el norte las dificultades. El sur es cálido y el norte frío, pero Dios mora en el norte (Sal. 48:2; 75:6-7; Ez. 1:4). En el norte tenemos las dificultades y la presencia de Dios. En el sur tenemos las comodidades sin la presencia de Dios. En ninguna parte de Génesis 20 vemos algún indicio de que Dios haya pedido a Abraham que viajara al sur. Al emprender ese viaje, Abraham actuó por su propia cuenta.

Tal vez Abraham haya querido un cambio y unas vacaciones. Usted quizás disfrute de la vida de iglesia en Anaheim, pero puede ser que un día piense que necesita un cambio y desee viajar al sur, a la ciudad de México. La vida de iglesia es maravillosa y todos nosotros la disfrutamos mucho. Sin embargo, algunos pueden aburrirse y tener el deseo de darse un paseo por Las Vegas. Si usted va a Las Vegas y alguien allí le pregunta qué hace usted en la ciudad donde vive, le resultará difícil darle una respuesta franca. En dos ocasiones Abraham se halló en una situación parecida, y no fue sincero (cfr. 12:9-12). En el capítulo doce, Abraham viajó al sur porque había hambre en el país. Esta hambre le sirvió de pretexto para ir al sur, a Egipto. Pero en este capítulo Abraham no tenía ningún pretexto. Tal vez él y su esposa se hayan aburrido y hayan deseado tomar unas vacaciones. Si se hubieran quedado cerca del encinar de Mamre que está en Hebrón, Abraham no habría tenido que mentir. Su mentira se debió a que estaba en el lugar equivocado. Con eso vemos que la posición correcta tiene mucho significado. No creo que un hermano pueda orar-leer ni dar un testimonio viviente en una casa de juegos en Las Vegas. Allí carecería de la debida posición para hacerlo. Si queremos hacer algo para Dios, debemos ocupar la posición correcta. Cuando Abraham abandonó la posición en la que tenía comunión íntima con Dios, y viajó al sur, perdió la presencia de Dios. La Biblia no afirma que en la región del sur Dios se haya aparecido a Abraham, ni que Abraham haya erigido un altar ni haya invocado el nombre del Señor. El había perdido completamente la posición adecuada sobre la cual podía tener comunión con Dios. Jóvenes, ustedes deben ver que deben permanecer en la posición correcta. Si permanecen en la iglesia, serán preservados. Pero si viajan hacia el sur, perderán la posición correcta y también la presencia de Dios. Su viejo hombre resurgirá espontáneamente.

Antes del capítulo veinte, Abraham fue circuncidado. En el capítulo veinte, él debía haber sido una persona circuncidada, y no una persona natural, pues Dios lo había disciplinado verdaderamente. Algunos cristianos afirman que cuando experimentan cierta bendición, es imposible que estén en la carne. Pero observen el ejemplo de Abraham. El había sido circuncidado física y espiritualmente, pero cuando abandonó la posición adecuada de comunión con Dios, volvió a estar en la carne. Después de llegar a una experiencia tan elevada con Dios, Abraham, el padre de la fe, actuó de la misma manera que lo hizo en Génesis 12, más de veinte años antes. Vemos en ello que mientras permanecemos en la vieja creación somos capaces de hacer cualquier cosa en la carne. Si no permanecemos en comunión con Dios, podemos hacer las mismas cosas que la gente mundana. No diga que ya no puede estar en la carne porque ya fue regenerado, ya experimentó el bautismo del Espíritu, y recibió una segunda bendición. Aunque haya recibido muchas bendiciones de Dios, estará en la carne si no permanece en comunión con El. Su experiencia lo demuestra.

Nunca deberíamos confiar en nuestro yo. No se puede confiar en el yo para nada. Debemos poner nuestra confianza en la presencia del Señor, y decirle: "Señor, si me retiras Tu presencia, seré como un perro. Pero te alabo porque en Tu presencia soy un santo, un miembro del pueblo de Dios". ¡Qué gran significado tiene la presencia de Dios para nosotros! Cuando Abraham encaminaba a Dios en el capítulo dieciocho, él era un santo maravilloso, un hombre que podía quedarse delante de Dios y hablar cara a cara con El como lo haría con un amigo íntimo. Sin embargo, en el capítulo veinte, esta persona se hizo vil. Después de haber dejado el lugar donde estaba en comunión con Dios, pudo mentir y exponer a su esposa al sacrificio. Parece increíble, pero lo hizo. Si consideramos nuestra experiencia pasada, veremos por lo menos algunos casos en que hicimos algo parecido. Esto nos muestra la importancia de permanecer en la presencia de Dios. Nuestra protección no es nuestro yo, sino Su presencia.

(2) Repitió su viejo fracaso

Después de haber dejado la presencia de Dios y de haber viajado hacia el sur, Abraham repitió su viejo fracaso, pues mintió y expuso a su esposa al sacrificio (20:2; cfr. 12:11-13). Una cosa es mentir, pero otra es sacrificar a la esposa. Aunque es posible que muchos hermanos mientan, quizá ninguno sacrificaría a su esposa. Sin embargo, Abraham lo hizo. Admiro a Sara por haber sido tan buena esposa. Ella no se quejó sino que apoyó la mentira de su esposo.

(3) La debilidad escondida queda expuesta

En Génesis 20:8-13 vemos que la debilidad escondida de Abraham salió a flote. Abraham no mintió accidentalmente, pues lo planeó desde el día en que empezó a seguir el camino de Dios. Abraham dijo, hablando con Abimelec: "Y cuando Dios me hizo salir errante de la casa de mi padre, yo le dije [a Sara]: Esta es la merced que tu harás conmigo, que en todos los lugares adonde lleguemos, digas de mí: Mi hermano es" (v. 13). Esta debilidad escondida persistió dentro de Abraham aun después de su circuncisión. En principio, hoy la mayoría de nosotros somos iguales. Por una parte, seguimos al Señor en la iglesia; por otra, tenemos cosas reservadas. En caso de que suceda algo inesperado, tenemos un plan de reserva para solucionarlo. ¿Quiere usted ser incondicional con el Señor? Si éste es el caso, pregúntele si usted sigue aferrado a alguna reserva escondida. Quizás usted no crea que tiene una reserva, pero cuando se ausente de la vida de iglesia, dicha reserva quedará expuesta. Muchas hermanas jóvenes que siguen al Señor en la iglesia tienen recursos de reserva en su interior. Piensan: "Tal vez algo inesperado suceda algún día. En tal caso, ya sé lo que haré". Este es el plan de reserva calculado desde que empezaron a seguir al Señor. Es cierto que en la vida de iglesia vivimos por la fe. Sin embargo, ¿qué hacemos cuando nos falta fe? Usamos nuestra reserva. Es posible que en poco tiempo su debilidad quede expuesta. Esto demostrará que a pesar de lo incondicional que usted afirma ser, aún no lo es completamente.

Creo que el propósito del relato que aparece en el capítulo veinte es mostrarnos que tarde o temprano nuestra reserva escondida quedará expuesta. La Biblia es diferente a todos los libros mundanos porque contiene un relato genuino y franco de un pueblo que busca a Dios. Por mucho que busquemos a Dios, seguimos manteniendo una reserva. Temo y tiemblo cuando pienso que en lo profundo de mí pueda existir una reserva escondida que quedará expuesta algún día.

(4) Preservado por el cuidado providencial de Dios

En la tipología bíblica, Abraham representa la fe, y Sara la gracia. En otras palabras, para Dios, el hombre siempre representa la fe, y la esposa siempre representa la gracia divina. Abraham fue el padre de la fe, y su vida fue una vida de fe. Sara tipifica la gracia de Dios; por eso, el hecho de que Isaac naciera de ella significa que nació de la gracia. Por el contrario, Ismael nació de Agar, la ley, el cautiverio. En tipología, cuando la fe falta, la gracia es menoscabada. Esto significa que nuestra falta de fe va en detrimento de la gracia del Señor. En cada fracaso de Abraham, Sara sufría, y cuando Sara sufría, la gracia era perjudicada.

Además, la gracia y el testimonio van juntos. Cuando tenemos la gracia, tenemos el testimonio. Cuando Abraham mentía, no tenía el disfrute de la gracia. Por consiguiente, él perdió su testimonio. Cuando la fe desfallece, la gracia sufre y se pierde el testimonio de la gracia.

Dios vino para rescatar a Sara y restaurarla. En tipología, esto significa que Dios vino para cuidar de Su gracia y Su testimonio. Dios sabe proteger soberanamente Su gracia y preservar Su testimonio. No sabemos cuántas veces corrimos peligro de perjudicar la gracia y de perder el testimonio por perder la posición apropiada. No obstante, en cierto momento, Dios vino para poner remedio a las circunstancias a fin de preservar el testimonio de Su gracia. Si eso le hubiera quedado claro a Abraham, no habría mentido; habría creído que Dios cuidaría Su gracia y Su testimonio.

La fe de Abraham desfalleció, pero Dios siguió preservándolo con Su cuidado providencial (vs. 3-7, 14-16). Dios no se le apareció a Abraham, porque la experiencia de éste llegó a ser anormal. En los capítulos dieciocho y diecinueve, Dios se le apareció a Abraham pero no a Lot. Aquí en el capítulo veinte, no se le aparece a Abraham, sino a Abimelec, en un sueño (v. 3). En cierto sentido, la posición de Abraham en el capítulo veinte era prácticamente la misma que la de Lot en el capítulo diecinueve. Por consiguiente, Dios se le apareció a Abimelec, un rey gentil, y le dijo que Su profeta le había mentido. Abimelec quedó sorprendido al oír que uno de los profetas de Dios le había mentido y había expuesto a su esposa al sacrificio. En este capítulo vemos la sabiduría de Dios, Su providencia, rectitud y cuidado. Dios dejó a Abraham, el que había mentido y dijo a Abimelec, el que había sido engañado: "He aquí, muerto eres, a causa de la mujer que has tomado, la cual es casada con marido" (v. 3). Abimelec quedó atónito. Entonces Dios le dijo que debía devolver la mujer a Abraham y que Abraham oraría por él (v. 7). Dios no le inspiró a Abraham la necesidad de orar por Abimelec, sino que le indicó a Abimelec que Abraham era un profeta y que tenía la posición de orar por él, es decir, el rey, y por su familia. Al hacer eso, Dios no reprendió a Abraham.

Aunque Abraham estaba fuera de la presencia de Dios, Dios siguió preservando Su testimonio y le dio a Abraham muchas riquezas (vs. 14-16). Cuando Abraham derrotó a Quedorlaomer y a los otros reyes, y rescató a Lot, se negó a aceptar los obsequios del rey de Sodoma porque tenía al Dios Altísimo (14:21-24). No obstante, cuando Abimelec le dio a Abraham ovejas, bueyes, siervos y plata, éste no se atrevió a decirle: "No necesito tu ayuda. Tengo al Dios Altísimo". El no estaba en la debida posición para decir esto, y tuvo que callarse. No creo que Abraham le haya agradecido a Abimelec por sus obsequios ni que se haya mostrado alegre de recibirlos. Cuando él recibió todos estos obsequios de Abimelec en frente de Sara, debe de haber sentido vergüenza. Dios le devolvió a Sara sabia y providencialmente, cuidando Su gracia y Su testimonio, y al mismo tiempo disciplinó a Abraham.

b) Una intercesión vergonzosa

Después de recibir los obsequios de Abimelec, Abraham oró por él (vs. 17-18). Abimelec necesitaba la intercesión de Abraham porque el Señor había cerrado todas las matrices de la casa de Abimelec. ¿Cree usted que habría podido orar en esta situación vergonzosa? Tal vez Abimelec le haya dicho a Abraham: "¿Por qué tú, un profeta de Dios, me mientes? ¡Mira lo que ha sucedido! Ahora que todo está solucionado y que te he devuelto tu esposa, quiero que ores por mí". A menudo, después de haberle fallado al Señor, somos incapaces de orar durante varios días, aunque nadie esté enterado de nuestro fracaso. ¡A Abraham le fue mucho más difícil orar en la presencia de Abimelec! Aun así, Abraham oró, y "Dios sanó a Abimelec y a su mujer, y a sus siervas, y tuvieron hijos" (v. 17).

Al interceder por Abimelec, Abraham tenía que vencer dos cosas: el recuerdo de su fracaso delante de Abimelec y la consideración de la esterilidad de su esposa. El tenía que olvidar su fracaso delante de Abimelec y no tener en cuenta la esterilidad de Sara. Si yo hubiera sido Abraham, habría dicho: "Lo siento, Abimelec, pero le he fallado al Señor y ahora no tengo fe para orar por ti". Todos debemos aprender que la intercesión por los demás no depende de nuestro éxito, sino de la necesidad. Cuando Dios ha designado una necesidad, debemos interceder por ella. Quizás Abraham le haya dicho al Señor: "Fracasé. Le mentí a Abimelec y él me ha reprendido. ¿Cómo podría interceder por él?". Cuando intercedemos por los demás, debemos olvidarnos de nosotros mismos, de nuestro entorno, y de nuestras circunstancias e interceder como si no hubiera nadie más que nosotros y Dios en la tierra. A pesar de nuestros fracasos, debemos ejercitar nuestro espíritu y orar con denuedo.

Dios se vio forzado a dejar a Abraham e ir a Abimelec, aunque Abraham era superior a Abimelec. Pese a que había fallado, Abimelec era muy inferior a él. La Biblia dice que el mayor siempre bendice al menor (He. 7:7). Por ser superior a Abimelec, Abraham podía interceder por él.

Además, no debemos imaginarnos que no podemos orar por los demás porque Dios no ha contestado las oraciones que hicimos por nuestras necesidades. Si yo fuese Abraham, podría haber dicho: "Abimelec, pides que ore por ti. He orado por mi esposa durante años sin recibir respuesta. Así que, no estoy seguro si Dios contestará mi oración por ti y no tengo el valor de orar". Debemos olvidarnos de las oraciones que no fueron contestadas y orar por los demás. Si no queremos orar por los demás, Dios probablemente no contestará las oraciones que le dirigimos para satisfacer nuestras necesidades. No diga que no puede orar por los demás porque el Señor no le ha dado lo que usted necesitaba. Cuando Abraham se olvidó de su necesidad e intercedió por Abimelec y su casa, no sólo éstos recibieron lo que él había pedido sino que aun sus propias necesidades fueron satisfechas. Si usted se olvida de sus necesidades y ora por las de los demás, Dios no sólo contestará su petición por ellos sino también la oración en cuanto a sus propias necesidades. El se ocupará de las necesidades de usted.

La intercesión de Abraham por Abimelec fue vergonzosa. En esa situación vergonzosa a cualquiera le resultaría difícil interceder. La Biblia no nos relata la intercesión completa de Abraham por Abimelec como lo hizo en el caso de Lot. Tal vez Abraham no fue valiente ni fuerte en espíritu. No obstante, intercedió por Abimelec, y su oración fue contestada. Con eso vemos que aun si no tenemos denuedo en nuestro espíritu, nuestra intercesión será contestada cuando intercedemos por los demás conforme a la designación de Dios. Puedo dar testimonio de ello por experiencia. A menudo he enfrentado dificultades y he orado al respecto sin recibir ninguna respuesta. De repente, algunos se me presentaban con la misma dificultad, y me pedían que orase por ellos. Después de orar, Dios no sólo contestó mi oración por las necesidades de ellos, sino también mi oración por mi situación personal.

Todos debemos aprender a orar sin prestar atención a nuestra victoria. Es fácil orar después de obtener una victoria, pero no después de un fracaso. No aliento a nadie a fracasar, pero sí afirmo que nuestros fracasos no deben turbarnos. Para Dios nuestros fracasos no cuentan; sólo cuenta lo que somos. En la presencia de Dios, somos el nuevo hombre. Eso es lo que somos, y debemos orar conforme a eso. Por estar todavía en esta vieja creación, podemos caer y fracasar. Sin embargo, podemos olvidar este fracaso en la vieja creación y permanecer en nuestra posición en la nueva creación. Cuando Abraham se mantenía en su posición de profeta de Dios, él podía orar por Abimelec.

Génesis 20 es un capítulo que valoro mucho, y debemos dedicar tiempo para examinar todos sus puntos principales: la debilidad escondida del que busca a Dios; la manera en que fue reprendido por Abimelec y desechado momentáneamente por Dios; su intercesión por Abimelec y la familia de éste; y la manera en que Dios contestó su oración. Si usted se detiene en este capítulo unas horas, su espíritu se nutrirá ricamente. Al considerar este capítulo ahora, lo encuentro más útil que el capítulo dieciocho. El capítulo dieciocho es agradable, pero el capítulo veinte es precioso, pues nos enseña valiosas lecciones.

Ese capítulo nos muestra que la intercesión por los demás no depende de nuestra condición, sino de nuestra posición. Depende de lo que somos. Somos el profeta de Dios, la nueva creación, miembros del Cuerpo de Cristo. El hecho de estar en la vida de iglesia como miembro del Cuerpo de Cristo nos faculta para interceder por los demás. Olvídese de su entorno y de sus fracasos. Si usted sigue dominado por sus sentimientos, su boca se cerrará, Satanás lo vencerá, y usted quedará amortecido por algunos días. Esto es muy grave. Debemos olvidar nuestros fracasos y nuestras necesidades y tomar la debida posición para interceder por los demás conforme a la designación de Dios y creer en El por el bien de los demás.

También debemos conocernos a nosotros mismos. No se imagine que si logra cosas tan elevadas como las que se mencionan en Génesis 18 y 19, no tendrá ningún problema. No podemos permitirnos tomar vacaciones en nuestra comunión

con Dios. No confíe en su viejo yo. Aun cuando su viejo yo
haya sido disciplinado por Dios, de todos modos no puede confiar en él, por muy circuncidado que haya sido. Tal vez no
estemos conscientes de ello, pero es posible que dentro de
nosotros tengamos cierta reserva al seguir al Señor. Un día
esta reserva, que es la reserva de nuestras debilidades naturales, quedará expuesta. No se sorprenda cuando eso suceda.
Esté preparado para tomar la gracia, olvídese de sus fracasos
y necesidades, e interceda por los demás. Manténgase en su
posición como miembro del Cuerpo de Cristo, como parte del
nuevo hombre, y como santo en el recobro del Señor, y ore,
aunque lo haga con cierta vergüenza. Tal vez su intercesión
sea vergonzosa y carezca de gloria, pero Dios la contestará de
todos modos. Junto con Su respuesta a la intercesión vergonzosa que hace usted, El también contestará las oraciones a las
que usted no recibió respuesta antes. ¡Cuán maravilloso es
eso!

Cuando Abraham, el profeta de Dios, mintió a los demás,
éstos se amortecieron. Y cuando se olvidó de su fracaso e
intercedió por ellos, recibieron vida, y él mismo volvió a ser
avivado. Del mismo modo, si nosotros olvidamos nuestros
fracasos e intercedemos por las necesidades de las personas
delante de las cuales hemos fracasado, no sólo les ministra-
remos vida a ellas sino también a nosotros mismos. Ojalá que
todos aprendamos las lecciones contenidas en este capítulo.

ACERCA DEL AUTOR

Witness Lee nació en 1905 en el seno de una familia cristiana al norte de China. A la edad de diecinueve años fue plenamente cautivado por Cristo y de inmediato dedicó su vida a predicar el evangelio. Poco después de comenzar a servir al Señor, conoció a Watchman Nee, un renombrado predicador, maestro y escritor cristiano. Witness Lee laboró junto con él y bajo su dirección. En 1934 Watchman Nee confió a Witness Lee la responsabilidad de la Librería evangélica de Shanghai, la cual publicaba sus escritos.

En 1949, antes de que el régimen comunista se estableciera en China, Watchman Nee y sus colaboradores enviaron a Witness Lee a Taiwan para que no se perdiera lo que el Señor les había encomendado. Watchman Nee encargó a Witness Lee que continuara la obra de publicación por medio de la Librería evangélica de Taiwan, la cual es reconocida públicamente como la editora de las obras de Watchman Nee fuera de la China. La labor de Witness Lee en Taiwan manifestó la abundante bendición del Señor. Comenzando con un grupo de 350 creyentes, la mayoría de los cuales había huido de la China continental, las iglesias en Taiwan llegaron a 20,000 miembros en cinco años.

En 1962 Witness Lee fue guiado por el Señor a mudarse a los Estados Unidos y se radicó en California. Durante sus 35 años de servicio en dicho país, dio miles de mensajes en reuniones durante la semana y en conferencias los fines de semana. Una gran parte de sus mensajes se ha publicado en más de 400 libros, muchos de los cuales han sido traducidos a más de catorce idiomas. Dio su última conferencia en febrero de 1997 a la edad de 91 años.

Witness Lee deja como legado una amplia presentación de la verdad contenida en la Biblia. Su obra principal, *Estudio-vida de la Biblia,* consta de más de 25,000 páginas de explicaciones sobre todos los libros de la Biblia, desde la perspectiva del disfrute y la experiencia que el creyente tiene de la vida de Dios en Cristo por medio del Espíritu Santo. Witness Lee fue el editor principal de una nueva traducción del Nuevo Testamento al chino, y dirigió la traducción del mismo al inglés. La Versión Recobro también ha sido traducida a otros idiomas, incluyendo el español, y contiene un cuerpo extenso de notas de pie de página, bosquejos y citas paralelas. Los mensajes de Witness Lee se transmiten por la radio en numerosas emisoras cristianas en los Estados Unidos y en otros países. En 1965 Witness Lee fundó Living Stream Ministry, una corporación sin ánimo de lucro radicada en Anaheim California, la cual difunde oficialmente el ministerio de Witness Lee y Watchman Nee.

El ministerio de Witness Lee se centra en la experiencia que el creyente tiene de Cristo como vida y en la unidad práctica de los creyentes como Cuerpo de Cristo. Con este énfasis, él guió a las iglesias que estuvieron bajo su cuidado a crecer en la vida y el servicio cristiano. Fue firme en su convicción de que Dios no se complace en el sectarismo, sino que tiene como meta producir el Cuerpo de Cristo. En respuesta a dicha convicción, los creyentes simplemente empezaron a reunirse como la iglesia en sus localidades. En años recientes, numerosas iglesias han sido establecidas en Rusia y en varios países de Europa.

10-139-002

ISBN 978-0-87083-931-3

9 780870 839313